本书系全国教育科学"十三五"规划 2017 年度教育部重点课题"促进教研共同体形成的乡村教师培训创新路径研究"（批准号：DHA170346）的研究成果

乡村教师
专业发展路径的理论和实践探索

陈丽敏　王　瑾　著

九州出版社
JIUZHOUPRESS

图书在版编目（CIP）数据

乡村教师专业发展路径的理论和实践探索 / 陈丽敏，王瑾著. -- 北京：九州出版社，2022.4
ISBN 978-7-5225-0864-1

Ⅰ. ①乡… Ⅱ. ①陈… ②王… Ⅲ. ①农村学校－师资培养－研究－中国 Ⅳ. ①G451.2

中国版本图书馆CIP数据核字(2022)第042448号

乡村教师专业发展路径的理论和实践探索

作　　者	陈丽敏　王　瑾　著
责任编辑	张皖莉
出版发行	九州出版社
地　　址	北京市西城区阜外大街甲 35 号（100037）
发行电话	(010)68992190/3/5/6
网　　址	www.jiuzhoupress.com
印　　刷	北京九州迅驰传媒文化有限公司
开　　本	880 毫米×1230 毫米　32 开
印　　张	11.5
字　　数	273 千字
版　　次	2022 年 4 月第 1 版
印　　次	2022 年 4 月第 1 次印刷
书　　号	ISBN 978-7-5225-0864-1
定　　价	48.00 元

前　言

　　本书的两位作者一直从事职前教师培养以及在职教师培训方面的工作，经常深入乡村学校课堂开展教学诊断和指导工作，了解乡村教师专业发展中存在的困惑，对乡村教师专业发展的规律进行了深入的研究，开展了系列乡村教师培训项目，对乡村教师的专业发展路径提出了一些可行性的方法和策略。

　　乡村教师的专业发展的水平密切关系我国乡村教育的质量，而基于教研共同体的乡村教师专业发展又是乡村教师专业发展的最重要、最有效的途径。本书在乡村教师专业发展现状以及影响因素的调查基础之上，从理论和实践两个层面阐述了乡村教师基于教研共同体的合作式专业发展路径以及基于教学反思的自主专业发展路径。本书分成理论篇和实践篇，理论篇是从乡村教师专业发展的规律入手，着重关注乡村教师专业发展的内涵、特征、研究内容和方法、乡村教师专业发展的影响因素、乡村教师应具备的专业素养、基于教研共同体的乡村教师合作式专业发展路径以及基于教学反思的乡村教师自主专业发展途径。理论篇包括第一章至第五章，第一章乡村教师专业发展概述，从乡村教师专业发展的研究对象、研究内容、研究价值、研究方法四个方面介绍了乡村教师专业发展的研究现状；第二章乡村教师专业发展的影响因素，从乡村教师专业发展的影响因素、现状以及支持体系三个方面论述了乡村教师专业发展面临的现实以及保障体系的构建；

第三章乡村教师专业素养，从乡村教师的专业理念与师德、专业知识和专业能力三个方面对乡村教师专业发展的内容作出具体分析；第四章基于教研共同体的乡村教师专业发展途径，从乡村教研共同体、县域教研共同体、名师工作室、校本教研共同体这五种不同层次的教研共同体的内涵、特征、构建方法、运行机制以及保障体系等方面阐述了基于教研共同体的乡村教师专业发展的路径；第五章基于教学反思的乡村教师自主专业发展，从乡村教师自主专业发展的途径，辽宁省乡村教师教学反思的现状以及基于教学反思的乡村教师自主专业发展路径。实践篇是基于理论篇中提出的乡村教师专业发展路径开展的系列实践研究，包括第六章到第十章，第六章基于乡村教研共同体的乡村教师专业发展的实践研究，描述了基于课题研究的乡村教师培训，以及乡村教师信息技术能力提升的网络培训；第七章基于县域教研共同体的乡村教师专业发展的实践研究，从县级教师进修学校和县级教研员两个层面描述了如何构建县域教研共同体，开展乡村教师培训的实践案例；第八章基于名师工作室的乡村教师专业发展的实践研究，列举了沈阳市和东港市两个名师工作室开展的乡村教师培训的具体做法；第九章基于校本教研共同体的乡村教师专业发展的实践研究，以PDSA模型理论为指导，以促进新知生成的数学复习课的课例研究和数学学案导学的行动研究为例详细介绍如何通过校本研修开展乡村教师培训；第十章乡村教师自主专业发展的实践研究，以课例为载体描述如何基于教学反思开展乡村教师自主专业发展，并开展了教师职业生涯的叙事研究。

目 录

理论篇

实践篇

理论篇 ———

第一章　乡村教师专业发展概述

第一节　乡村教师专业发展的研究对象

一、乡村教师

（一）乡村

在我国，乡村的概念一般是与城市相对，县城以下的广泛区域，包括乡（镇）和村，这部分地区的居民主要以农业为基础的生产生活方式。一般地，我国研究者认为农村等同于乡村。

（二）乡村教师

乡村教师是教师的从属概念，由于所处乡村的条件，本书中的乡村教师是指在乡村地区的学校，从事乡村学生教育教学相关工作的人员。总的来说，乡村教师应具有两个方面的特征：第一，教师工作的环境是乡（镇）和村，例如乡（镇）中心学校、村小和教学点；第二，乡村教师的主要工作是对乡村学生进行教育教学工作。

二、专业发展

（一）专业

随着时代的发展，社会生活中劳动的分工越来越精细，专业一词逐步受到人们的重视。一般地，专业是指经过长期的培养与训练，以获得专门知识及技能，拥有专业精神，遵守专业伦理，在工作生涯中能不断地学习、进修与研究，它的本质在于不断的改进、完善和创造。专业是社会分工、职业分化的结果，但是专业与职业却存在很多不同之处，例如，与职业比较而言，专业具有一套科学的理论，需要长时间的专业训练，能够为社会提供比较独特的社会服务并具有一定的创新性。

（二）专业发展

专业发展一般针对专业技能型人才，指在具体专业领域里，基于个人发展和职业发展，通过各种形式的学习而获得技能和知识，使个体由非专业人员成长为专业人员的过程。首先强调的是个体的内在自我发展，使自我逐渐达到专业成熟的程度。其次强调的是个体外在的条件，主要关注的是促进个体专业发展的过程，包括所有促进学习的机会，例如，获得大学学位的正式课程学习、职前培训、在职培训等。

三、乡村教师专业发展

（一）教师专业发展

教师专业发展是一个外来词，由Teachers' Professional Development翻译而来。它的提出起源于20世纪80年代全球教育改革中对教师在教育专业化过程中所面对的问题和困难的思考。1980年以"教师的专业发展"（The Professional Development of Teachers）为主题的《世界教育年报》指出教师专业发展的两个目标：一个是从教师群体层面出发，视教师为社会上职业层序以至社会分层中的一个阶层，因此专业化的目标就在于争取专业的地位与权力及力求集体向上流动。其二，教师是一个在教室内教导学生及提供教学服务的工作者，因此他们必须以提高教学水平及扩展个人知识及技能为发展方向。从此，教师的专业发展成为教师专业化的主题和方向。

（二）教师专业发展的内涵

从关注教师专业发展的结果来看，教师专业发展是指教师的学习和通过学习获得履行教学功能的知识、技能和伦理道德。例如，艾伦·格拉特霍恩（Allan Glatthorn）将教师专业发展看成是教师由于经验的增加和对教学系统的审视而获得的专业成长[1]。崔允漷认为教师专业发展主要是指教师专业实践的改善[2]。沈翠莲认为教师专业发展是指教师在教学生涯中，提升个人的专业知识、能力、态度和技能，主动积极参与正式和非正式的学习进修活动，使得个人在教学知能、班级管理、学生辅导和人际沟通等方面获得成长[3]。

从关注教师专业发展的过程来看，即教师专业的变化角度定义教师专业发展。学者们给出了一些观点，例如，叶澜认为教师专业发展是专业成长，或教师内在专业结构不断更新、演进和丰富的过程[4]。陈永明认为教师专业发展是一个终身教育过程，是一个教师素质内化的过程，也是教师专业自我形成的过程[5]。

从关注教师专业发展的目的来看，即教师的角色和自主意识角度定义教师专业发展。戴（Day）提出教师专业发展包含所有自然的学习经验和有意识组织的各种活动，这些经验和活动直接或间接地让个体、团体或学校受益，进而提高课堂教学质量[6]。

综上，教师专业发展的内涵主要包括以下四个方面：

1. 教师专业发展是教师在教学生涯中不断成长，成为合格教师和优秀教师的过程，这一过程贯穿于整个教育生涯，强调终身学习，主要包括两个阶段：职前教育和在职教育。本书主要关注在职教师专业发展，旨在提升教师职后专业水平的教育与培训活动。

2. 教师专业发展的目的是提升教师的专业素质，包括专业知识、专业技能、专业态度、自我期望、教学效能等，在此过程中既能自我提升，又可以改善教学品质，提升教学质量，促进学生发展。

3. 教师专业发展的主体是教师，教师在这一过程自我反思、自我更新、自我提高。

4. 教师专业发展的形式多样：既包括自主学习，又包括外部培训；既包括正式的取得学位或学分的活动，又包括非正式的发展活动，例如，正式进修、各种教研活动、研讨、阅读期刊、参观访问等，都可以视为教师专业发展。

因此，教师专业发展是教师入职后，从事教学工作开始，参加的包括由政府、学校机关所举办的教育性进修活动，或自行主动参加各种正式及非正式的活动，以引导自我的反省并增进教学的知识、技能及态度，其目的在于促进个人的自我实现，改进学校专业文化，达成学校教育目标，增进学校的教育品质。

（三）乡村教师专业发展

相对于教师专业发展，乡村教师专业发展可以是教师专业发展的一个子领域，但由于相较一般教师专业发展而言，乡村教师专业发展会面临特殊的情况，例如，获得教育资源不丰富，发展的机会和平台相对不足，工作内容复杂等。因此，针对乡村教师专业发展的特殊性，又可以从教师专业发展中独立出来深入研究。可见，乡村教师专业发展的实现，不仅需要乡村教师主观能动性，更需要良好外部环境作支撑。

乡村教师专业发展是在教师专业发展的基础上界定的，指乡村教师在其从教生涯中，经过自主学习和外部培训，获得职业理念和师德、专业知识、专业能力，并指导教学实践，从而提高农村教育的质量，促进农村教育的发展。

第二节 乡村教师专业发展的研究内容

一、乡村教师专业素养的研究

（一）乡村教师专业素养的内涵

教师素养是教师从事教育教学所具备的教师素质和教师修养。顾明远主编的《教育大辞典》中，将教师素质描述为教师为了完成教育、教学任务所应具备的心理和行为的基本条件。将教师修养定义为教师在思想、道德质量、文化专业知识、教育、教学能力等方面经过学习和实践而达到的水平及在这些方面的学习和实践过程。[7] 可见教师素养既包括教师个人先天条件基础，也包括后天通过学习、实践的沉淀，是一个动态的变化过程。

教师专业素养是教师专业化及教师专业发展的产物，不论从整个行业的社会地位提升，还是从教师个体对于自我发展的追求，都需要教师构建与之匹配的专业素养。教育部师范教育司出版的《教师专业化的理论与实践》一书中，定义教师的专业素养是以一种结构形态而存在，可以被看作是教师拥有和带往教学情境的知识、能力和信念的集合。[8]

不同学者也从不同的角度对教师专业素养进行了定义。从心理学角度来看，教师专业素养就是教师在教育教学活动中体现出来的心理品质的总和，它关系着教育教学效果，对学生的身心发展起着显著的影响作用。[9] 该定义为教师专业素养的定义提供更科学的，具有建设性的意见。从教师专业素养的特点进行分析，教师素养是指教师从事教育教学工作的素质和修养，是指经过系统的师范教育，并在长期的教育实践中逐渐发展而成的具有专门性、指向性和不可替代性的素养，强调的是教师职业的特殊性和标志性[10]。从教育变革和教师专业化发展这两个维度来看，教师专业素养指教师在先天条件基础上，经历养育、教育和实践等各种后天途径逐步养成，对教师的教育、教学活动有着显著影响的素质和修养，是教师从事符合时代发展的职业活动所需要的各种心理品质的总和[11]。

综上，我们可以得出，乡村教师专业素养既要符合教师专业素养的基本定义，同时又要符合乡村教育教学的情况，是为了乡村教师专业化及专业发展，保障教育教学活动顺利进行，乡村教师应具备的专业性、不可替代的素养总和。乡村教师专业素养以结构方式存在，由专业发展过程中的不同要素构成，随着时代发展和教育教学改革而不断变化。

（二）乡村教师专业素养的基本特征

由于教师专业素养的结构要素是随时代发展和教育教学改革而不断变化的，为此，我们在对教师专业素养的结构要素进行深入探讨前，有必要先分析教师专业素养发展的基本特征。教师专业素养是教师素质和教师修养的融合，是教师天性和习性的结合，也是教师内在秉性和外在行为的综合，决定了教师专业发展的高度和取向。它的基本特征主要表现在以下几个方面：

1. 专业性

教师专业素养的内涵是建立在把教师发展专业化和教师专业发展的基础上，是教师专业所特有的素养，这种素养仅聚焦在教师的教育活动和教学实践中，彰显教师专业独有的素养品性。[12]教师专业素养的专业性特征，是教师专业本质的重要体现与基本保证。

2. 内在性

素养一词相对于知识与技术更具有内在性，掌握了知识与技术不等于能够熟练、自觉地运用，知识和技术可以独立存在，但是素养不是，提高教师专业素养，随之而来的是教师的理论水平、道德品行和实践能力都有所提高，切实体现教师的改变。因此我们说素养更具有内在性。

3. 统领性

教师专业素养既有内在的认知与理念，也有外在的行为与能力；既包括了一般教师都应具有的基础性品质，也涵盖了具有教师个人特色的专有品质。这种品质是教师各种教育和教学实践活动的指引，它既统领着教师内在知识、能力和理念，也统领着教师在实践活动中的各种外显性行为。教师专业素养的统领性特征，是教师专业价值的重要体现。

4. 发展性

教师专业素养是在先天遗传因素基础上，后天习得的知识、技能、理念等。因此随着乡村教师学习、生活等外部因素的变化，及社会对乡村教师需求的转变，为了适应这些变化及需求，乡村教师专业素养也在不断调整。乡村教师在内部因素和社会外部环境的相互影响下，专业素养形成稳定和变化的统一体，螺旋式上升或下降。教师的专业素养的发展性特点，体现了乡村教师专业发展的可能性。

（三）乡村教师专业素养的结构要素

我国的《中学教师专业标准（试行）》从三个角度阐释专业素养：第一个角度是教师的专业理念和师德，即要求教师充分认识自己的职业特色，遵守职业道德标准，关心爱护学生，尊重学生，树立育人为本、德育为先的理念，尊重教育规律和中学生身心发展规律，具有良好的个人修养等；第二个角度是教师的职业所具备的专业知识，即教师要掌握基本的教育科学知识，学科知识，学科教学知识、通识性知识等；第三个角度是教师的职业所应具备的专业能力，即教学设计与实施，班级管理与教育活动能力，教育教学评价，与学生、领导、家长的沟通能力，反思能力以及自身专业发展能力等。由于乡村教育教学实际的独特性，乡村教师的专业素养在一般教师专业素养基础之上具有一定的特殊性，也就是说乡村教师除了具有一般教师具有的专业理念和师德、专业知识和专业能力之外，还要具有乡村教师独有的素养，例如，职业认同感、自我学习的能力等。

学者们在三个结构要素阐释专业素养基础上，结合乡村教育特点补充乡村教师专业素养。例如，在专业知识素养内容中增加乡土乡情知识。乡土乡情知识包括三农知识、乡土文化知识等。其次，从专业理念与师德角度增加了深厚的教育情怀，包括热爱乡村教育、扎根乡村、崇高的职业理想、深厚的乡土情怀等。最后，从专业能力素养方面增加了乡土知识整合能力、教育技术融合能力、乡土课程资源开发能力、留守儿童教育能力等。[13]再如，将专业理念与师德分为职业道德、专业态度、教育理念和职业理想四个方面进行阐述，其中，职业态度不仅包括对教育教学工作的态度，还包括对乡村学生及中国乡村教育的态度。专业理念与道德中的职业理想一项增加了对乡村特有教育环境的"乡土情怀"。在学科专业知识方面增加了教学中融入乡村生活的风俗文化，以及乡村文化与不同学科知识的内部联系。[14]

学者刘云认为，在信息化背景下，对乡村教师从专业知识、专业能力、专业理念与师德三个维度提出信息化的特殊要求，细化乡村教师专业素养结构。[15]首先在专业知识方面，在农村本土教学知识、本土化的实践性知识、留守儿童心理健康教育知识基础上提出教师应具备特殊的教育信息化知识，即各种远程教育、符合本地区的现代教育技术、信息技术与课程整合等知识。在专业理念与师德方面要具备符合乡村的信息化教学意识和具有本土化创新意识。其中，符合乡村的信息化教学意识包括利用现代化信息技术进行乡村信息化教学的观念和态度、为乡村学生创建学习情境的意识、融合信息技术与课堂教学的观念。另外，具有本土化创新意识指乡村教师具备利用本土历史文化传统和地理环境的特点，结合信息技术、学生特点和硬件条件等，创新教学模式、教学方法、教学手段、教学内容的创新意识。

综上所述，乡村教师专业素养包括三个维度：专业知识、专业能力和专业理念与道德。结合乡村实际，从下几个方面阐述乡村教师专业素养特色结构内容：

1. 专业理念与道德

（1）具有乡土情怀。首先，乡村教师了解自我、认可乡土，有健全的乡土观念。其次，乡村教师具备扎根乡土的意志和服务乡土的热情。

（2）具有乡土创新意识。乡村教师根据乡村教学需要，为学生提供因地制宜的传统文化和环境的信息资源，创新本土化历史文化传统和地理信息资源的教学内容、方式、方法和手段。

（3）具有符合乡村特色的信息化教学意识。乡村教师需要确立信息技术与课堂教学融合的观念，形成稳定的乡村信息化教学状态，为乡村学生创设信息化学习情境。

2. 专业知识

（1）有乡村特色的教学知识，例如，乡村传统文化知识、风土人情知识等。

（2）有乡村特色的实践知识，例如，根据已有乡村生活实践经验，结合教材内容，编写适合乡村学生学及乡村教师教的内容。

（3）有乡村特色儿童心理健康教育知识，例如，乡村学生家长外地务工，很多家长外出打工，孩子们成了留守儿童，伴随着情感缺失、性格缺陷、学习困难自卑的问题，乡村教师要能够及时干预与疏导。

（4）信息技术知识，例如，一般乡村距离城市远，有其独特历史地位，教师需具备本区信息化知识，包括信息化实施政策、信息化应用知识、了解信息化给乡村教育带来的优越性等。

3.专业能力

（1）有乡村特色的科研与创新能力。乡村教师要学会根据现实中复杂、多变的乡村教学情况，提出问题并不断研究，形成科研课题并进行研究，为乡村教育教学问题提供科学有效的解决方式。

（2）有能够开发乡村本土课程能力。乡村生活及文化历史悠久，乡村教师需利用本土优势，开发适合本地和学科特点的优质地方课程，通过具有乡村特色的本土课程的制定，使学生更加了解乡村、热爱乡村。

（3）有乡村特色的儿童健康教育能力。乡村儿童由于家长繁忙或外出打工，得到关注较少，甚至有一些成为留守儿童，因此，需要更加关注和掌握与乡村儿童交流和沟通的方法与技巧，对乡村留守儿童群体予以心理咨询和辅导。

（4）有能够针对乡村学校特点的信息技术与教学整合能力。信息化背景下，掌握信息技术与教学整合能力，有助于丰富乡村学生学习资源、扩充教师教学视野等。

从上述研究我们可以看出，乡土情怀是乡村教师专业发展的内驱力，地方性知识是乡村教师必备的专业知识结构，乡土资源转化能力是乡村教师必需的专业能力。[16]

（四）乡村教师专业素养形成与发展的影响因素

教师专业素养形成与发展的影响因素研究是促进教师专业发展的基础，随着教师专业发展得到社会重视和研究的加强，对于乡村教师专业素养形成与发展的影响因素不断扩展。

乡村教师专业发展的研究存在三种取向，即，理智取向、实践—反思取向和生态取向。[17]根据理智取向的取向，教学专业知识包括两类：一是学科知识，指教师的知识、技能、理念等；二是教育知识，即能够帮助学生获得学科知识的知识和技能。教师通过接受教育和经验累积，获得两类知识。根据实践—反思取向的观点，教师在自主或与他人的合作实践中，通过实践及实践之后的反思，了解自己、了解自己的实践，成为影响教师专业发展的影响因素。根据生态取向的学者们研究，教师专业发展过程中需要建立一种气氛和谐、交流顺畅、合作奋进的教师文化，这种文化是教师专业发展具有关键性影响因素。

岳燕从个人因素和背景因素两个维度出发研究乡村教师专业素养的构成，她认为个人因素包括乡村教师的认知发展、动机发展和生涯发展；环境因素包括课堂、教师团队或部门领导、乡村学校（学校文化和学校领导层的性质）、乡村学校体系、乡村学校所在的社会和社区、时间和财政资源等。[18]

从职业生涯职前、职中和职后三个阶段出发，分析影响乡村教师专业素质的形成与发展的因素，发现教师的发展受到多方面影响，包括教师个人、学校、社会和文化等多个层面的不同因素，这些因素相互制约。同时，由于专业发展具有不同阶段，这些因素在不同的发展阶段也不是一成不变，也在与时俱进，突出展现了影响因素的多因性、多样性和多变性等特征。[19]

（五）乡村教师专业素养的提升策略

社会发展和教育改革迫切要求教师专业素养的提升，已有理论从内部因素和外部因素两个方面研究教师专业素养的提升策略。

在内部因素方面，从内容和提升方式两个方面进行阐述。内容上，教师作为研究者的专业素养提升策略应从实践性知识的形成和研究能力的培养为主要的两个方向进行。其中实践性知识包括个体的实践知识与不断自我更新，研究能力的培养包括问题定向能力的养成、具备信息素质、熟练运用反思能力、掌握教育研究方法能力、具备实践操作和语言表达能力。提升方式上，促进教师专业素养养成的三种有效方式分别为：一是在学习共同体的实践中知识共享，二是在共同体活动中通过"任务"与"协同"的方式达到专业提升，三是如何在"反思"与"转化"的过程中，学习共同体形成素养内凝。

在外部因素方面，研究主要是从国家、社会、学校和信息技术四个层面进行的研究。从国家和社会层面来说，相关的法律法规、政策说明和对教师的教育保障教师专业素养的持续发展。从学校层面来说，以目标性、前瞻性、效益性、活力性为原则，结合政策上对中小学教师专业素养规格要求以及各学校对教师管理的不同点，高质量、高标准构建中小学师资队伍体系，实现教师专业素养的持续发展，例如合理配置教师资源，在区域范围内对教师进行有效的专业培训，开展有效的校本研修等。从信息技术层面来说，通过依托拓展型课程专题进行优化管理，提出要引进校外优质资源，关注教师持续发展；加强过程性评价，课程考核走向合理化等方式，为提升教师专业素养提供技术上的协助。

综上所述，乡村教师专业素养的提升首先要有政策制度作为指引和保障，其次要构建合理有效的教师教育体系，更需要教师树立专业发展意识，在学习和实践中自我提高。只有这三种路径有机结合，相互促进，教师的专业素养才能得到有效地提升。

二、乡村教师专业发展支持体系研究

乡村教师专业发展的模式正在经历着变革，从注重外部培训的发展模式转向注重教师内在发展需求，教师的合作参与，以及为教师提供持续的服务与支持。新的模式整合教育内外资源，为乡村教师提供多元、立体的支持，即乡村教师专业发展支持体系的构建。

（一）乡村教师专业发展支持体系内涵

2003 年，《国务院关于进一步加强农村教育工作的决定》明确提出："构建农村教师终身教育体系，实施'农村教师素质提高工程'，开展以新课程、新知识、新技术、新方法为重点的新一轮教师全员培训和继续教育。"2011 年，教育部颁布的《关于大力加强中小学教师培训工作的意见》中提出"以提高教师师德素养和业务水平为核心，以提升培训质量为主线，以农村教师为重点，开展中小学教师全员培训，努力构建开发灵活的教师终身学习体系，加大教师培训支持力度，全面提高教师素质。"这两次关于"教师终身学习体系"的提出，结合实际情况，我们可以看出，有关教师专业发展的培训不再是一次或几次的活动，而是强调持续的跟进与支持，以达到教师专业发展的目的。之后，国家又相继出台《乡村教师支持计划（2015—2020）》，及实施细则《教育部办公厅财政部办公厅关于做好 2015 年中小学幼儿园教师国家级培训计划实施工作的通知》《关于"国培计划"——中西部项目和幼师国培项目实施工作若干事宜的通知》《教育部财政部关于改革实施中小学幼儿园教师国家级培训计划的通知》，确立了乡村教师专业发展支持体系的要求，并从制度与操作层面为乡村教师的专业发展创造了条件。2018 年，教育部等五部门联合印发《教师教育振兴行动计划（2018—2022 年）》，提出开展乡村教师素质提高行动，"建立健全乡村教师成长发展的支持服务体系，高质量开展乡村教师全员培训，培训的针对性和实效性不断提高"。

根据相关政策的研读，我们了解到，乡村教师专业发展支持体系是以区县教育行政部门依托教师发展中心整合区域内外的培训机构及资源，为区县内教师提供一种持续、有效的，实现乡村教师专业发展的支持和服务的运作机制。

（二）乡村教师专业发展支持体系构成要素

宏观层面来说，乡村教师专业发展的支持体系分成主观支持体系和客观支持体系两个层面，客观支持体系主要包括教育行政部门、学校平台、社会氛围、信息网络等支持。主观支持体系包括家庭的情感、同事之间、学生家长、教师自身等对乡村教育的支持。[20] 微观层面来说，乡村教师专业发展支持系统中包含的要素有：1. 保障教师参与学习的制度，既能引导教师参与学习，又能为教师学习和发展提供保障；2. 有丰富的学习资源，包括县域内外的教师培训的资源的累积与加工，能够满足不同教师的学习需求；3. 专门的教师专业发展服务机构，主要包含四类：高等院校、县级教师发展中心、乡镇片区研修中心以及中小学的校本研修中心；4. 有专业的教师发展的培训或者咨询人员，即能够为本地教师提供直接指导的区县内外的专业人员；5. 形成了学习共同体，包括同一学校不同学科通过网络研修与校本研修整合形成的共同体，也包括不同学校同一学科在网络上形成的教师工作坊形式的学习共同体，让分散的教师联系起来，相互支持；6. 一体化的教师培训活动，包括短期集中培训、网络研修、送教下乡培训、乡村校（园）长培训等各种功能互补的培训项目。[21]

（三）乡村教师专业发展支持体系的构建

构建乡村教师专业发展支持体系，要从国家、社会及其乡村学校三方面进行推动。[22]

1. 从国家层面，制度和政策的制定及其教育行政部门、高校的引领为乡村教师专业发展支持体系构建提供支持。

在乡村教师专业发展方面，我国实施了一系列举措为教师专业发展体系的构建完成顶层设计：从《中华人民共和国教师法》《教师和教育工作者奖励规定》《中小学教师继续教育规定》等法律法规定的颁布，到制定经费投入、教师培训、教师评价等各项制度，再到大学生志愿服务西部计划、特岗教师计划、国培计划等各项政策制定，都体现了对农村教育的倾斜和关照。我国先后经历了从"城乡二元分立""城乡统筹"到"农村倾斜"的乡村教师专业发展制度阶段。

教育行政部门是乡村教师专业发展体系构建的主体。首先，要通过系统的调研，了解乡村教师专业发展体系构建的问题，进而更好地整合教师培训资源，为体系的构建提供支持。其次，要在已有体系的基础上，建立名师工作室、校本研修团队等教师发展共同体，在乡村教师发展支持体系内部加强教师、学校及其各部门间的交流。第三，要利用现代教育信息技术，引进优质教育培训资源，形成教师培训资源链、资源库，建设实用性强的培训课程。最后，在形成科学合理的教师专业发展支持体系过程中，明确配套的运行、管理和监测机制，促使乡村教师培训和学习成为常态。

高校在乡村教师专业发展体系构建中起到专业引领作用，为乡村教师专业发展提供高质量的理论支持。首先，在构建乡村教师专业发展体系的时期，高校不仅承担着乡村教师的职前培养，更要承担起入职培训和在职研修的责任。其次，高校的专业引领形式多种多样，包括面授、网络研修、校本实践以及多种方式混合。不论哪种形式，都为乡村教师提供了专业的培训和研修指导，专家、学者和乡村教师构建"学习共同体"，以应对乡村教师专业发展面临的众多复杂的实际困境。

2.从社会层面，专业价值的认同和乡村教育文化的重塑为乡村教师专业发展支持体系构建提供支持。

在专业价值的认同方面，要引导全社会重视乡村教师的专业价值，形成正向价值反馈。也要满足教师自我实现的需求，通过乡村教育工作的回馈，增加乡村教师的自我效能感、提升自我认同感。在乡村教育文化重塑方面，要建立尊师重教的乡村教育文化，在制度文化和教学文化两个方面重塑教育文化生态。从制度文化角度考虑，可以设立特殊的乡村教师专业发展标准，多元化的乡村学校发展目标，给予乡村教师制度文化补偿。从教育文化角度考虑，形成良好学习生态环境，建立多元化评价激励文化，关注自我发展的教研文化，鼓励教师开发乡村校本课程，进而提升乡村教师的文化自信，形成从被动接受培训到主动自我专业发展的转变。

3.从乡村学校层面，为乡村教师专业发展支持体系构建提供主阵地。

乡村教师工作在乡村学校，因此，乡村学校是乡村教师专业发展的主阵地。教师的专业发展是一个持续的、循环往复的过程，并不是几次培训能够完成的。因此，乡村学校要为乡村教师专业发展提供专业成长平台，鼓励教师发展。例如，组织教研活动，提供成果展示平台；鼓励外出参观学习，为发展搭建台阶等等。其次，推行以教师为主体，教研、科研、培训"三位一体"的校本研修制度，借助高校及教研中心等组织的专业支持，搭建乡村教师专业发展体系。最后，在乡村学校管理过程中要注重教师专业发展内驱力的激发，学校通过开展各项活动和制度的规定，鼓励教师合作学习、共同发展，形成自主规划、自主反思和自主发展的教师团队。

综上所述，乡村教师专业发展的支持体系需要系统全面的构建，在始终立足于乡村教师专业发展的持续提升基础上，既要把外部因素和内部因素有机结合起来，又要把政策保障、社会环境支持以及专业支持之间统筹协调起来。同时也要在实践中思考如何通过外在支持力量、外在乡村社会环境的不断改良，找到乡村教师专业发展的最近发展区，创新教研形式激发乡村教师自主自信的发展。

三、乡村教师培训模式研究

（一）乡村教师培训的内涵

为了更好地规范教师培训活动，1977年教育部下发《关于加强教师培训工作的意见》，这也是我国最早使用"教师培训"的文件。

2002 年，我国教育部发布的《关于十五期间教师教育改革与发展的意见》对"教师教育"的解释是"教师教育是在终身教育思想的指导下，按照教师专业发展的不同阶段，对教师的职前培养、入职教育和在职培训的统称。"根据这种解释，本书中所指的"教师培训"等同于教师教育中的"在职培训"。

教师培训是对在职教师进行有计划、有组织的教育活动。教师培训模式中"模式"指客观事物系统的整体运动形式和方式。培训模式是在培训过程中，各种构成要素所形成的典型性、具有可操作性和可借鉴性的结构关系。教师培训模式是为了完成既定的培训目标和培训内容，在相关教育理念的指导下，围绕某一个特定主题而形成的，简明且稳定的培训结构的理论模型，以及其可操作的实践活动方式。

（二）乡村教师培训模式的发展

教师培训的效果直接影响教师发展，乡村教师培训模式的发展主要表现在培训目标人性化、培训内容强调多元化、针对性和实效性、培训模式多样化和信息化、培训管理科学化和制度化等方面。[23]

1. 培训目标人性化的发展趋势

教师是乡村教师培训的主体，教师培训所追求的不仅是提升教师的教学能力，更是促进教师自身全面、健康发展的人本化目标；强调教师从培训中获取的经验不仅应促进其教学质量的提高，更要促进教师自身的发展。这种人性化的教师培训发展趋势，激发乡村教师在培训中的积极性和主动性，乡村教师成为培训过程中的主动的探索者、创造者。

2. 培训内容强调多元化、针对性和实效性的发展趋势

（1）多元化

在人性化的培训目标指导下，教师培训的内容突破了以往只重理论指导或只重技能训练的片面性，同时关注教师基本教育观念的重塑

和核心教学技能的提升，例如，信息化与课堂融合的教学设计，问题设计，教学策略和教学过程设计，概念图工具在教学中的使用，融合型学习设计等。

（2）针对性

教师培训内容的三个方面是教师职业道德、教育教学理论、专业知识和技能。教师培训在培训内容的选择上，必须重视培训对象的参与，体现教师作为培训中的主体地位。同时，乡村教师的培训必须要有针对性地解决乡村教师发展需要，选取培训内容，如乡土资源转化能力、留守儿童健康教育能力、乡土情怀等相关内容的培训。

（3）实效性

问题的设置要有效，创设合作学习的氛围，共享教育资源。同时，要根据每一位教师自身的条件和所处的环境确定培训的内容，使培训与教师的实际需要相结合。

3.培训模式多样化、信息化的发展趋势

（1）多样化

在乡村教师培训实践中，形成了多样化的培训模式；譬如按照受训教师的特点进行培训，将受训教师划分为新入职教师、一般水平教师、骨干教师、专家型教师，根据不同层次教师的不同发展需求进行培训。又如按培训形式分为常规培训或应急培训，长期培训或短期培训。还有按培训的手段分为集中培训、函授或远程培训。

（2）信息化

信息技术的发展与教育信息化的推进，为教师培训提供了机遇，也提出了挑战。网络环境下，乡村教师培训再不受空间、时间限制，形成了一系列新的培训模式，如网上名师工作室、慕课网站等等。教师专业发展作为一种教育改革与发展的重要领域之一，在信息技术背景下，需要有新的举措，以适应信息技术的要求与挑战。

4. 培训管理科学化、制度化的发展趋势

培训管理对培训结果的达成也至关重要，培训管理应该是贯穿于培训过程的始终，其中我们特别强调对培训方案的管理。兼具科学性和合理性的培训方案是实施教师培训的基础和前提，制定科学合理的培训方案应使其具有目标明确、内容合适、方式恰当、师资优良、设备支持到位等。培训还应重视教育政策对教师培训的调节功能，因此，要制定教师培训的合理政策，包括时间政策和培训政策，促成教师培训中的公平竞争、使受训者有机会、有条件自主选择适合自己的培训进行自我发展。

（三）乡村教师培训模式的类型

1. 国外乡村教师培训模式类型

国外乡村教师的培训模式主要有以学校为基地的培训模式、以高校为主的培训模式、"行政"和"自主"的结合二元培训模式、远程培训模式四种模式。[24]

（1）以学校为基地的培训模式

1992 年，英国政府规定了"以学校为基地"的教育改革校本进修计划，以中小学为基地，与高校、教育行政部门共同合作、规划、实施培训活动。这种培训模式下，以学校教学实践为根据，经过专家的理论课程教学指导，解决教师教育改革实际问题，形成诊断、讨论、反思的习惯。这种模式得到推广和欢迎的主要原因在于培训场地的灵活性和自主性、作为培训的主体的教师更加有自主权以及培训在高校和教育行政部门及学校共同合作下进行，重视培训资源的开发等特点。培训流程清晰、科学合理、评价反馈机制健全。

（2）以高校为主的培训模式

在美国的乡村教师专业发展培训中，高校承担了制定乡村学校培训计划（例如学分累计的进修计划）、提供培训资源、组织培训课程、提供获得教育学位的课程、成立与乡村学校合作的教师进修中心等。典型代表有美国印第安纳大学"高质量教育中心"、密歇根州立大学"全国教师学习研究中心"等。其中西弗吉尼亚大学 D & E（Design &Evaluation）乡村教师培训模式通过五步骤的实施，即决定理想教学结果、目标和教育影响力—评估教学环境—开发教学内容和过程—评价教育影响力—评价教学结果，保障了不同层级乡村教师培训质量。凭借该模式的广泛适应性，成为其他国家乡村教师培训的效仿对象。

（3）二元培训模式

二元培训模式是"行政"和"自主"的结合，典型代表是日本的乡村教师培训模式。"行政"培训模式的主办部门都道府县、市町村各级教育中心、教育委员会，这些行政部门为乡村教师专业培训提供学习机会和保障性条件，包括校内研修和校外研修。校内研修是以满足乡村教师进修、取得更高学历及其他个性化需求为目的，在所在学校外接受培训，或者在开放大学及师范大学研究生学院接受培训，旨在培养和提高乡村教师的协作意识与能力。"自主"培训模式在日本也是备受重视和推崇，乡村教师的参训积极性高，选择性多，例如e-learning 型（专业发展实验室）；传统形式的集合型（赴高校、科研机构、企事业单位、福利事业单位学习）；利用图书资料、网络资源自主研修型等。

（4）远程培训模式

在瑞士，政府主张利用集中培训、远程教育和网上虚拟教室等多种形式对中小学教师进行培训，以达到使教师掌握信息技术搞好教学的目的。在韩国，教育研究部门利用广播和电视，在每一学年中，每周日播放教师培训节目，主要目的在改进教师的教学方法。在菲律宾，马尼拉大学用广播和讨论会的形式为地处偏远的教师提供学历与非学历教育，这些教师只需参加期中和期末考试，平时的课程通过广播完成。远程培训模式既节省乡村教师时间和精力，又节省交通、食宿费用开支。同时，教师又能接受专家指导。

2. 国内乡村教师培训模式类型

（1）送教下乡培训模式

送教下乡培训模式以农村教师需求为方向，专家深入乡村、深入学校、深入教师、深入课堂，通过校内研讨、专家指导、专题研究和及时诊断评价，促进教师自我反思、主动发展，使得乡村教师有问题有解答有指导，是一种促进乡村教师自我提升的培训模式。

这种培训模式有很多优点：一是乡村教师足不出户便能接受专业的教师发展培训，减少了对教学工作的影响，稳定了乡村学校教学工作。同时也能够使更多的乡村教师参与到培训中，得到自身专业发展；二是送教下乡培训模式能够让专家亲近乡村学校、乡村教师，真实了解乡村教育现状，了解乡村教师教育工作实际情况，这样更有助于专家有的放矢地为乡村学校与教师解决现实问题，使乡村教师培训活动更有实效性。三是培训的过程是专家与教师相互提高的，在送教下乡的过程中，专家们为了更好地完成送教任务，不断自我学习提高，在贴近乡村实际的活动中，理论知识得到实践，补全自身短板，实现自身素质的进一步提升。

送教下乡的培训模式也存在一些问题：一是虽然节省了乡村教师的时间与精力，但是送教的专家要在繁重的工作基础上往返于各个城乡，也对专家们的身心是很大考验；二是送教下乡培训模式受培训项目周期及任务的复杂程度影响，难以达到持续深入的指导与改进，专家们受时间、空间限制，难以持续跟踪乡村学校和教师的教学情况，因此，这种培训模式对乡村教师的影响也是有限的、不可持续的。三是虽然送教下乡能够走进乡村、走进乡村学校及教师，但是由于时间有限，面对众多实际问题，专家们难以认真调研，了解问题难以深入，没有足够时间沉淀，因此，送教下乡的培训模式中，会出现"来也匆匆，去也匆匆"的现象。

（2）置换脱产培训模式

置换脱产培训模式是通过师范院校学生定岗实习，置换乡村教师进行脱产培训的一种乡村教师培训模式。

该培训模式的优点是：一是能够缓解由于乡村教师资源不充足，乡村教师无法脱产得到系统培训得到专业发展的现状，使教师们走出乡村，接受系统详尽的教师专业发展培训，提升自身素养，提高乡村教学质量，同时也尽可能减少了对乡村学生学习的影响；二是为师范院校在校师范生提供实习机会，增加社会实践经验，通过实习，增强师范生对学校、学生的认识和了解，提高专业素养，从而成为优秀的师范生；三是师范生深入乡村学校，了解乡村教育教学实际情况，反馈给师范院校，更有助于师范院校掌握乡村基础教育实际情况，更好地为乡村学校提供培训、教研、咨询等多样化的支持服务，使乡村教师培训更有针对性与实效性。

置换脱产研修培训模式是一种师范院校师范生与乡村教师互相促进、共同进步的培训模式。置换培训也存在一定问题：一是学生家长不完全持赞成的态度，班级教师的更换，影响教学一致性；二是学生家长认为脱岗培训会使教师注意力转移到自我专业素养的提高，忽视学生的学习；三是参加这种培训后的教师在回归学校后往往要对之前其他教师讲授的内容重新梳理，有时甚至需要重新进行教学活动，因此没有做好工作衔接，浪费教学资源。

（3）网络整合培训模式

网络整合培训模式是以网络为平台对乡村教师开展培训活动。自2000年起，我国在中小学普及信息技术，开始实施"校校通"工程，目标是用5到10年时间，全国90%左右的学校具有网络环境，中小师生都能够共享网络教育资源，提高教育教学质量。2006 年以来，教育部组织实施的"农村教师新课程网络培训计划""西部农村教师综合素质提高远程培训计划"等网络环境下国家培训项目受到乡村教师的普遍好评，也为各地开展乡村教师网络培训提供了示范。

这种培训模式的优点：一是跨域时空的界限，培训活动更具灵活性、自主性，解决了乡村中小学教师培训的困境；二是培训方式上，以乡村中小学教师为中心，满足乡村中小学教师多元化的学习需求，给予乡村教师所需要的个性化发展；三是乡村教师专业发展培训常有资源匮乏、培训师资水平参差不齐的问题，因此网络整合培训模式丰富、开放、共享的培训资源有助于弥补这一缺点。但是，网络整合培训模式也存在不足：首先，网络整合培训线上培训资源与线下培训交流方面缺乏有效的整合，存在线上和线下脱节的现象，网络培训大多是静态的课程，缺少时时互动，消弱参与培训教师的学习积极性，因此，不能完成高质量的培训活动；其次，网络资源虽然丰富，但是目前乡村教师参与的网络培训资源有重复与浪费现象。

（4）访名校交流培训模式

根据国培文件要求，组织乡村教师到访名校，开展课例展示、同课异构、案例分析、问题研讨、跟岗实践等活动，在活动中由来自一线的国培专家、省名师、特级教师、教研员、学科带头人及优秀青年教师予以全方位的跟踪实践指导。

该模式的优点是：乡村教师通过沉浸式地学习名校的教育教学经验、管理经验、教师教学风采等，获得亲身体验和感受，树立发展学习的榜样，扩宽教育视野。访问名校的培训模式也存在一定问题：首先，访名校培训项目需要教育行政部门、名校、乡村学校等多方面共同努力，因此需要投入大量的人力、物力和财力，特别是给名校的工作团队带来了很大的服务管理压力；其次，名校多是在城市地区少部分来自乡村，如何将名校的办学模式、经验推广，缺乏实践经验总结和研究，名校到访培训模式更多是展现名校办学优势和特长，很少充分联系乡村学校、教师及其学生的实际情况，帮助乡村学校和教师解决实际问题，提出适合他们的改善方案。

（5）课题驱动培训模式

课题驱动培训模式是在培训教师指导下，教师或教师群体根据学校发展和自身特点确定研究方向，为解决乡村教师教育教学实际问题而进行的课题研究形式的培训模式。

该模式的优点：一是该模式中通过课题研究，以研带训，以训促研，研训结合的方式，体现了研训一体化，为乡村教师提供了有科学性、针对性及实用性的教师培训；二是这种培训模式提高了教师参与的积极性，通过课题研究，诱发、加强和维持教师在培训中的成就动机，消除培训倦怠。但是该培训模式需要团队的领导者具有较高的教育科学研究的素养，在乡村学校教师比较缺乏这样的领导者，导致课题研究效果不理想。

（6）观摩交流培训模式

观摩交流培训模式是根据教师的现场教学，结合专家评议、同行交流研讨，达到提高教师专业素养的培训模式。

该模式的优点：一是该模式活动既可以在校内进行，也可以在校与校之间，还可以是更大区域内进行，活动地点的灵活性有助于乡村学校交流的进行；二是教师的现场教学展示有利于专家、同行进行观察和分析，通过现场交流和研讨，诊断问题并取得改进方法，参与培训的个体们在此培训中互相促进；三是在培训中，教师平等的交流与研讨可以激发乡村教师参与培训的主体意识，使得教师们从"要我培训"转向"我要培训"。但是该模式教师参与培训的时间比较短，容易造成教师走过场，缺乏深入和持续思考的弊端。

（7）校本研修

中小学教师校本研修是一种以中小学教师工作点，中小学教师为研究者、学习者，以解决教师实际问题为出发点，为促进中小学教师专业化发展而进行的一系列活动。当前我国各地进行的校本研修，每个地区和每个学校采取的模式都各不相同，有"网络＋校本"研修模式、"五步四课"研修模式、"区域联动式"研修模式等等。校本研修往往由于缺乏高端引领，容易造成研修表层化、流于形式的局面。

（四）乡村教师培训模式存在问题[25]

1. 观念与培训方式相违背

培训内容主要是给乡村教师带来先进的教育教学观念和方法，但是培训实施的过程往往与所传授的先进理念不相符。在培训中，教师所学到的教育教学理念和方法不能在实际教学中熟练应用，更不能结合自身情况予以加工、改造和创新出新的教学方式。因此，教师为了自身专业发展，改善教学实践，花费时间与倾注热情参加培训后，感觉收获不多，所学无用，倾注财力、物力的培训收获甚微。

2. 乡村教师培训目标定位不明确

培训的目标直接影响培训形式和培训内容的制定，进而影响着培训的结果。因此，准确制定培训目标是取得理想培训结果的重要基础。现阶段存在的问题是，培训过程中为乡村教师和城市教师确定相同目标，忽视乡村教育教学环境特点及乡村教师发展的特殊需要。由于城市与乡村的巨大差别，在制定培训目标时一定要考虑乡村教育的发展需求，例如，如何为留守儿童做心理辅导，留守儿童日常生活管理的教育等。现今的教师培训，针对乡村教育及乡村教师特殊性的培训内容较少，大部分都是按照城市教师培养目标制定，缺乏针对性。

3. 不重视教师已有的教育背景和教育经验

很多教师培训组织者认为，将科学、先进的教育教学理念传授给乡村教师，就能够被认同、接受，乡村教师就会将所学内容应用于实践。但是实际情况并不是这样，教师培训忽视教师已有的教育背景、经验和理念，根据认知的内隐理论，乡村教师自身认识结构指导着教师的行为。因此，在培训中必须重视教师已有的教育背景，理清教师已有观念，反思过往行为，进而更好的接受培训倡导的科学教学观念，进而在岗位中实践。

4. 混淆了高层次学习与基础学习的界限

乡村教师的培训内容不是结构良好的基础学习，而是在具体情境中解决结构不良好的高层次学习。这种学习需要培训组织者创设合理情境，布置真实任务，乡村教师能在培训中解决具有复杂性、整体性和挑战性的任务，从而获得经验，构建具体情境的问题解决图式。

5. 培训活动对学员内驱力激发不够

乡村教师培训中，组织者和参训教师都注重活动的"参与"，但是，这种参与往往流于表面容易被发现和感知的参与、互动和交流。教师在活动中的认知情感层面的投入状态等隐秘性层次往往被忽视，造成培训效果不佳。

6. 尚未建立起完善的评价体系

乡村教师培训中对参训教师的评价主要包括出勤率、课堂表现、作业提交情况。但是，这些评价往往流于表面，忽视质的把关，只对量做出要求。具体表现为：第一，针对培训效果，组织单位没有通过定性和定量的方式对参训教师进行衡量，这样教师的评价就缺乏针对性。第二，乡村教师没有连续的、系统的过程评价，仅用培训证书作为结果，没有对个体有针对性的评价，操作随意性大，不能对参训教师起到激励作用。第三，现行的培训者及培训活动的评价，多是由受训教师填写调查问卷，无法准确、科学地评价培训者、培训活动的素质水平。最后，培训作业不能得到及时反馈，参训教师无法通过作业发现问题，改正提升，很难达到参训后的预期效果。

7. 传递过程中存在层级递减效应

教师培训依据"国培、省培"一体化实施的思想，更多的乡村教师得到了优质的培训资源和经验，扩大了培训覆盖范围。但是培训活动时间有限，甚至一些集中培训活动时间较短，参训教师不能完全掌握培训内容和思想。参训教师带着这样不完整的思想和内容回到乡村学校培训其他教师，很容易会传授走样的培训内容和思想。

四、乡村教师专业发展路径研究

（一）乡村教师专业发展路径内涵

《现代汉语词典》中的将"路径"解释为道路，指到达目的地必经之地。路径常被理解为方式、方法和途径，是从一种状态达到另外一种状态的方法。目前，我国正处在教育变革时期，教师为应对教学压力，寻找打破传统的教研活动新方法，正在经历由自上而下的教师培训到自下而上的教师研修转变。教师专业发展路径有可分为外部路径和内部路径，其中外部路径是教师教育，内部路径是教师自主的修养与提高，这也是教师专业发展的根本路径。[26] 在教师专业发展的之中，除了教育行政部门组织的培训、学校内部教研活动、教师个人的自我学习、高校组织的学历教育等传统路径之外，也出现了换岗教学、城乡学校联盟等新形式发展路径。

由此可见，路径在乡村教师专业发展中是乡村教师自我提升的方法和途径，是乡村教师在发展中逐步成为专业人员的手段和方法。乡村教师专业发展的重点是在职培训，本研究的"路径"主要指在职的教师研修与培训。因此，乡村教师专业发展路径指乡村教师通过自主学习和参加培训，提升专业知识、技能、师德、理念等专业素养的教师持续发展的途径。

（二）乡村教师专业发展路径分类

教师教育从关注教师职前教育到关注入职教育，再到关注专业发展，通过一系列教师专业发展活动，为教师专业发展提供平台。通过这些年的发展，教师专业发展路径从最初的传统的教师之间相互听课、讨论，到后来的培训、校本模式，乃至现在的互联网博客等百花齐放的局面，归纳起来，主要有以下分类方式：

1.依据组织形式将教师专业发展路径分为行政主导模式、学校主导模式、教师主导模式、专家主导模式四大类。其中，行政主导模式是指在教育行政部门的主导下，由相关部门组织中小学教师参加的新任教师培训、教师岗位培训、骨干教师培训、学历提高培训、专题培训等形式的继续教育，是我国现阶段教师专业发展的主要实践方式。学校主导模式是指在学校的主导下，根据教师实际需求，为促进教师专业发展组织的各项活动，例如校本培训。教师主导模式是指在个人强烈发展需求主导下，施行制定专业发展规划、实施行动研究、开展叙事研究、坚持教育写作等形式的发展模式。专家主导模式是指在专门的学术机构或专家学者主导下，开展的教师专业发展实践模式，包括教师发展学校、项目合作研究、民间学术活动三种形式。

2.根据路径的开展方向把其划分为自上而下的教师教育（培训）路径和自下而上的校本研修路径。根据教师发展的动力来源将路径分为外塑培训型路径和内修"教—学—研"教师专业发展路径。外塑培训路径的实施有理想的前提和假设：通过调查了解教师专业发展存在问题，分析问题存在原因，构建培训模式。通过培训，教师得到专业发展后在课堂实践中改进教学策略，提高教学质量。内修式教师专业发展路径是指基于教师内心的发展动力，激活教师个体专业发展的内部动力和活力实现发展。

3.根据教师专业发展国际热点及趋势，目前世界范围内教师专业发展模式主要有两类：一类是不同机构之间的合作模式，如专业发展学校、大学与其他机构合作、教师网络、远程教育；另一类是个人自主学习或小组合作学习模式，如校本教研共同体中学习，观摩课中学习，阅读文献，教学反思等。

4.将乡村教师专业发展路径按照国家社会、学校群体和教师个人三个层面来划分，分为十二条路径：第一，国家社会层面分为面授教育培训、网络远程教育、教师专业发展学校、专家讲座论坛。第二，学校群体层面分为：校本教学培训、校本教研活动、教师专业共同体、课题指导研究。第三，教师个人层面分为：名师工作室、专业引领、同伴互助、自主研修。并提出由于教师专业发展是一项综合性的事宜，各路径之间存在相互交叉和关联的内容。

无论以何种方式划分乡村教师专业发展路径，目前我国教师的专业发展路径关注校本研究和网络研修两种模式。同时，无论哪种分类都主要关注教师自主学习的内在提升。

五、区域内教师专业发展共同体的研究

（一）教师专业发展共同体内涵

"共同体"一词最先出现在德国学者斐迪南·滕尼斯（Ferdinad Tonnies）的著作《共同体与社会》中。该书将其解释为任何基于协作关系的有机组织性质，是一种亲密的、独特的社会关系，或是一种基于自然情感意愿的共同生活方式，强调对共同体的归属感。共同体分为地域共同体、血缘共同体和精神共同体。[27]美国当代教育管理学家托托马斯·J·萨乔万尼（Thomas J. Sergiovanni）将"共同体"解释为个体基于自己的意愿而紧密联系、共享观念与理想的集合体，这一集体通常在一段时间内，处于共同的地方，分享共同的意义、情感与传统。

20世纪80年代，"共同体"概念进入教育领域，起源于当时世界范围内学校的改革，在博耶尔（Ernest L. Boyer）的题为《基础学校：学习的共同体》一文中提到的"学习的共同体"的概念。他认为学习的共同体是由教师、学生、管理人员及其他人员组成的组织，在学习的共同体中，成员有清晰的奋斗目标，可以面对面地沟通与互动。到20世纪90年代，关于学习共同体的讨论越来越多，并被赋予了多重内涵，概括起来学习共同体必须建立共同愿景基础上，并为学习者提供相互沟通交流的平台。

教师专业发展共同体的内涵可以从三个方面分析：一是将教师专业发展共同体看作是学习型组织，在这种社会组织中进行学习。它能够促进教师专业学习与发展，最后优化学习环境。二是将教师专业共同体看作是一种合作型团体，强调求知育人，反对个人主义，参与者在这一团体中交互交流与影响，进而得到成长。三是将教师专业共同体看作一种新的学习方式，是学习型组织的延伸，通过协商、交流和分享，进一步促进教师专业发展。

综上，教师专业发展共同体是由具有共同教育信念的教师，以及以平等姿态参与的专家学者所组成的教师专业发展研究团队，这一团队要以提升成员专业素养，使他们掌握系统的专业技能，加快所有成员成长速度为目的。在新的时代背景下，要想促进所有教师的专业发展，构建发展共同体是必由之路。

（二）教师专业发展共同体构成要素

教师专业发展共同体构成要素主要有互动交流的支持系统、共同价值观、共同学习和教学活动、互相提高的机制等。[28] 除此之外，具备物理空间和人文氛围也是教师专业发展共同体一个重要的构成要素。

1. 互动交流的支持系统

在教师专业发展共同体中，教师之间的交流与合作是重要内容，其流程包括：针对问题展开讨论、制定研究计划、开展实践探索与合作活动等。教师专业发展共同体需要为传统的讨论提供面对面交流的机会，但是针对教师的远距离交流，在科技发展的时代背景下，各种通讯技术设备的使用为乡村教师在专业发展共同体内的交流创造了条件。由此，形式多样的教师专业发展共同体应运而生，例如基于网络的教师研修共同体、基于各类平台的学习共同体与教学共同体、跨文化虚拟共同体等等。在乡村教师专业发展共同体的建设中，既包括支持参与者实时交流的硬件环境，即培训场地、网络、录直播机等等，也包括支持远距离交流的资源共享的软件环境，例如教学平台及其支持共同体参与者合作探究、分享交流的社交平台等。

2. 共同价值观

共同体成员为了实现个人和专业追求，通力协作实现集体目标。他们并不是无组织、无目的地聚在一起，而是在共同信念和愿景的推动下而组织形成的。在组织层面上，各类学校以集体为单位，形成学校间的教育资源共享，提升教学质量。从个体层面上，共同体的参与者包括教育教学活动主导教师和作为教育教学活动参与学生。针对教师而言，他们是以教学共同体为依托，逐渐形成为促进城乡教育教学活动开展和教学问题解决的教师共同体；针对学生而言，他们通过共同的课堂活动参与和学习问题解决而组成学习共同体。此外，在城乡教学共同体中，还包括作为协调与支持角色存在的教育管理者。

3. 共同学习与教学活动

在一个共同体中，如果没有参与和实践，共同体难以维系和存在，高度参与的成员是共同体存在与发展的必要条件。不论是传统的面对面交流组建共同体，还是新型的基于网络的共同体建设，都会在参与和实践中促进共同体的发展和参与者的专业发展与成长。因此教育教学活动是乡村教师专业发展共同体构成的核心。一方面，教育教学活动的展开聚集了共同体中的参与者，促进教师之间的交流与资源共享。另一方面，在共同体的活动中教学活动的开展有利于汇集教师和学生，促进师生间的交流和发展，因此教学活动也是教师与学生之间的纽带。

4. 互助提高的机制

在教师专业发展共同体中，涉及人员广泛，主要包括学校、教师、学生、教育管理者等，活动包括教学活动、学习活动、教师专业发展活动等。因此，共同体内部互助提高的机制能保证共同体的建设与活动开展。对于学校来说，建立有效的活动实施规则与保障机制，例如，开展有效的学校范围的共同体活动，制定计划、形成协调机制，促进共同体中教师的交流与成长。实施教学过程中，鼓励教师之间形成合作探究、互帮互助的有效交互，和深入交流，促进教学共同体的建设。例如，利用教师观摩课课，学习优秀教学课例，在热点教育问题讨论，推广教师成功案例等等。

在以上要素的基础上，关注专业发展共同体的连贯性和持续性、专业学习主题和专业发展评价模式也值得重视。对于学校而言，没有建构专业学习共同体的统一法则，只要团队成员认可共同的文化价值，均可自由构建这种专业学习社群。

（三）教师专业发展共同体特征

教师专业发展共同体具有共同愿景、共享资源、共通价值、广域性、个体成员异质性等特征。[29]

1. 共同愿景

共同愿景是在共同理想和共同目标的基础上确立，教师群体共同努力而达成的目标，它既源于共同体中的教师个体，但是又高于教师个体的愿望。建立了共同愿景的共同体更有团队感召力和凝聚力，团队的共同愿景将转化为每个教师的发展目标。共同愿景不仅能够唤起教师个人发展的内部动力，也能够促进共同体的不断提升。

2. 共享资源

乡村教师专业发展共同体是在乡村教师专业不同发展水平的基础上形成的学习型组织。它有利于打破时间、空间界限，根据不同的教育资源，实现教育资源共享以及促进教师的专业发展，不同背景的教师在共同愿景下交流、沟通，实现专业发展。

3. 共通价值

乡村教师由于共同的愿景和目标而组建的教师专业发展共同体。在活动中，教师讨论教育教学理念、解决教育问题、分享教与学理念，形成教师专业发展的自觉性。因此，不仅要关注要关注教师物质层面的发展，更要关注教师的精神追求，教师的专业发展也在共同体的活动交流中不断提升。

4. 广域性

我国教师专业发展共同体经历了由"本域"到"跨域"再到"脱域"的三个阶段，这是一个不断超越的过程。最初由学科教研室、教师学校等组织机构作为正式的共同体，利用教研活动实现教师专业发展。后来，教师专业发展共同体的建立超越学校限制，实现教育教学资源的校际链接。最后，教师专业发展共同体借助信息技术，跨越时空组建，不再有具体的边界，而是在人们生活现实或虚拟世界的任何时空，实现教师专业发展。

5. 个体成员异质性

个体成员间在发展水平、文化、目标等方面既存在相同之处，又具有差异，而这种差异就是共同体中个体成员异质性特征。由于异质性特征的存在，使得共同体的存在有了价值和意义。教师专业发展共同体的活动中，同质性的特质更加同化，异质性的特征能引发个体的判断、比较、反思和选择，在活动中获得的新信息有效加工，建构出新意义。因此，教师专业发展共同体中个体不断发展和自我更新，进而实现新的发展与超越，共同体也因此不断获得新的生命力。

（四）教师专业发展共同体分类

在分析教师能力、学校关系和团体结构等因素基础上，将教师专业发展共同体模式分为三类：正式教师专业发展共同体、教师驱动的专业发展共同体和形成性专业发展共同体。[30]

1. 正式教师专业发展共同体

为了全国或区域内教师专业发展，以政府机构为主导形成的教师专业发展共同体，例如名师工作室，专家研讨会，教师工作坊或其他专业教学知识的学习活动。这类教师发展共同体在参与者参与基础上，对参与者提出强制性要求。正式的教师发展共同体参与者来自不同学校，并配有某个学科的专家或教研员引领指导。

2. 教师驱动的专业发展共同体

为了共享教育教学的理念，提升教师的信息资源，解决实际教学问题，交换教学策略等，由校长、教师或研究者共同发起的教师专业发展共同体。这种以教师驱动的专业发展共同体关注教师的实际需要，以建构长期的教师专业发展社区为目标，促进教师专业水平发展，为个体发展提供解决方案，依托教师的实践经验为主要资源，对教师的发展具有重要意义。

3. 形成性教师专业发展共同体

教师根据工作兴趣、爱好及自身需要，自由组建的共同体。形成性教师专业发展共同体没有预设的学习任务和目标，共同体成员根据自身实践，结合教育热点问题研究讨论，确定发展目标、研究内容与计划。在这样共同体氛围中，教师乐于参与，并认真反思，进而改进教学。

（五）促进乡村教师专业发展共同体的有效策略

乡村教师专业发展共同体是教师拥有共同教育信念，在专家学者引领下，提升专业素养，掌握专业技能，加快所有成员成长。

1. 打造共同愿景

共同愿景是乡村教师专业共同体的情感基础和必备要素。要形成真正的共同愿景，首先创设尊重与信任的文化氛围，其次必须建立在了解教师真正发展需求基础上为教师发展提供帮助。

首先，相互尊重与信任的团体文化氛围能够鼓励成员建立良好的交流沟通环境。成员们充分信任共同体伙伴，愿意在共同体中分享经验，交换意见。其次，成员的相互尊重与信任也是获得新知识的基础，不需要担心暴露自己知识、经验不足问题，教师敢于在共同体中学习与实践新知识、新想法。因此，良好的文化氛围打造积极向上的学习气氛，成员们互相支持，互相信任，互相尊重。再次，在形成了良好文化氛围基础上，调查了解共同体教师根本需要，切实提供有效帮助，例如，提供教育教学理论与实践方面的帮助、提供专业和信息技术方面的帮助，达到专业发展的目的。最后，在互相尊重与信任的团体文化氛围下，形成共同愿景。

2. 有实效的专业发展活动

教学活动是共同体构建的要素，乡村教师专业发展共同体构建中，为提高共同体活动的有效性，专业发展活动要注意紧扣教学实际和教师需要。现实活动中，教师们本职工作十分繁重，因此对于专业发展活动的要求很高，例如，教学活动的设计，教学评价标准的制定，有效提升学困生学业表现等实际教学问题的解决等。因此教师专业发展共同体需要为乡村教师提供更有实效的发展活动。

3. 多层次全方位的专家引领

教师们需要全方位、多层面的引领，包括：由教育教学专家、教研员等提供的精神引领；由专门人员安排的实践活动；记录人员负责收集、归纳、记录共同体构建中的各类信息；共同体内部深入的人际

交往；共同体与外部的紧密联系；共同体与政府机关的有效沟通；关
注专业前沿信息。

4.完善的管理体系

完善的管理体系是教师专业发展共同体发展的保障。首先，稳定
的学习环境构建，有助于调整环境，激发共同体成员的学习诉求。第
二，充足的教育教学资源及物质支持，促进教师积极参与专业发展活
动。第三，经验丰富的共同体负责人，引导教师自主发展，合作交流。
乡村学校是教师专业发展共同体的直接领导者，校方的价值观和行为
都影响着教师专业发展。因此，校方必须关注教师职业幸福感，教师
个体专业发展意愿和对教育的奉献精神，更好地为共同体构建牵头负
责，聘请专家，提供资金支持，对教师的发展有清晰规划，为教师提
供充分的时间进行专业发展，并承认共同体的专业发展成绩。

第三节　乡村教师专业发展的研究价值

乡村教师的专业发展的水平密切关系我国乡村教育的质量，而基
于教研共同体的乡村教师专业发展又是乡村教师专业发展的最重要、
最有效的途径。因此，乡村教师教研共同体的研究有利于拓展乡村教
师专业发展的理论视域，增强乡村教师职业发展的专业动力。本书在
教师教育改革强调提高农村教师专业发展水平的背景下，通过对乡村
教师专业发展现状、存在问题和影响因素分析，从乡村学校的实际情
况出发，提出了乡村教师基于教研共同体的合作式专业发展路径以及
基于教学反思在自主专业发展路径，以期通过教研共同体的专业发展
路径解决教师专业发展过程中存在的问题，对促进乡村教师专业水平
的提升具有一定的理论和实践意义。

一、理论意义

本书的理论价值主要体现在教师专业发展共同体理论的拓展以及在职教师培训模式的创新。

（一）教师专业发展共同体理论的拓展

乡村教师专业发展的相关研究中，基于教师专业发展共同体的乡村教师专业发展得到了学者们的关注，但是如何根据教师专业发展共同体的理论构建不同层级的教研共同体，即，以高校为中心的乡村教研共同体、以教师进修学校为核心的县域教研共同体、以名师工作室为中心的名师教研共同体、以学校为中心的校本教研共同体活动，以及这些教研共同体的运行范式和保障机制等都缺乏深入的理论探索。本书通过文献梳理、教师专业发展共同体理论的研究以及实际的调研对乡村教师专业发展的现状和影响因素进行了深入分析，了解乡村教师专业发展过程中面临的困境，根据乡村教师的培训需求和乡村学校的教育教学实际，提出了不同层级的教研共同体的内涵、特征、建构、运行范式以及保障机制等，为乡村教师群体的专业发展路径提供理论支撑，也期望对当前乡村教师研修共同体模式做出有益的补充。

（二）在职教师培训模式的创新

从乡村教师的培训现状来看，乡村教师培训项目大都按照阶段性规定实施，例如，置换脱产培训的集中研修、影子教师活动、返岗实践研修、集中研修、后期跟踪指导五个阶段实施，这种自上而下的顶层设计模式各阶段间有时缺乏衔接性，会导致所学理论与实践脱节。同时，理论研修的内容有时也和乡村教师教学实际不一致。因此，自上而下的顶层培训模式向关注乡村教学实际的自下而上的问题解决式培训模式转型是提高乡村教师培训效果的必经之路。但是，村小和教学点教师的校本研修工作不能正常开展，指导校本研修的县级乡村教师培训团队的专业化水平不高，导致乡村教师培训方式存在一些问题，例如，跟岗研修、名校研学对乡村教师来说受益面小，名师名校与乡村教育教学实际的差距大，网络研修很难和校本研修形结合等。可见，转变乡村教师培训模式，构建不同层级的乡村教研共同体是解决上述问题的关键。基于教研共同体的乡村教师专业发展模式从乡村教师教育教学实际出发，始终以解决乡村教育问题，乡村教研共同体的打造为出发点，问题解决式的课题研究贯穿教研活动的全过程。在问题解决的过程中，尝试将多种教师培训的形式整合进来，寻求各种激励的措施来促进共同体的每个成员参与培训的积极性，探寻建立一个具有社会主义核心价值观，以农村教育发展为己任，合作共生，业务精湛的乡村教研共同体，对农村教育的发展将会起到巨大的推动作用。

二、实践意义

本书的实践价值体现在乡村教师培训策略、教师专业发展的方式和方法等方面。

（一）乡村教师培训策略

本书在实践篇描述了乡村教研共同体开展的基于课题研究的乡村教师培训的实践研究、县域教研共同体开展的常态教研模式实践、领雁工程、精准教研实践、课例研修实践、名师工作室开展的引领辐射、基于 PDSA 理论的校本研修实践、基于教学反思的乡村教师自主专业发展为乡村教师培训提供了可操作性的策略和方法。这些乡村教师培训的方法将在各级各类乡村教师培训中作为可以借鉴和学习的经验和做法，为乡村教师的培训效果的提升起到一定的促进作用。

（二）教师专业发展的方式和方法

通过对乡村教师专业发展现状和影响因素的调查研究，来了解目前乡村教师专业发展的途径，影响专业发展的主要因素以及乡村教师专业发展的需求，深入分析影响教师专业发展的深层因素，提出基于教研共同体的合作式以及基于教学反思的自主式专业发展方式，为教育管理者和乡村教师提供了提高专业发展质量和效率的建议和策略，从而带动乡村教研共同体向着更精深、更专业的方向发展。

第四节　乡村教师专业发展的研究方法

为了全面、深入的了解乡村教师区域研修共同体的运行现状，本次研究以问卷调查法为主，并结合采用了文献分析法、访谈法和观察法。

一、文献分析法

文献分析法是通过查阅文献资料，然后进行归纳和整理，通过综合分析，从而发现事物本质属性的一种研究方法。本书为了深入研究乡村教师专业发展的内涵、规律和发展路径，收集了大量的文献资料，例如，乡村教师专业发展现状、教师专业素养、教师专业发展共同体、教师自主专业发展途径、教学反思等理论，利用文献分析法了解有关教师专业发展共同体的国内外研究现状获得教师专业发展共同体的定义、基本要素和特征、教学反思的含义、过程以及步骤等方面，为研究提供详实可靠的理论依据。

二、问卷调查法

问卷调查法是研究者用一种严格设计的问卷，通过书面语言与被调查者进行交流，来搜集研究对象关于教育问题或者教育现象和资料的方法。本书中设计了乡村教师专业发展现状的调查问卷，以了解乡村教师的职业认同感、自主专业发展意识、乡村学校和家长以及乡村学校对于教师专业发展的影响、乡村教师专业发展的需求。

三、实践研究法

实践研究主要关注"应如何"或"怎么办"，偶尔也关注"是什么"或"有什么"。它主要显示为日常的教育改革、经验总结和教育对策。本书在县域教研共同体开展乡村教师培训的过程中开展了系列实践研究，例如，常态教研模式的行动研究、领雁工程及精准教研的行动研究，名师工作室的乡村教师培训策略等。

四、行动研究法

行动研究法是以解决问题，改进实践为目的而进行的研究，边实践边反思，是研究与行动的结合。本书在校本研修共同体开展乡村教师培训的过程中开展了系列行动研究，例如，学案导学教学的行动研究。

五、叙事研究法

叙事研究是一种全新的质化研究方法，它通过研究对象的叙述，以故事的形式再现其生活史 .研究者透过故事，梳理、统整、建构各项经验事件的性质或意义。[31] 本书通过乡村教师的教育生涯故事来了解乡村教师专业成长中的苦与乐，专业成长过程中的规律，教师面对专业成长过程中的困惑所采取的方法和策略，以及教师在班级管理、同事合作以及自主专业成长中的经验和做法。

六、课例研究法

课例研究是指基于日常教学中的问题，在教学过程中持续进行实践改进，直至问题解决的一种研究活动，在改进教学方面具有非常明显的作用。[32] 本书中校本研修共同体开展的乡村教师培训中开展了促进数学复习课新知生成的课例研究，在县域教研共同体的活动中也开展了课例研究，这些课例研究促进了乡村教师的教学理念和教学能力的提升。

参考文献

[1] Allan Glatthom.Teacher Development[A]. W. A. Lorin（Ed.）. International Encyclopedia of Teaching and Teacher Education（2nd ed.）[C]., Oxford; Elsevier Science Ltd, 1995.41.

[2] 崔允漷、王少非. 教师专业发展即专业实践的改善. 教育研究[J]，2014（9）：77–82.

[3] 沈翠莲. 小学教师专业成长、教学承诺与学校效能关系之研究[D]. 高雄师范大学教育研究所硕士论文，1994：20.

[4] 叶澜. 新世纪教师专业素养初探. 教育研究与实验[J]，1998（01）：41–46+72.

[5] 陈永明. 以终身教育理念构建教师教育新体系[N]. 中国教育报，2009-09-18（005）.

[6] Day C. Developing Teachers: The Challenges of Lifelong Learning[M]. London: Falmer, 1999: 4.

[7] 顾明远. 教育大辞典[M]. 上海：上海教育出版社，1998：27.

[8] 教育部师范教育司. 教师专业化的理论与实践[M]. 北京：人民教育出版社，2003：53.

[9] 林崇德、申继亮、辛涛. 教师素质的构成及其培养途径. 中国教育学刊[J]，1996（6）：16–22.

[10] 郭少英、朱成科. "教师素养"与"教师专业素养"诸概念辨[J]. 河北师范大学学报（教育科学版），2013（10）：67–71.

[11] 黄友初 . 教师专业素养：内涵、构成要素与提升路径 [J]. 教育科学，2019，35（03）：27–34.

[12] 杨忠君 . 试论以"素养"为内核的教师专业成长 [J]. 教育科学，2015，31（04）：46–50.

[13] 苏鹏举 . 乡村小学卓越全科教师专业素养结构及生成路径 [J]. 辽宁教育行政学院学报，2020，37（04）：91–95.

[14] 罗怡珑 . 农村小学教师专业素养现状及提升策略研究 [D]. 江西农业大学，2020：20.

[15] 刘云 . 面向教育信息化的农村教师专业素养及其评价指标体系研究 [D]. 山东师范大学，2016：26–29.

[16] 钱芳 . 地方性知识与乡村教师专业发展—教育场域的视角 [J]. 教育学术月刊，2018（10）：98–103.

[17] 杨洁 . 农村幼儿园转岗教师专业发展的个案研究 [D]. 西南大学，2014：6.

[18] 岳燕 . 浸润式培训及其对新教师专业成长的影响研究 [D]. 上海师范大学，2015：10–11.

[19] 孙艺铭 . 高师教育对教师专业自我的影响研究 [D]. 河北师范大学，2009：6–7.

[20] 李存生 . 乡村教师专业发展引论 [M]. 北京：人民教育出版社，2018：298–300.

[21] 肖凯 . 教师培训发展方向：乡村教师专业发展支持服务体系建设 [J]. 赣南师范学院学报，2016：91–95.

[22] 刘应兰、卢朝佑 . 全纳教育理念下乡村教师专业发展支持服务体系构建研究 [J]. 继续教育，2018，32（05）：25–28.

[23] 刘晓峰 . 中小学教师专业发展培训模式研究与实践 [D]. 上海师范大学，2007：9.

[24] 陈昂昂 . 农村小规模学校教师培训模式研究——基于兰州大学 WBERT 中心培训项目的探索 [D]. 兰州大学，2016：7–8.

[25] 李欣 . 农村教师培训的有效模式研究 [D]. 西北师范大学，2015：7.

[26] 李瑞 . 乡村教师专业发展路径的效能研究——以四川省凉山州、广安市为例 [D]. 西南大学，2019：36.

[27] 斐迪南·滕尼斯 . 林荣远译 . 共同体与社会 [M]. 北京：商务印书馆，1992：52–65.

[28] 周凤霞 . 教育公正视角下乡村教师专业发展的路径研究 [D]. 广西师范大学，2017：46.

[29] 朱勇进、余云峰 . 教师专业发展共同体研究 [J]. 鄂州大学学报，2019，26（5）：76–79.

[30] 朱勇进、余云峰 . 教师专业发展共同体研究 [J]. 鄂州大学学报，2019，26（5）：76–79.

[31] 徐冰鸥 . 叙事研究方法述要 [J]. 教育理论与实践，2005（16）：28–30.

[32] 陈丽敏、景敏、王瑾、于江波 . 促进数学复习课新知生成的课例研究 . 中国数学教育，2016（Z3）：9–13.

第二章 乡村教师专业发展的影响因素

第一节 乡村教师专业发展的影响因素

《教师教育振兴行动计划（2018—2022 年)》提出"教师教育是教育事业的工作母机，是提升教育质量的动力源泉"。建设乡村教育的重要问题就是让教师"教得好"，而随着教育理论与实践的发展和进步，乡村教师的知识结构、能力素养等已无法完全满足乡村教育活动的需要，亟待更新和发展。乡村教师的专业发展受到多种因素的影响，即，个人因素、学校因素和社会因素。个人因素主要包括教师的职业认同感、自主专业发展意识等等。学校因素包括管理制度、校园文化和班级管理等等。社会因素如教育行政机构、相关制度与政策、社会情境等。

一、个人因素

影响教师专业发展的个人因素主要有职业认同和教师自主专业发展意识和能力。

1. 职业认同

职业认同为"个体对于所从事的职业的目标、职业的社会价值及其他因素的看法，与社会对该职业的评价及期望的一致，即个人对他人或群体的有关职业方面的看法、认识完全赞同或认可。"[1] 教师的职业认同是教师自我与职业环境在相互作用中建构、形成和发展起来的，是教师对其教师职业的积极认知、积极的职业体验以及积极的行为倾向。[2] 教师职业认同不仅是教师在专业成长中逐步发展并确认自己作为教师角色的过程，也是当前教师自我对教师职业的认同程度。教师职业认同度高，意味着教师能够认识到教师职业的复杂性、示范性、创造性和长周期性，认识到教师这一职业的价值与意义，在教育活动中有积极的情感体验，对自己专业成长的期望值就越高，把自己的职业当成是自我价值实现的需要。

2. 自主专业发展的意识与能力

教师自主专业发展的意识和能力是指教师自觉承担专业发展的主要责任，通过不断学习、实践、反思、探索，使自己的教育教学能力不断提高，并向更高层次的方向发展。[3] 教师专业自主发展不仅是教育改革的需要，也是教师自身专业发展的需要。教师有自主发展的意识与能力，就会主动接受新的教育思想，探究新的教育方法，积极参与教育改革；就会对教学更用心，自觉地在职业活动中付出更多的心力，努力实现自己的职业理想和人生价值。在这一过程中，教师通过继续学习、积极实践、深入反思，不断实现自己的专业发展愿望，其专业发展水平也会得到极大的提高。

二、学校因素

学校因素包括学校管理与评价制度、校园文化、办学条件、师生关系、家校关系等因素。

1. 学校管理与评价制度

学校管理与评价制度对教师的专业发展发挥着重要的作用。一个学校如果对教师教育工作的管理全凭经验、靠个人情感，不能有效的实施科学管理，杂乱无章且繁重重复的工作不能给教师提供充分的研究教学的时间，将阻碍教师的专业发展；没有合理的奖惩制度和考核制度，教师没有感受到多劳多得，公平分配，就会打消老师工作的积极性和主动性；由于学校管理者的水平有限，还大量地存在着"重使用、轻培养"的现象，学校领导把教师当成了"工作体"而非"生命体"，忽视了教师的生命质量；校本研修活动得不到学校的重视，流于形式，教师的教学困惑得不到及时的解决，长此以往，教师将失去专业提升的信心和能力。

2. 校园文化

校园文化是指校园管理者以及其他教职人员共同认可的校风、校训、教风、学风、管理理念、管理方式、教育理念以及教育方式。也是影响教师专业发展的学校因素之一。校园文化是一种隐形教育，潜移默化地影响着校园中的每位成员。学校是教师专业发展学习和实践的基地，每个学校的校园文化不同，教育理念不同，导致教师之间的交往关系也不同。有的学校教师之间是团结合作的关系，大家一起探讨学校的发展和教育教学的问题；有的学校将教师的教学成绩进行排名，这样教师之间是竞争的关系，不能组成教学研究的共同体。由此可见，校园文化引领着教师的专业发展方向，是教师在专业发展的支持的平台，是营造一个团结互助、互惠共生的专业发展共同体的重要支撑。

3. 师生、家校关系

教师主要面对的是学生和家长，处理师生关系以及家校的关系也是工作的重点。融洽的师生关系以及教师与家长的沟通都影响着教师的专业发展。首先，在乡村学校，很多学生的父母都是农民，这些家长教育水平以及对学生学习的重视程度远远不如城市学生的家长，甚至，很多乡村学生的父母都到外地打工，他们由祖父母照看，或者不管不顾，或者纵容溺爱，因此，乡村学校的教师与家长在教育理念和教育方式、教育手段上的不同，导致家长与教师常常站在对立面。很多教师在谈论关于工作时的困惑往往不是教学上的困惑，而是与家长沟通的层面。其次，部分乡村学校的学生缺乏良好的学习习惯和积极的学习动机，学习基础和学习成绩比较差，因此很多乡村教师都抱怨一个知识点反反复复地讲，学生就是学不会，但是为了完成教学进度，又不得不继续，因此很多乡村教师很难从学生那里得到教学的成就感和满足感。

4. 办学条件

一方面，从学校的硬件配备来看，虽然现在大部分乡村学校的教学设备已经得到改善，但是部分乡村学校的教学设备，特别是教师的办公用品和设备的配备方面还是存在一些不足：有的学校办公室中教师没有自己专用的电脑用来备课，学校的网速比较慢，下载资料很难，网上电子资料不是免费的；学校的图书也比较陈旧，实验设施配备不齐全。从学校的软件配备来看，由于乡村学校公用经费不足，用于培训教师的开支费用有限，结果造成了当前乡村中小学教师缺少外出培训、学习、深造的机会，无缘接触先进的教学理念，教师业务能力的提高长期处于自发发展的局面，导致实效性比较差。虽然上级教育部门开展了全员教师的一些培训，但是由于县域级教研员的能力和水平的关系，乡村教师的培训效果很难满足当前教育和教学的要求。因此，办学条件差、培训机会少，导致乡村教师厌教、弃教现象严重。

三、社会因素

社会因素包括国家以及上级教育管理部门的政策支持、社会文化等。

1. 国家以及上级教育管理部门的政策支持

高质量的乡村教师专业发展与国家的支持体系建设密切关联，只有当整个乡村教师专业发展支持体系建设要素健全、供给平衡、内外支持融合以及运行高效，才能最大限度保证乡村教师专业发展的稳定性和持久性。首先，乡村教师的职称评定、工资待遇以及培训项目的开展等都需要国家层面给出相应的支持和保障，否则乡村教师难以安心于本职工作，或得过且过，或兼职其他工作，将"教书"作为谋生的手段和副业，而非一项事业，直接影响和制约着教师专业发展的水平。更糟糕的是，大量优秀的教师外流，或跳槽到其他行业，或流向条件较好的学校和地区。其次，上级教育行政部门对于乡村教师的考核与评定要扭转片面追求升学率的教育观念，要基于乡村学校的教育教学实际制定恰当的评价方法，以便教师有更多精力和愿望去关注自身的专业发展。

2. 社会文化

社会文化因素在乡村教师专业发展的过程中也扮演着重要的角色，例如，人们判断一所学校的好坏、教师的水平、教育教学的成败，往往是以升学和考试成绩作为唯一标准。与此同时，教育主管部门以升学率高低和考试成绩的好坏与教师的经济待遇、职称晋升相挂钩，导致教师陷于"以教代研、以分论教"的应试中心。

第二节　乡村教师专业发展的现状

2015 年，国务院颁布《乡村教师支持计划实施（2015—2020年)》，明确提出"优先发展乡村教育，努力造就一支素质过硬、甘于奉献、扎根乡村的乡村教师队伍"，"完善培养培训体系，做好培养培训规划，优化教师队伍结构，提高教师专业水平和教学能力"等要求。可见，深入了解乡村教师专业发展现状，探寻合理有效的乡村教师专业化发展途径，提升乡村教师专业能力与素养显得尤为重要。基于此，本书的研究通过问卷调查辽宁省农村教师专业发展的现状，为乡村教师培训提供建议。

一、研究基础

教师专业发展是教师专业成长或内在专业结构不断更新、演进和丰富的过程。[4] 随着对教师专业发展主体性回归的重视，教师专业发展从政策牵引、任务推动、教学竞赛促进、先进典型引领为特征的外塑模式转向以教师自主专业发展为主的内修模式成为一种必然[5][6]。作为内修模式的核心特征，教师自主专业发展意识是教师个人对自己所从事职业的正确认识基础上的为获得自身专业发展而不断地自主学习和自觉调整、完善自身教育教学理念与行为的意识[7]。从教师自主专业发展意识的概念可以看出，职业认同是教师专业发展的原动力和基础，是教师专业自主发展的前提[8]。研究表明，农村教师职业认同感和自主发展意识水平普遍不高[9][10]。杨高全等对湖南省长沙市部分小学数学教师为研究对象的调查表明，大部分小学数学教师（76.6%）有较好的职业认同感；部分教师（53.6%）认为制约小学数学教师专业发展的主要因素是缺乏动机，主要是忙于日常繁重的教学和管理事务，没有充足的时间和精力去学习和思考专业化发展的问题[11]。

从上面的文献综述可以得出，职业认同感和自主专业发展意识是教师专业发展的两个重要的内驱力。上述研究更多地从客观层面了解社会和学校对教师专业发展的影响，但是，作为专业发展的主体—教师，他们对于自身专业发展影响因素的认识也很重要，因此，本书的研究从教师的主观层面来了解各种因素对教师专业发展的影响。最后，由于辽宁省和上述地区有着不同的地域特点，例如，不同的文化特点和不同的资金投入，这些因素也可能对教师的专业发展发挥重要的作用，因此，为了拓展上述研究结论，本书的研究选取辽宁省 271 名来自县域、乡镇和村内学校的教师，通过调查问卷诊断辽宁省农村教师专业发展的现状，以便能够提供有针对性的教师培训策略，促进农村教育的发展。

二、研究方法

（一）被试

本研究随机选取辽宁省 271 名农村（乡镇和村）中小学教师，大部分初中教师职承担一门课程的教学，少部分初中教师还同时承担另外一门课程的教学，小学教师承担数学和语文课程的同时，还承担道德与法治等课程的教学，涵盖的学科涉及数学、语文、英语、物理、化学、道德与法治等。这些教师的性别、年龄、教龄、学历、职称等信息如表 2-1 所示。

表 2-1　被试的基本信息

维度	各类型百分比			
性别	男（33%）		女（67%）	
学段	小学（14.3%）		初中（85.7%）	
年龄	≤30 岁（16.6%）	31-40 岁（33.2%）	41-50 岁（36.4%）	≥ 51（13.8%）
教龄	<5 年（17.1%）	5-10 年（15.2%）	11-15 年（11.5%）	>15 年（56.2%）
学历	中专以下（0%）	大专（12.4%）	本科（83.9%）	硕士以上（3.7%）
位置	乡镇（95%）		村（5%）	
职称	三级（5.5%）	二级（17.1%）	一级（46.5%）	高级（30.9%）

（二）研究工具

该研究采用自编的农村教师专业发展现状的调查问卷，问卷的设计基于教师的主观认识为视角，从教师的职业认同感、自主专业发展意识，以及学校对教师专业发展的影响三个维度入手。问卷包含四个部分：第一部分共 14 个封闭题项，调查乡村数学教师的性别、年龄、教龄等基本信息；第二部分调查职业认同感，8 个题项，例如，"乡村教师是一份枯燥的工作"；第三部分调查自主发展意识，7 个题项，例如，"我经常有意识地思考教育教学中的各种问题"；第四部分调查学校对教师专业发展影响，共 11 个题项，例如，"由于乡村学生的成绩，我不能从教学中获得成就感"，"学校的绩效考核制度可以激发我对工作的热情"。第二、三、四部分的封闭题项采用李克特五级量表来度量教师对于专业发展影响因素的态度。[1]

表 2-2　调查问卷的设计维度和题项说明

设计维度		题项
基本信息		1-14
封闭题	职业认同感	职业情感	15、16、17、18、22
		职业满意度	19、20
		职业胜任感	21
	自主发展意识	自主发展策略	23、24、25、26
		自我效能感	27、28、29
	学校	管理制度	35、36
		教师培训	42、43
		学校条件	32、33、39、40、41
		人际关系	37、38
开放题	教师日常教学遇到的困难和培训需求		44、45

（三）问卷的信度和效度检验

本研究应用 SPSS21.0 计算问卷的信度和效度。由表 2-3 可知，

---

[1]　为了确保问卷的信度和效度，问卷的定稿删减了部分题项，所以题项的序号不是连续的。

职业认同感、自主专业发展意识、学校影响及问卷总体的内部一致性 Cronbach alpha 系数值分别为 0.60，0.71，0.64 和 0.81，可见，该问卷的信度符合要求。

表 2-3　问卷的信度

维度	Cronbach alpha 系数
职业认同感	0.60
自主专业发展意识	0.71
学校影响	0.64
问卷总体	0.81

该研究对职业认同感、自主专业发展意识以及学校影响三个维度分别做因子分析，并根据数据分析结果形成表 2-2 呈现的问卷，空间有限，这里不再赘述相关数据分析结果。

（四）调查过程

调查问卷通过电子邮件的形式发给教师，一共发放 290 份，回收有效问卷 271 份，有效问卷回收率为 93%。

（五）数据整理与分析

问卷的第一部分给出教师个人信息百分比的情况。第二、三、四部分的题项中，从"非常同意"到"非常不同意"依次计 5—1 分，分值越大表明教师的态度越积极，第二部分的分值范围各为 8—40 分，第三部分的分值范围各为 7—35 分，第四部分的分值范围各为 11—55 分，

三、结果与分析

（一）教师专业发展现状的总体状况

研究首先计算了每个题项的均值和标准差，我们把均值大于 4 分

和均值小于等于 3 分的题项列出来，如表 2-4 所示：

表 2-4　高分题项和低分题项的平均值和标准差

题项	平均数	标准差
16. 乡村教师的社会地位高	2.02	0.86
19. 如果有机会，我想去城市的学校当老师	2.68	1.03
20. 我觉得我的工资低于我对工作的付出	2.59	1.26
36. 学校的绩效考核政策可以激发我对工作的热情	2.76	1.10
21. 我认为我胜任教学工作	4.24	0.52
24. 我经常有意识地思考教育教学中的各种问题	4.14	0.54
26. 我经常通过收集资料或者向别的老师请教来解决教学中自己解决不了的问题	4.12	0.52

从表 2-4 的结果来看，题项 16、19、20 的平均值比较低，说明农村教师对于他们的社会地位和工资不满意，从农村学校离职到城市学校的意向比较明显。题项 36 的平均值也比较低，说明教师认为学校的绩效考核制度没有有效激发他们工作的热情。题项 21 的分数较高，说明教师的职业胜任感比较强。题项 24、26 题项的分数较高，说明教师虽然处在一个不是很满意农村教师这个职业，但是他们还是积极地通过各种途径提升自己。各维度的平均值和标准差如表 2-5 所示：

表 2-5　各维度的均值和标准差

维度	平均值	标准差	取值范围
职业认同感	21.98	3.30	最大值 = 40，最小值 = 8
自主专业发展意识	26.73	3.85	最大值 = 35，最小值 = 7
学校影响	36.49	6.03	最大值 = 55，最小值 = 11
总分	85.21	10.21	最大值 = 130，最小值 = 26

从表 2-5 可以看出，职业认同感、自主专业发展意识和学校影响

的平均值分别为 21.98，26.73 和 36.49，可见，职业认同感的分值低于该维度平均水平，说明农村教师对于自己这份职业的认同度不高。但是，自主专业发展意识分值高于平均水平，说明教师虽然对于农村教师这份职业不是很满意，但是在自主专业发展方面比较积极。同时，学校影响的分值也略高于平均水平，说明教师认为学校对自己专业发展的影响是积极的。从表 2—5，我们还可以得出，专业发展现状总分为 85.21，可以看出，教师对于自己的专业发展现状持有积极和肯定的态度。

（二）各维度之间的相关性分析

Spearman 相关分析结果表明：职业认同感，自主专业发展意识，学校影响三个维度在显著性水平上正相关，如表 2—6 所示：

表 2-6　各维度和总态度之间的相关系数矩阵

	职业认同感	自主专业发展意识	学校影响	总的态度
职业认同感	1	.165*	.335*	.558**
自主专业发展意识		1	.576**	.733**
学校影响			1	.910**
总的态度				1
注．N = 271；** 相关性的显著性水平在 0.01（双侧检验）.				

（三）教师专业发展影响因素的差异性分析

本研究分析了教师对于专业发展现状的认识是否与性别，学段、年龄、教龄、学历、职称、收入、课时量、获奖级别、课程门数等变量有关系。结果如下：

首先，结果表明，在自主专业发展意识方面，男女有显著性的差异（t（215）=–2.60，p=0.01<0.05）；年龄在 30—40 岁之间的

教师与 40 岁以上的教师之间存在显著性的差异（t（215）=3.047，p=0.00<0.05）。教龄为 5-15 年的教师和 15 年以上的教师存在显著性差异（t（215）=2.941，p=0.004<0.05），本科及以下的教师与硕士学历的教师存在显著性差异（t（215）=–3.063，p=0.002<0.05），不同学校位置的教师存在显著性差异（F（2，214）= 10.91，P = 0.00<0.05），平均值如表 2-7 所示。

表 2-7 不同性别、年龄、教龄、学历和学校位置的教师的
自主专业发展意识的平均值和标准差

	性别		年龄		教龄		学历		学校位置	
	男	女	30—40岁	>40岁	5—15年	>15年	本科及以下	硕士及以上	乡	村
平均值	25.71	27.17	27.52	25.95	27.60	26.07	26.58	30.75	27.47	24.55
标准差	3.36	3.27	3.67	3.89	3.77	3.80	3.80	3.01	3.53	2.70

在职业认同感方面，小学教师和初中教师存在显著性差异（t（215）=–2.03，p=0.04<0.05），工资水平在 2000—2999 元，在 3000—4999 元，以及大于 5000 元的教师之间存在显著性差异（F（2，214）= 3.60，P = 0.029<0.05)），每周授课 15 节及以下的教师与 15 节以上的教师存在显著性差异（t（215）=3.97，p=0.00<0.05），不同学段、工资水平和课时量的教师职业认同感的平均值和标准差如表 2-8 所示。

表 2-8 不同学段、工资水平和课时量的教师
职业认同感的平均值和标准差

	学段		工资水平			课时量	
	小学	初中	2000—2999元	3000—4999元	≥ 5000 元	8—15节	16—23节
平均值	20.84	22.17	21.18	22.36	20.88	22.41	20.26

	学段		工资水平			课时量	
	小学	初中	2000—2999元	3000—4999元	≥ 5000 元	8—15节	16—23节
标准差	2.81	3.33	2.82	3.24	3.98	3.14	3.37

（四）教师日常教学遇到的困难和培训需求

为了深入了解辽宁省乡村数学教师的展业发展方面面临的问题，以及他们培训的需求，该问卷设计了两道开放性的问题，下面将这两道问题中教师的回答简要总结并列举部分教师的典型回答。

44. 请你描述你在日常工作中遇到的困难。

乡村教师认为日常工作中的困难主要集中在乡村学生，家长和学校层面。

从乡村学生来看，乡村教师认为乡村学生学习的积极性不高，学生的基础参差不齐，学困生的转化，问题学生的心理教育等问题，一些教师的典型回答如：“乡村学生的基础知识较差，在课上，经常会遇到一个问题需要讲好几遍，也会导致课堂时间不够，课的结构不完整。”“学困生和问题学生怎么办。”“如何做好学生心理健康教育。”“学生成绩参差不齐，如何合理安排课堂教学。”“乡村学生整体上学习积极性以及家长的重视程度赶不上城市。”“很多学生不会主动地深入思考问题，以至于教起来比较累。”“学生对学习没有深刻的认识，不知道学习将改变他的人生。”

从乡村家长的方面来看，乡村教师认为乡村孩子的家庭教育不是很到位，家校合力没有，乡村家长不支持学校的工作，一些教师的典型回答如：“孩子的家庭教育与学校教育不一致。”“家长不重视教育，不关心孩子的学习。""学生课后作业完成度不好，家长不能配合教师监督孩子认真完成课后作业。"

从乡村学校的方面来看，乡村教师认为，教学资源匮乏，与教学无关的活动占太多时间，工资低、绩效考核不合理，教研分为不浓厚，一些教师的典型回答如："教学资源匮乏，没有现成的可用的教学资料。""工资和绩效考核不合理，不喜欢这份工作。""杂事儿太多，真正潜心研究教学的时间少！""教研氛围不浓厚，学校教研活动缺乏教育专家的指导。"

45. 如果你现在可以选择参加一个培训项目，你想提高哪方面的能力？哪种类型的专家和培训形式你比较喜欢？请描述喜欢的原因。

对于这个问题，乡村中学教师和乡村小学数学教师的回答存在一些不同，大部分乡村中学教师期待提高信息技术和教学融合，教学设计，心理健康，教育教学理念方面的培训，喜欢的是一线的教育专家，结合具体一线教学实际中的案例，开展对教学实践具有指导性的培训，或者一些在线的培训。一些教师的典型回答如，"贴近教学实际，以教学实例来分析和引导，我比较喜欢，这样的培训才能学以致用。""喜欢关于教学直观的展示及课后评价，能够接地气真正为乡村教学服务。""喜欢关于教学直观的展示及课后评价，能够接地气真正为乡村教学服务。""初中生早恋问题，如何解决初中生早恋问题，专家实例解读，促进中学生健康成长。""做课件的能力，几何画板的应用，能够解决教学中的问题！""还是比较喜欢那种实用性的培训，不用讲理论，就是讲讲在教学中应注意的问题，以及考试时的评分标准。""平时工作特别忙，希望参加一些在线培训项目。"

对于小学教师则更加倾向于提高班级管理方面的培训，他们同样也喜欢一线的专家，结合具体的实例，解决他们教育教学中的实际问题的培训。例如，"结合案例提高班级管理能力。""想参加班主任工作方面的培训，需要具体的工作方法，希望专家能够针对教师班主任工作中遇到的问题给予实践性很强的指导，少一些理论，多一些具体的做法。""数学语文班级管理，喜欢经常一线工作的专家，有技术含量或者有具体实例的培训形式，因为一线专家没有离开学生，更能理解教师的需求，培训后有真正的收获，而不是空架了，白白耽误时间。"

四、结论与建议

（一）结论

本研究调查农村教师专业现状，研究结果显示，首先，从单个题项的得分情况来看，农村教师不满意他们的社会地位和工资。他们认为学校的绩效考核制度没有有效激发他们工作的热情，学校安排了很多与教学无关的事情，但是，教师积极地通过各种途径提升自己。其次，总体来说，农村教师的职业认同感的水平较低，自主专业发展意识处于较高的水平；教师认为学校对他们的专业发展影响是积极的。再次，职业认同感、自主专业发展意识、学校影响这三个维度之间存在显著的正相关。教师的自主发展意识与教师的年龄和教龄在显著性水平上负相关，与教师的学历在显著性水平上正相关。最后，性别、年龄、教龄、学历、学校位置、学段、工资水平和课时量对教师的职业认同感、自主专业发展意识存在显著性的影响。

（二）建议

本研究成果为当前的学校以及教育行政部门和教研部门开展的教师专业发展策略提供了一些可行性的建议。首先，从学校层面来说，学校应基于课堂教学改革中出现的问题，通过校本研修、专家引领、外出培训、网络研修等多种形式，有效开展教师培训，以满足教师的自主专业发展需求。其次，学校要合理安排教师每周的授课节数，尽量少安排一些与教学无关的事情，提供给教师充足的时间来备课，辅导学生和教学反思。最后，学校也要通过绩效工资的分配来体现多劳多得，公平分配的原则，以此来提高教师工作的满意度。学校要特别关注作为学校中坚力量的 40 岁以上中年教师的专业发展情况，了解他们的需求和职业期待，为他们的专业发展创造条件，提升这部分教师的职业认同幸福感。

本研究也为后续的研究提供了一些研究的建议和思路。首先，在将来的研究中，样本量的扩大，调查区域覆盖面的扩大将会进一步丰富该研究的研究结论。其次，本研究通过问卷调查农村教师的专业发展现状并获得了一些结论，但是这些结论的深层次原因还需要通过深度访谈来获得，例如，该研究发现工资高于 5000 元的教师的职业认同感比工资低于 5000 元的教师低，出现该结果的原因是这部分教师通常是学校中的高级教师，教龄比较长，接触的专业发展方面的负面影响比较多，还是他们的期待值很高，导致他们的职业认同感低？我们不能确定，深入的访谈是后续研究所需要的。

第三节　乡村教师专业发展支持体系的构建

2018 年 1 月，教育部等五部门印发了《教师教育振兴行动计划（2018—2022 年）》，该计划的目标任务是"建立健全乡村教师成长发展的支持服务体系，高质量开展乡村教师全员培训，培训的针对性和实效性不断提高"。可见，乡村教师的发展需要在有保障的前提下，并结合有效的专业性支持来实现高质量的发展。而高质量的实现与乡村教师专业发展的支持体系建设有密切关联，只有当整个乡村教师专业发展支持体系建设要素健全、供给平衡、内外支持融合以及运行高效，才能最大限度保证乡村教师专业发展的稳定性和持久性。

近年来，乡村教师专业发展支持体系取得了很大的发展，但是乡村教师专业发展体系依然存在诸多不足，例如，基层教育主管部门职能异化，乡村学校校本研修不足，缺乏切实有效的外部支撑等 [12]。

第一，县级教育部门职能异化。

虽然在我国的县级层面普遍设立了县级教师进修学校或县级教研室等相关部门专门负责县域范围内乡村教师的培训，但是由于县域教研员的能力所限，导致县级教师培训机构或教研室职能发生异化，教师进修学校往往沦为教师考核机构，没有起到培训主体、学校沟通的桥梁等作用。例如，很多乡村教师没有机会参加国家、甚至是省级的培训，一些国培项目的全员培训是县级教研员参与上级培训之后开展的二次培训，但是由于县域教研员的水平有限，二次培训往往打了很大的折扣。同时，县域内乡村教师专业发展的培训工作并没有在前期进行详细调研，了解教师的需求，导致关于乡村教师的培训缺乏针对性与灵活性，结果往往适得其反。

第二，乡村教师校本研修不足。

如前所述，目前为止我国乡村教师的相关培训工作主要由县级教育主管部门负责，学校层面的校本研修对于乡村教师专业发展的重要性并没有被充分认识到，很多乡村学校将培训机构作为唯一的教师专业发展支持平台，学校在整个培训活动中往往承担着组织教师培训报名等基础性工作，以至于乡村教师专业发展过度依赖县级教育主管部门而忽视了校本研修的功用，很多基于学校开展的研修活动流于形式，研究主题泛泛、缺乏深度、缺少系统性和连贯性，很多教师也是疲于应付，苦不堪言。

第三，乡村教师专业发展缺乏外部支撑。

乡村教师专业发展缺乏外部支撑表现在以下几方面。首先，虽然近几年乡村教育经费的投入有所增长，但是我们需要认识到我国乡村教育经费的投入一直比较欠缺，特别是一些经济水平比较低下的县级政府的投入是比较低的，所以乡村教师培训整体基础依然薄弱。其次，关于乡村教师人事制度的建设依然存在较大漏洞，例如，教师的结构性缺编，教师的流失比较严重，教师年龄老化等问题。

结合乡村教师专业发展体系建设过程中存在的突出问题，乡村教师专业发展支持体系建构主要有以下途径：

第一，依托教师发展中心，系统规划县级教师培训。首先，县级教育主管部门作为乡村教师培训的责任主体，应积极地开展乡村教师培训，即，通过整合的教师发展中心充分发挥县教育局、县进修学校、县教研室、县电教馆的优势，开展调研了解乡村教师发展的需求，统筹规划，深入到乡村学校的课堂教学中，开展系列教师培训项目。其次，积极结合乡村教师的实际教学，创设各种途径支持乡村教师的自主专业发展，例如，学校购买网络课程学习的权限、开展教学反思的培训、购买各类期刊和学习资料等，帮助乡村教师提高自身理论水平、解决实践问题，从而不断地促进乡村教师专业水平的提升。最后，依托教师发展中心为核心，构成县域教研共同体，加大校际合作，互惠共享，促进教师专业发展。

第二，鼓励学校开展校本研修。首先，学校作为乡村教师专业发展体系的重要环节，乡村学校要积极营造有利于村教师专业发展的良好环境，形成良好互动、互助开放的学校教师之间的合作氛围，构成乡村学校教研共同体。其次，乡村学校应立足于自身学校发展实际，积极引进外部培训资源。例如，师范院校的专家，网络培训资源、上级教师进修学校的教研员，积极开展校本研修活动。最后，学校的校本研修活动要基于乡村学校的实际问题，以及乡村教师的实际需求，形成聚焦主题的、系列化、深入化的科学性的教师研修活动。

第三，优化乡村教师专业发展资源配置。首先，强化中央财政责任，加强省级统筹，改变目前"以县为主"的义务教育管理体制，通过加强中央财政支持和省级统筹，提高乡村教师福利待遇与绩效工资标准，并且向地处边远的乡村教师倾斜。其次，科学安排编制。及时补充乡村学校的青年教师数量，特别是音乐、体育、美术等紧缺学科的教师，解决乡村学校结构性缺编和老龄化问题。对于一些编制紧缺的乡村学校可以采取通过政府购买服务、社会化的方式来聘请一些校外的培训老师来进行授课，或者几所学校共同聘请一个教师的方法，或者采用信息技术手段开展同课传递的手段，即，乡村学校的学生可以在线参加城市学校的课堂。最后，出台激发乡村教师专业发展的政策和文件，从物质手段着手唤起乡村教师自我发展内驱力，一是依据《教师法》的相关规定保障乡村教师与同级别公务员享受同等的福利待遇，尤其是在医疗、养老、津贴等方面向公务员看齐，二是建立专项的教师支持计划，将乡村教师工资待遇与所处环境、劳动付出、教学质量、能力提升等多方面挂钩，既要高奖励也要高要求，保障乡村教师具有一定的吸引力，增强乡村教师自豪感。

参考文献

[1] 车文博 . 心理咨询大百科全书 [M]. 杭州：浙江科学技术出版社，2001：555.

[2] 魏淑华 . 教师职业认同研究 [D]. 西南大学，2008：25.

[3] 李壮成 . 职业认同是教师专业发展的原动力 [J]. 教学与管理，2010，（25）：27–29.

[4] 叶澜 . 教师角色与教师发展新探 [M]. 北京：教育科学出版社，2001：23.

[5] 徐帅、赵斌.从外塑到内修：教师专业发展的内驱力生成 [J].教育理论与实践，2018（25）：39–42.

[6] 张忠华、宦婧.论教师专业发展从外塑到内修的路径转向 [J].河北师范大学学报，2016（5）：80–84.

[7] 袁玲俊.论中小学教师专业自主发展意识的培养 [J].宁波大学学报（教育科学版），2006（6）：58–59.

[8] 李壮成.职业认同是教师专业发展的原动力 [J].教学与管理，2010（25）：27–29.

[9] 蹇世琼.坚守还是离开？——特岗教师职业认同现状的调查研究 [J].中小学教师培训，2017（9）：18–21.

[10] 郑晨.农村初中数学教师职业认同感对教师专业发展的影响 [J].数学学习与研究，2013（16）：5–6.

[11] 杨高全、曾玉华、朱春兰.小学数学教师专业化发展现状的调查研究——以湖南省长沙市部分小学为例.数学教育学报 [J]，2011（1）：31–34.

[12] 杨明媚.乡村教师专业发展支持体系的构建.教学与管理 [J]，2017（11）：58–60.

第三章 乡村教师专业发展的内容

为建设高素质中小学教师队伍，2012 年教育部颁布了《小学教师专业标准（试行）》《中学教师专业标准（试行）》（以下统称为《教师专业标准》），并指出：《教师专业标准》是国家对合格中小学教师的基本专业要求，是中小学教师开展教育教学活动的基本规范，是引领中小学教师专业发展的基本准则。《教师专业标准》明确规定了教师职业"师德优先、学生为本、能力为重、终身学习"的基本理念，并从专业理念与师德、专业知识、专业能力三个维度对中小学合格教师的专业素质提出了基本要求。因此，本章依据《教师专业标准》的维度及内容领域，结合乡村教师专业发展的内涵，在第一章简要介绍乡村教师专业素养特色结构内容的基础上，对乡村教师专业发展的内容作出具体分析。

第一节 乡村教师的专业理念与师德

一、专业理念的含义

理念反映了人类认识事物所归纳或总结的思想、观念。国内教育家叶澜教授认为教师专业理念是"教师在对教育工作本质理解基础上形成的关于教育的观念和理性信念"[1]。专业理念对教师具体的教学行为起指导作用，保证了自身专业发展的方向。

二、师德的含义

师德，教师的职业道德，可以认为是"教师和一切教育工作者在从事教育活动中必须遵守的道德规范和行为准则，以及与之相适应的道德观念、情操和品质"[2]。从古到今的教育，一直都提倡教师要注重道德修养，重视教师的师德建设。《中华人民共和国教师法》中提出的教师义务的首条就是"遵守宪法、法律和职业道德，为人师表"；习近平总书记在十九大报告中提出，师德是教师的灵魂，师德也是中华民族的优秀传统；中共中央、国务院《关于全面深化新时代教师队伍建设改革的意见》强调：在教师队伍建设中要"突出师德"，"把提高教师思想政治素质和职业道德水平摆在首要位置"。教师作为一种特殊的职业，从事的是以心育心，以德育德、以人格育人格的伟大事业，因此教师队伍一定要倡导具有崇高师德，而且所有教师都要以具有崇高师德作为奋斗目标[3]。师德是教师专业发展的内在驱动力。习总书记提出的有理想信念、有道德情操、有扎实学识、有仁爱之心的"四有"好老师，为新时期的师德建设指明了方向。

"专业理念与师德"是教师专业化的核心。有正确的专业理念才有正确的教育观，才可能产生正确的教育教学行为；师德是直击教师灵魂的职业道德，是规范教师在教育教学活动中自觉遵守的道德标准。当代教师不能仅仅把自己定位于"教书匠"的角色，而是要努力成为"专家型教师"和"研究型教师"，把教育当是一生所追求并乐于奉献的事业。

三、专业理念与师德的构成

《教师专业标准》对"教师专业理念与师德"内涵围绕对待职

业、学生、对教育教学和对待自身修为等四个领域进行了解释，确定了"职业理解与认识""对学生的态度与行为""教育教学的态度与行为""个人修养与行为"等 4 个领域的 18 项基本要求，并进一步细化了教师职业基本理念。

"职业理解与认识"领域是教师正确职业观的体现。《教师专业标准》从依法执教、爱岗敬业、专业认同、为人师表、团队合作等层面作了基本要求。要求教师应遵守党和国家的政策和法规，热爱教师事业，具有职业理想，注重自身专业发展；具有良好的职业道德修养，具备团队合作精神等；教师应明确自己承担的社会责任，理解教师职业的专业性和独特性，理解师德是加速自身专业成长、获得职业幸福的内在动力。

具备正确的政治理想和信念是对教师职业的基本要求。一个有理想信念的好老师，心中装着国家和民族。在中国教育史上，被人们所称道、为历史所铭记的好老师，无一例外都是把自己的教书育人事业与国家、民族的奋斗目标、前途命运联系在一起，所以教师还需要坚定中国共产党的先进性，学习党的政策，践行党的方针，要具备高度的政治觉悟 [4]。

爱岗敬业、专业认同是对教师教育情感的要求。教师是一个神圣而高尚的职业，作为人类灵魂的工程师，只有从内心热爱自己的职业，才能认真投入到教育教学工作，只有认同自己的专业，才能看到工作的价值，在工作中体验到乐趣。对于乡村教师来说，对职业的热爱不仅包括对教学的热爱，更在于浓厚的乡土情感，表现为教师能在认识、了解乡村的基础上形成对乡村生活乡村教育事业的认同，能执着于乡村教育事业，有责任感和振兴乡村教育事业的使命感 [5]。只有这样，才能使教师感受到自身的价值，能扎根乡村，服务乡村，造福乡村教育。如果缺少深厚的乡土情感，仅仅把教师当成谋生的一种职业，没有发展的动力，就不会将其自身的热情全力地投入到乡村的教育教学工作中，教师专业发展和乡村教育质量提升就成为无根之木、无源之水。

"对学生的态度与行为"是正确学生观的体现。要求教师给予学生关爱与尊重，平等对待学生，尊重个体差异，满足学生不同需要，为学生的自主发展创造条件。乡村学生由于家庭背景、生活环境的特殊性，性格敏感，厌学、放弃学习的学生比比皆是，这就需要教师能公平地看待每一位学生，从学习、生活、情感、成长的角度关注学生，让每个学生都能感受到教师的关怀与温暖，从而形成积极的学习信心和乐观的生活态度。同时也要给予学生更多的鼓励和赞美，让学生正确认识自我，建立自信，从而形成积极健康的人格。

"教育教学的态度与行为"是教师正确教育观的体现。要求教师要树立育人为本、德育为先的理念，重视学生的全面发展，尊重学生的身心发展规律，能因材施教。在教学中要能激发学生求知欲和好奇心，注重培养学生的兴趣和爱好，引导学生养成自主学习等良好的习惯。教师要认识到"立德树人"是教育的根本任务。教育教学的目标不仅是使学生获得相应的知识和技能，更重要的是能力的提升，健全人格和公民素养的形成。因此，教师要根据学生的学习特点，为学生提供适合其发展的教育，提升其未来适应社会和持续发展的能力。

"个人修养与行为"是教师自我发展观的体现。要求教师要富有爱心、责任心、耐心和细心，具备积极乐观、心态平和，勤于学习，树立不断进取以及文明整洁的良好形象。教师是"塑造人类灵魂的工程师"，本身就是一种教育力量。个人的良好形象和人格魅力能感染学生，成为学生健康成长的引导者和榜样。当前，很多乡村教师几十年如一日，扎根乡村教育，以自己的思想、人格、情感、行为和学识诠释了什么是教师的正确信念和高尚师德。如"2020年度感动中国人物""全国最美乡村教师"的张桂梅在"七一勋章"颁授仪式上发言时说道:"只要还有一口气,我就要站在讲台上,倾尽全力、奉献所有,九死亦无悔!",体现了坚韧执着的拼搏和无私奉献的大爱精神,成为将自己奉献给乡村教育的教师楷模。

第二节 乡村教师的专业知识

一、教师专业知识的含义

教师专业知识是指教师经过教师教育以及在教育实践中逐渐发展而成的具有专门性、指向性和不可替代性的知识。教师专业知识强调的是教师职业的"特殊性",它是教师知识中与教育教学工作直接相关的一部分知识,是区别于一般大众所具有的普通文化知识、教师所具有的职业以外的知识、其他职业工作者所具有的专业知识[6]。教师专业知识是确保教师地位的重要条件。相关研究表明,在所有的教师知识中,学科知识和专业知识对于教师专业至关重要,因为学科知识是决定能"教会学生学习"的关键基础,专业知识是决定能"教会学生学习"的不可缺少的依据[7]。

二、教师专业知识的构成

国内外相关研究从多个角度提出教师专业知识结构。其中,最有影响的是美国学者舒尔曼,他认为教师的专业知识包括学科知识、一般教学法知识、课程知识、学科教学知识、关于学生及其特点的知识、哲学和历史渊源知识七种类别。与此类似,《教师专业标准》中将教师专业知识划分为四个领域:教育知识、学科知识、学科教学知识、通识性知识,并提出了相关的基本要求。

教育知识，是指教育学知识和心理学知识。作为教师，应该明确中小学教育的性质、目的、制度的改革方向，明确国家教育方针，才能树立正确的教学观念，把握正确的教学方向。现阶段教育目的是培养为社会主义建设服务的劳动者和接班人；培养德智体美等多方面全面发展的人才。因此，对教师来说，明确教育的基本原理和主要方法，才能更好地落实素质教育的要求，培养学生成为全面发展的社会需要的人才。学生作为教育活动的主体对象，了解他们的身心发展状况才能更好地开展各项教育活动。作为一名教师，必须掌握教育心理学的基本原理和方法，如基础心理学、认知心理学、教育心理学等，科学认识学生身心发展的特点，并在教育实践中运用相关理论，采用适当的方法引导学生树立正确的世界观、人生观、价值观，才能更好地因材施教，从而更好地促进学生的全面发展。因此只有具备了教育知识，才能使教师认清各种复杂的教学现象，运用教学规律解决教学问题，提升自身的专业发展水平。

学科知识，不仅包括教师所教授的学科的基本逻辑体系，也包括所教学科的基本知识、原理与技能、基本思想和方法。掌握学科知识是教师专业发展的基础。正如华东师范大学周彬教授所说："支撑教师成为专业人员的第一类知识就是他所教内容的知识，为了简化表述并更好地适应我国基础教育现状，可以把这类知识称为学科知识。虽然掌握了学科知识并不等于就会教学科知识了，但连学科知识都没有掌握，自然就谈不上教学科知识"[8]。要胜任学科教师的角色，首先必须精通所教的学科知识。不仅要掌握所教学科的完整知识体系，也能融会贯通不同学科的知识，并运用于社会实践。以数学学科知识为例，数学教师需要结合数学学科特点深刻理解数与代数、图形与几何、概率与统计、数学建模与数学探究等内容，从而把握所教数学知识的本质与核心，并熟悉数学在其他学科和实际生活中的广泛应用。同样，对于语文教师，需要具备扎实的语言文化知识基础，全面掌握各种语文知识，包括文言文知识、熟悉中外文学著作等；具有较高的思维品质、正确的审美鉴赏和创造能力，这样才能正确地引导学生树立正确的审美意识，提高创造能力。

学科教学知识，指需要教师熟悉所教学科的课程标准，了解学生学习具体学科的认知特点，能针对具体学科内容选择合适的教学方法与策略。课程标准是对每个学科课程的具体设计，课程标准中规定了课程的性质、目标、内容框架，并提出教学和评价建议，是教师实施课程的准则。例如，作为语文教师，必须知道语文课程是一门学习语言文字运用的综合性、实践性课程，基本特点是工具性与人文性的统一。语文课程应引导学生在真实的语言运用情境中，通过自主的语言实践活动，积累言语经验，把握祖国语言文字的特点和运用规律，加深对祖国语言文字的理解与热爱，培养运用祖国语言文字的能力；同时，发展思辨能力，提升思维品质，培育社会主义核心价值观，培养高尚的审美情趣，积累丰厚的文化底蕴，理解文化多样性[9]。在正确的课程观的指导下，加强学生阅读、写作、交流和综合运用等方面的学习，提升学生的语文学科核心素养。

通识性知识主要包括一定的自然科学和人文社会科学知识，相应的艺术欣赏和表现知识，一定的现代信息技术知识等。自然科学知识以研究发现自然现象背后的规律为根本目的，主要包括数学、物理学、化学、生物学、天文学等分支学科知识。人文社会科学知识是对人文科学知识和社会科学知识的总称，主要包括哲学、语言学、文学、历史学、政治学、经济学、法学、社会学。这就需要求教师不仅要增强自然科学知识，提高人文社会科学知识储备，还要具备相应的艺术鉴赏力，具备与教育内容相适应的现代信息技术知识。具备通识性知识，可以拓展知识领域，更好地实现不同知识间的融合。当前基础教育课程设置中，在小学和初中阶段设置了"综合实践活动课程""初中阶段设置了分科与综合相结合的课程""从小学到高中设置综合实践活动并作为必修课程"，目的是使学生通过认识、体验、发现、探究、操作等多种学习和活动方式，发展实践能力，发展对知识的综合运用和创新能力，形成对自然、社会、自我之间内在联系的整体认识，进而养成良好的个性品质[10]。这类课程需要教师具备广博的科学文化知识，对教师通识性知识提出了新的挑战。

此外，在当今"互联网＋教育"的时代背景下，人工智能、大数据、区块链等技术迅猛发展，不仅改变了人们的生活，也对在智能环境下的教与学的方式提出新的挑战。2018年1月中共中央、国务院印发的《关于全面深化新时代教师队伍建设改革的意见》提出教师要主动适应信息化、人工智能等新技术变革，积极有效开展教育教学[11]。同年4月教育部颁布的《教育信息化2.0行动计划》[12]中明确提出提升信息化应用水平、全面提升教师的信息素养的目标，实现网络"校校通、班班通、人人通"，建成"互联网＋教育"大平台，提出了信息技术与教育深度融合的主要任务。这些都要求教师顺应时代发展的需要，转变观念，具备适应教育内容的现代化信息技术知识，适应信息化、智能化技术的变革，创新教育教学实践活动，提升教育质量。同时，互联网的发展也为教师进行自主学习提供了广阔的平台。教师可以自主地从互联网平台获取信息资源，主动学习，更新自身的专业知识，提升专业能力。

作为乡村教师，由于所任职的乡村学校的地理位置及教育对象的特殊性，除了拥有上述的教育理论知识、学科知识、学科教学知识及通识性知识之外，还应具有教育教学所在地区的地方性知识。即能适应乡村文化的特点，具备乡土知识。乡村文化与城市文化不同，是乡民在长期的生产实践和劳动积累中逐渐形成的，是农耕文明的一种表现，通过乡音、乡土、乡情传递乡民的思想观念和价值理念。作为乡村教育的践行者，教师既是乡村文化的宣传者，也是乡村文化的吸纳者，在其专业发展中必须融合乡村文化的知识元素，乡村教师的知识体系才能更加完善[13]。学者李长吉将乡村教师的乡土知识划分为生产生活、历史文化、传统民俗、民间艺术、地理景观以及思想观念六类地方知识[14]。教师具备乡土知识，能更好地发挥其在乡村文化传承和建设方面的引领作用。教师可以成为学校校本课程的开发者，充分挖掘乡村文化中丰富的教育资源，进行合理的课程开发，通过弘扬地方优秀文化，使学生通过此类课程更加热爱自己的家乡，认同乡村文化，提升对家乡的归属感，未来能反哺家乡，为振兴乡村做贡献。同时，在课堂教学中把乡土知识与教学内容相结合，基于学生的生活环境和熟悉的生活经验创设情境，将生活化题材融入教学内容，可以使学生产生积极地情感体验，更好地激发学生学习兴趣，提升教学质量。

乡村教师的大部分专业知识是师范教育阶段所获得的，甚至因为某些历史原因，其中还有些教师没有系统学习过教育理论，在教育教学中更多的是依靠已有的教学经验做出的归纳和总结，影响了教学效果，限制了自身的专业发展。但过去由于教学环境和配套教育资源的不足，乡村教师即使有提升专业知识的愿望，但却难于实现，致使专业发展的知识系统更新缓慢。而在当今互联网时代，学习途径和学习资源极大丰富，可以"足不出户"实现网络上的学习，突破了时间和空间对乡村教师参与专业发展活动的限制，使得学习和更新专业知识的愿望随时可以变成现实，可以持续地进行专业知识的学习。

第三节　乡村教师的专业能力

一、教师专业能力的含义

教师的专业能力是教师利用教育理论和教育经验，在进行教书育人活动的不同教育情景中所表现出来的教育教学能力的总和，是评价教师教学工作的重要指标。

二、教师专业能力的构成

在《教师专业标准》中将教师专业能力划分为六个领域：教学设计、教学实施、班级管理与教育活动、教育教学评价、沟通与合作、反思与发展等，并围绕课堂教学对教师的教学设计、教学实施和教育教学评价做了具体的要求。

教学设计能力，不仅表现为教师能科学合理制定教学目标和教学计划、教学过程，也表现为教师能帮助学生设计个性化学习计划。教学实施能力要求教师在教学实践过程中，能通过多种教学方法和现代教育手段激发学生学习兴趣，有效调控教学过程，有效实施教学，发展学生的思维能力、探究能力和创新能力。在教育教学评价中，教师能采用多元评价方法全面评价学生，帮助学生正确认识自己，建立自信，也对自身的教学进行调整改进。

2014年4月教育部颁布《关于全面深化课程改革，落实立德树人根本任务的意见》以来，指向学科素养的教学变革迅速展开，培育学生的核心素养成为各学科教学的重要目标和内容。例如，语文学科核心素养包括"语言构建与应用""思维发展与提升""审美鉴赏与创造""文化传承与理解"四个方面；数学学科核心素养包括数学抽象、逻辑推理、数学建模、数学运算、直观想象、数据分析六大素养 [15]。
为适应发展学生的核心素养的要求，对各个学科教师的专业能力又提
出了新的要求：首先，在教学设计与实施中教师需要具备核心素养的
目标意识，制定教学目标时要关注学科核心素养的达成。其次，教学
策略上要探索培养核心素养的策略，既要重视教，更要重视学生的学
习过程，促进学生学会学习，学会思考。最后，在教学评价中注重学
生的学业质量水平，即学科核心素养的具体表现，将过程性评价和结
果性评价相结合，不仅关注学生的学习成绩，也要关注学生的学习过
程，发现学生的优点和阶段性进步，引导学生积极开展自我评价，采
用多元评价方式对学生进行鼓励，使其对学习建立自信，并通过分析
评价结果推动自身的教学反思与进步。

除此之外，管理能力和沟通合作能力也是教师专业能力的体现。
管理能力体现在班级管理与教学活动中，要求教师能融洽建立师生关
系，将育人活动融入学科教学中，能组织开展有益学生身心健康的各
项活动。沟通与合作能力，体现在教师不仅能与学生、家长进行有效
的沟通，共同促进学生发展，而且也能积极与同事进行经验交流，促
进共同发展。

对于教师的专业成长而言，分享与交流是教师从新手教师成长为
专家型教师最重要的途径之一 [16]。

首先，在与学生的沟通方面，由于城乡经济发展的不均衡，受城
市化浪潮的深刻影响，大量农民外出务工，流动性较大，使得留存在
农村的子女成为"留守儿童"，容易出现情感缺失、性格缺陷、学习
困难、自卑等问题，因此，在一定程度上乡村教师担负着留守儿童生
活关照、情感关怀和家庭教育指导的责任，承担着替代父母的角色 [17]。
乡村教师要能够及时了解学生情况，在与学生的沟通与交流中，建立
良好的师生关系，倾听他们的烦恼和需求，及时干预与疏导，帮助他

们正确认识自己，保持良好心态。乡村教师还要充分利用班集体的力量，通过开展各项活动，让学生感受到温暖和关爱，从而促进学生的身心健康发展。

其次，在与家长沟通方面，教师需要经常与家长保持联系，让家长及时了解孩子的状态，尽可能让孩子感受到家庭的温暖。但是，由于我国城乡文化、经济水平差距较大，很多农村学生家长的文化程度普遍不高，对子女的教育期望值不高，一些乡村家长甚至认为"养"和"教"分别是家庭和学校各自的责任，把孩子送到学校后除了孩子的成绩外，较少关注孩子的教育。这就需要乡村教师能有良好的与家长沟通能力，转变农村家长的教育观念，让家长意识到自身担负的教育孩子的责任，共同担负起家校合作育人的工作[18]。

再次，教师间有效的合作交流是促进专业发展的重要途径。通过合作交流，可以激发教师专业发展的意愿。教师之间通过听课、观摩、讨论、交流等合作形式有助于减少教师独立反思的偏差，有助于使教师个体的反思走向深化，使教师的经验条理化、明晰化、结构化和概括化，从而有助于教师知识的获取、创造和传播[19]。以往，受到乡村教育环境和教学条件的限制，乡村教师之间往往缺乏合作交流，使得教师的专业发展更多的是靠自身实践经验的摸索，导致乡村教师个体独立发展现象严重，主体间合作发展的通道与路径较少[20]。随着网络设施逐渐地完善，教师之间的合作交流不再局限于"面对面"，可以形成网络教研共同体，乡村教师可以与其他优秀教师直接交流，激发专业发展的热情，更好地进行自我发展规划并付诸行动[21]。

最后，教学反思也是乡村教师专业发展的重要途径。在教师之间交流的过程中，教师在教学中能收集分析相关信息，不断反思，能针对工作需要进行探索和研究，设计个人专业发展规划，通过多途径逐渐提升专业能力。美国心理学家波斯纳曾经提出教师成长的公式：成

长 = 经验 + 反思。通过反思，教师对自身教学行为进行自我观察、内省与探索，进行批判性思维，从而改进自己的教学实践[22]。具体来说，教师通过在教学中总结自身的"成功"之处，积累成实践性知识，同时针对教学中遇到的问题和困惑，需要结合教育教学理论分析问题产生原因，探究解决问题的方法，在问题解决的过程中教师对教育理论的认识逐渐深化，在理论与实践相结合中提升教育教学水平。乡村教师因为所处的教育环境的特殊性，教学任务重，担当角色多，在教育教学中会遇到诸多问题，教学反思更是乡村教师职业发展的捷径。教师通过对自己的教学行为进行审视，引发思考，寻找解决问题的策略，再将策略运用到教学实践中进行检验，逐步改进和完善，从而在行动研究中提升反思能力，实现专业发展。

参考文献

[1] 叶澜.新世纪教师专业素养初探［J］.教育研究与实验，1998（1）：43-48.

[2] 陈建."教师专业理念与师德"的定义、内涵与生成——基于《中学教师专业标准（试行）》［J］.教学管理，2014（6）：28-31.

[3] 林崇德.坚持以德立身，塑造教师美好形象［J］.陕西教育.2018（12）：36-37.

[4] 王蓓.融情于教 立德树人——谈中学教师师德师风建设[J].陕西教育，2021（7-8）：67-68.

[5] 赵鑫.新型城镇化进程中乡村教师乡土情感的缺失与重塑［J］.西南大学学报（社会科学版），2016（2）：44-50.

[6] 马云鹏等著.教师专业知识发展研究[M].北京：教教育科学出版社，2020：19.

[7] 朱旭东 . 论教师专业发展的理论模型建构 [J]. 教育研究，2014（6）：81–90.

[8] 周彬 . 教师教育专业知识：生成、积累与课程转化 [J]. 教育研究，2021（7）：p37–47.

[9] 中华人民共和国教育部 . 普通高中语文课程标准（2017 年版）[S]. 北京：人民教育出版社，2018：1.

[10] 张华 . 综合实践活动课程：理念与框架 [J]. 教育发展研究，2001（1）：44–47.

[11] 中华人民共和国中央人民政府网 . 中共中央国务院关于全面深化新时代教师队伍建设改革的意见 [EB/OL].http：//www.gov.cn/zhengce/2018-01/31/content_5262659.htm，2018-01-31.

[12] 中华人民共和国教育部政府网 . 教育部关于印发《教育信息化 2.0 行动计划》的通知 http：//www.moe.gov.cn/srcsite/A16/s3342/201804/t20180425_334188.html，2018-04-18

[13] 黄水香 . 乡村文化视野下乡村教师专业发展的困惑与化解策略 [J]. 肇庆学院学报，2021（1）：82–86.

[14] 李长吉 . 论农村教师的地方性知识 [J]. 教育研究，2012（6）：80–86.

[15] 中华人民共和国教育部 . 普通高中数学课程标准（2017 年版）[S]. 北京：人民教育出版社，2018：6.

[16] 朱许强 . 乡村教师主体性对话的失落与回归 [J]. 教师教育论坛，2019（8）：28–31.

[17] 王素华，林琼芳 . 留守儿童成长过程中乡村教师的作用与角色替代 [J]. 教学与管理，2018（6）：20–22.

[18] 马多秀，范婷 . 农村家长在家校合作中的问题及对策 [J]. 北京教育学院学报，2017（12）：8–12.

[19] 饶从满、张贵新 . 教师合作：教师发展的一个重要路径 [J]. 教师教育研究，2007（1）：12–16.

[20] 吴支奎、胡小雯 . 场域视野下乡村教师生涯发展的困境与出路 [J]. 中国教育学刊，2017（5）：26–29.

[21] 柳立言、张会庆、习寒冰 . 智能时代乡村教师专业发展的困境、机遇和实践路径 [J]. 中国电化教育，2021（10）：105–112.

[22] 徐炳嵘 . 教学反思：教师专业成长的阶梯 [J]. 江苏教育，2013（4B）：70–74.

第四章 基于教研共同体的乡村教师专业发展途径

　　教研共同体是促进教师专业发展的有力途径，并成为学校教学变革的有效策略，其在改善和重构乡村教师教学理念、促进乡村教师专业提升方面发挥重要的作用。正如托马斯（Thomas）所指出的："教师专业发展思想的一个重要转向就是将关注的重心从'专业个人主义'转向'学习共同体'，在共同体中，教师通过参与合作性的实践来滋养自己的教学知识和实践智慧。"[1] 教研共同体使乡村教师的专业发展从封闭走向开放，从被动接受走向互动分享、彼此信任、密切合作、追求共同的目标，因此教研共同体是乡村教师专业发展的重要途径之一。

　　"共同体"最早由德国社会学家滕尼斯（Tönnies）于1887年在其出版的《共同体与社会》一书中首次提出。滕尼斯将共同体视作是自然形成的小范围的内部联系紧密的群体，它以血缘、感情和伦理团结为纽带自然生长，可以分为血缘共同体、地缘共同体和宗教共同体三种基本形式。[2] 在共同体的概念基础之上，研究者陆续提出了学习共同体，专业发展共同体等概念。教研共同体是一种狭义的共同体，即在教育领域里有着共同目标的、相互沟通的群体、组织或平台，主要是教育专家、学者、教师因共同的目标聚合在一起（可以是实体也可以是虚拟形式存在于网络中），进行同类课程的研讨、同一教学模式技能的学习、同一领域的热点或发展的交流，在这样的共同体里成长、发展，即教师专业发展。[3] 在乡村教师专业发展的过程中，教研共同体扮演着至关重要的作用，主要有县域教研共同体、名师工作室、乡村学校校本教研组、乡村教研共同体等不同类型的教研共同体，他们在乡村教师的专业发展过程中发挥着不同的作用，优势互补，相辅相成地促进乡村教师的专业发展。本章将具体阐述这四种教研共同体如何促进乡村教师在合作中发展和提升。

第一节　基于乡村教研共同体的乡村教师专业发展 ①

随着义务教育课程改革的进一步深化，乡村教师的培训显得尤为重要。《国家中长期教育改革和发展规划纲要（2010—2020 年）》提出"以农村教师为重点，提高中小学教师队伍整体素质"已经十余年。国务院办公厅针对乡村教师发布了《乡村教师支持计划（2015—2020 年）》，计划指出："整合高等学校、县级教师发展中心和中小学校优质资源，建立乡村教师、校长专业发展支持服务体系。全面提升乡村教师信息技术应用能力……，按照乡村教师的实际需求改进培训方式，采取顶岗置换、网络研修、送教下乡、专家指导、校本研修等多种形式。"在此语境下，深入了解乡村教师专业发展过程中存在的问题，并提出有效的解决策略成为乡村教师素质提升的助推器，既顺理成章，又刻不容缓。

一、乡村教师专业发展面临的问题

2019 年本研究采用自编的《乡村教师专业发展现状调查问卷》调查了辽宁省沈阳市、大连庄河市、阜新市、丹东东港市 217 名乡村中小学教师的专业发展现状。调查结果表明，乡村教师的自主专业发展

---

① 本文原载于《教学与管理》2021（4）。

意识比较高，例如，76% 的教师即使自己承担费用，也总是寻找机会参加一些对于自己的教学能力有帮助的活动。但是乡村教师专业发展的过程中面临一些问题。

1. 乡村教师专业发展缺乏学习资源和氛围

和教师较高的自主专业发展意愿相矛盾，乡村学校以及县域教研培训部门没有提供乡村教师充分的学习资源和氛围，41% 的乡村教师认为学校的教学资源贫乏，例如，很多网上的优质教学资料都是收费的，可供教师免费下载的很少。同时，部分乡村教师的学习氛围不浓厚，30% 的教师认为办公室的同事们大部分时间都在讨论与教学无关的事情，有的教师表示，"许多人挤在一个办公室，学习氛围不好。"这个结论与蔡其勇等的研究类似，即，乡村教师的工作方式整体呈现封闭孤立的状态。[4] 可见，建立一个学习资源共享、积极学习氛围的乡村教研团队是解决乡村教师自主专业发展困境的一个有效途径。

2. 乡村教师专业发展缺少专家引领

除了自主专业发展之外，乡村教师的专业发展的重要途径是校本研修，但是乡村学校的校本研修存在教师研修少同伴、专业发展少引领、研修过程少技术的"三少"现象。[5] 辽宁省乡村教师专业发展调查研究也得到了类似的结果，例如，41.5% 的乡村教师认为校本教研活动形式化，缺少专家的引领，也就是说，县域教研培训部门没有提供乡村教师专业性的教学研究指导和引领。[6] 因此，吸纳高层次的教育教学专家，组建多层级的乡村教研团队、提高县域教研员的教研指导能力是提高乡村教师整体素质的重要手段和有效措施。

3. 部分培训项目与乡村教师实际需求脱节

辽宁省乡村教师专业发展现状的调查研究表明，39% 的乡村教师认为从教育部门的培训中学到的知识往往不能解决他们课堂上遇到的问题，他们迫切需求能够亲临教学一线，上示范课，解决教学中的实际问题，实实在在地提高课堂教学质量的培训，而不是搞花架子。可见，上级教育部门开展的培训项目与乡村教育教学实际有一定的差距。

综上，针对乡村教师专业发展面临的问题，在"互联网+"的背景下，乡村教育教学问题解决的过程中，在教师专业发展共同体合作模式的指导下，组建乡村教研共同体，基于课题研究开展乡村教师培训是提升乡村教师专业素养的可行之路。

二、乡村教研共同体的构建

国外教师专业学习共同体为本研究提供研究基础。学者哈德（Hord）指出："当所有人合作开展共享性学习，并践行他们所学的内容，目的是提高自己作为专业人员的有效性和促进学生学习的时候，这些人所组成的就是（教师）专业学习共同体"[7]。基于学习共同体，我国研究者对教研共同体的内涵进行了一些探索，例如，教研共同体是在教育领域里有着共同目标的、相互沟通的群体、组织或平台，主要是教育专家、学者、教师因共同的目标聚合在一起（可以是实体也可以是虚拟形式存在于网络中），进行同类课程的研讨、同一教学模式技能的学习、同一领域的热点或发展的交流，在这样的共同体里成长、发展，即教师专业发展。[8]基于上述定义，乡村教研共同体的内涵和特征如下：

（一）乡村教研共同体的内涵

乡村教研共同体是指在"互联网+"的背景下，以乡村教育教学问题解决为共同目标，以课题研究为载体，高校、县级教师进修学校、名师工作室、乡村学校开展深度合作，高校教师、县域教研员、教学名师、乡村教师之间交流分享学术观点和教学改革经验、融同伴互助和专家引领、教学科研与教师培训于一体的共同成长的群体。

（二）乡村教研共同体的特征

基于乡村教研共同体构建的要求，乡村教研共同体具有以下四个特征：

1. 以乡村教育问题的解决为共同的目标

目标和发展愿景是形成乡村教研共同体的首要条件，决定着共同体的发展方向，体现了个体需求，是影响个体成员行动的内在动力。[9] 乡村教研共同体所有成员的一个共同的使命是为了乡村教育事业的发展，乡村教育教学问题的解决，以及实现自身专业素养的提升。

2. 以乡村问题攻关课题组为支持的任务驱动方式

乡村教研共同体是由高校、县级教师进修学校、名师工作室、乡村学校构成的研修网络系统。乡村教研共同体下面存在三个子系统，第一级是高校教师、县域教研员、教学名师等构成的乡村问题攻关课题组（简称课题组），第二级是各名师工作室、教师进修学校，第三级是乡村学校。各层级的教研共同体的负责人由各学科的县域教研员、名师工作室的主持人、乡村学校校长负责。各层级的教研共同体是该项研究的实验单位，课题组主要负责研修活动的策划与组织，给实验单位提供指导和建议等工作，各名师工作室和教师进修学校根据自己的研究主题通过校际研修开展相关研究。各实验学校主要是通过基于本校的教育教学中存在的问题，通过校本研修组织学校的老师开展课题研究活动。

3. 以协作探究的形式开展研修活动

乡村教研共同体各级系统之间的关系是合作共赢，共建共享的关系，所有的研修活动是通过协作探究的形式开展。首先，各实验单位内部所有成员共同对教育教学等进行反思性对话，集体质疑、提出问题；其次，乡村教研共同体根据普遍问题进行集中讨论，合作探究，分析问题、理论讲解、案例点评；再次，在充分讨论的基础上，明确每个人的任务，建立网上关联关系，实现各成员之间的有效沟通；最后，进行多种形式的成果展示，比如开展同课异构展示、教学流程展示、以及论文交流等。

4.在解决问题的同时，促进成员的持续发展

乡村教研共同体是一个学习的团体，更是一个研究的团体，成员们根据自己的研究目标开展研究，把愿景变为现实，持续不断的思考发生了什么，运用理论指导实践，评估结果，持续的学习。随着问题的不断解决，新问题、新理论的不断产生，实现每个乡村教师的持续性专业发展。

三、基于教研共同体的乡村教师专业发展路径

乡村教研共同体建立之后，良好的运行范式是确保乡村教研共同体活动顺利开展的保障。从研究问题的诊断、解决以及问题的拓展与提升的过程中，实验单位或者教师以课题研究为载体，将教师培训融合于教师课题研究的过程之中。课题的研究过程借助于学校内的校本教研、学校间的校际教研、教育研究者的专家引领等不同的教研活动形式，研训融为一体，高校教师、县域教研员与乡村教师共同发展。乡村教研共同体的运行范式分为以下五个步骤，下面以研究者正在开展的教育部课题《促进教研共同体形成的乡村教师培训创新路径研究》为例简要说明。

1.教学困惑问题化

教学困惑是教研活动参与者在自身的教育教学实践中，因与原有的知识体系、认知方式相矛盾而产生的正常现象。[1]教学困惑是教师教学研究的素材和出发点，科研意识培养的起点。乡村教师专业发展过程中面临很多教学困惑，例如，如何能让根本就不动脑的或不学习的乡村学生参加到学习中来？从新授到复习巩固，如何选择适合乡村

学生的一套学习方法来提高他们的成绩？等。但是如何将困惑提炼出研究问题，乡村教师还是缺少相应的能力。根据"自上而下"的高位引领与"自下而上"需求分析相结合的原则，充分理解教师学科教学与课程实施中真正的困惑与困难，提出适度超前、高位引领，真正切合乡村教师自身发展需求的研究问题显得尤为重要。[11] 具体来说，教师将教学中的困惑进行初步表述，各实验单位内开展初步的研讨，初步归类，之后，教研共同体召开会议进行研讨，课题组提出指导性的建议，最后各实验单位确定自己要研究的问题。例如，在教育部课题中，课题组在各实验单位教师困惑的基础上帮助他们梳理出"乡村初中生两极分化的成因与对策研究""学案导学教学方式的应用策略研究""农村学校教师培训模式的研究"等研究问题。

2. 问题任务化

任务化是研究问题进一步细化的方法，同时也是问题得以解决的首要条件。当研究问题确定之后，各实验单位先自己确定研究的目标，内容，方法、步骤等，相当于一个任务书。任务明确之后，各实验单位要和课题组签订任务协议书，任务书同时也明确实验单位在乡村教研共同体活动开展的过程中需要承担的任务以及享有的权利，以及团队中的每一个成员的具体任务。在此过程中，课题组会根据教师的需要开展教育科研方法方面的相关培训，之后，每个实验单位展示，课题组提出建议，进一步修改和完善，将课题研究的任务明确并落实下去。

3. 任务课题化

结合教研活动，以课题研究为载体的教师培训模式是研究型教师培养的重要途径。[12] 乡村教育教学实际问题的课题化是一种问题解决学习，具有系统性、整体性、科学性等特征，能显著改善以往教学研究零散性、碎片化的倾向，使乡村教研共同体建设具有了切实的依托和路径。任务课题化阶段，课题组指导各实验单位和乡村教师在任务书的基础上，根据课题申请的规范流程，编写各级各类的课题申请书，准备申报课题。第一轮培训首先重点指导名师工作室的主持人，县域教研员，学校校长，教学名师等，因为这些教师具有一定的研究经验和研究基础，其他的乡村教师可以作为这些教师的课题研究成员承担部分任务。在后续的培训中，课题组会逐步辅助部分积极的，具有一定能力的教师准备课题申请书的编制。例如，东港市教师进修学校的《实施精准教研提高校际小学教学质量实践研究》、大连庄河市教师进修学校的《基于初中生数学核心素养发展的课堂教学案例研究》获得省级课题立项。

4. 课题行动化

课题行动化是指课题研究的实施过程，即，教师基于所要研究的问题，探究问题解决的策略，开展教学实践活动，检验策略的科学性和有效性。在教学实践研究过程中，乡村教师提升了专业素养，认识到基于课题研究的研修活动的价值所在。实验单位申报下来的课题需要按照课题审批单位的相关要求认真完成，具体的研究过程的进展，存在的问题，各实验学校及时与课题组沟通。在这个阶段，课题组对于教师开展的研究过程、研究方法的具体操作提供全面而深入的指导，例如，课例研究，课堂观察法，行动研究法等方法的指导。课题研究的开展需要各实验单位将任务分解到每个参与的成员，每人负责一部分，问题的解决策略都是集体研讨的结果。对于没有申报成功的课题，课题组继续指导如何完善课题申报书并积累相关的研究基础。

5. 结果课程化

结果课程化是指将乡村教研共同体的研究结果及其研究的过程性资料开发成课程。课程有两个来源，一个是各实验单位的研究成果，即，共同体定期召开成果汇报，各实验单位分享自己的研究成果，这种经验的总结虽然不同于平时我们接触得到的培训课程，比较浅显，不够完美，但是是教师们自己探索出来的，是原汁原味的，和乡村教师的教育教学最接近的。例如，乡村学生学习兴趣提高的方法、学案导学教学模式的经验分享、乡村名师工作室建设的经验分享、及速教研模式的经验总结等。课题组也会根据各实验单位问题解决过程中出现的问题及时开发一些培训课程，例如，课题组在乡村教研共同体研究活动的过程中，开展了科研方法指导、校本研修、班级管理，信息技术与数学教学融合，数学教学设计与实施等培训课程，这些培训都是基于教师的实际需求而开展，而不是独立于共同体的研究活动之外。

四、乡村教研共同体的保障机制

1. 建章立制 定期交流

为了乡村教研共同体研修活动的顺利开展，首先，开展定期的各层次的汇报交流，例如，课题组定期开展全部参与单位的汇报和交流，同时，课题组也委托县级教师进修学校对各实验单位定期开展检查，听取课题研究进展的汇报，大家一起研讨存在的问题，解决的策略，在汇报中提炼，在交流中学习，在反思中总结。乡村学校、名师工作室级别的基层实验单位也轮流基于自己的研究问题主持开展部分研修活动，例如，对于希沃白板如何在数学课堂中应用为主题开展教学设计，进行说课以及讲课的展示。每一个阶段活动的结束，各实验单位要提供每一位教师个人发展以及团队发展情况的相关记录。

2. 跟进指导 巡视到位

课题组在教师课题研究过程中提供关于课题申请、研究方法以及论文写作等方面的培训，并对教师课题研究中存在的问题提供即时性的和深入的指导，这种培训是教师需求的，乐于参加的，也是对教师最实惠的。从各层级的教研共同体来说，名师工作室有相关的任务要求，教师进修学校和基层学校也有发展的需求，因此，持续的培训性跟踪指导也为各实验单位的发展提供帮助。

3. 政府扶持 评价推进

陈中岭的研究表明，由于缺乏必要的利益驱动和外部的激励机制，使得教研共同体活动缺乏主动性，积极性，缺少自发、自觉精神，也就难以缔结成具有共同的目标并在专业发展中相互支持的利益共同体。[13] 因此，激发各实验单位以及每一位教师参与的积极性很重要，首先，作为具有一定行政权力的县级教师进修学校在整个乡村教研共同体的运行中发挥着重要的作用。县级教师进修学校要出台经费资助、晋级加分等政策来扶持每一位教师的小课题研究任务的完成。例如，作为课题实验单位，东港教师进修学校为了保障小课题研究工作的深入开展，以红头文件下发立项和结题的通知，每年举行一次科研成果的评审活动，对教师校级小课题优秀研究成果进行大规模评奖交流活动。同时，课题组也颁发职称评审加分的证书来激发教师参与的积极性。通过这种外部的激励措施，逐步激发教师参与活动的积极性，并通过跟踪指导、交流展示等活动激发教师发自内心的参与活动的积极性。

4. 互动促研 资源共享

乡村教研共同体的良性运转一方面需要互学互助、共建共享文化氛围的支持，成员之间相互尊重、相互信任、相互关怀、相互支持彼此的学习与发展，在批判性反思与探究的基础上寻求自我提升和组织改善；另一方面需要结构和资源上的支持，包括网络交流平台，学习资源，专家引领支持等。考虑到乡村教师的工学矛盾、交通不便，经费不足等现实困难，乡村教研共同体中大部分研修活动基于网络平台，例如，利用钉钉、腾讯会议开展培训，"辽宁教研共同体"QQ群中大家交流分享，上传相关学习资料。借助网络资源开展研修活动，例如，中国教研网的"深化课堂教学改革、提升教学育人水平"等系列研直播培训等，爱课程的"中学数学教学设计"等精品课程，"网络教研共同体"微信公众号展示研修的成果和报道等。

通过乡村教研共同体建设，一线教师的困惑得到澄清，遇到问题可以直接找专家请教，专业引领成果显著，一部分县域教研员在课题组的指导下成功申请省级课题并发表论文，同时乡村教师专业素养也得到提升。

第二节　基于县域教研共同体的乡村教师专业发展

《教师教育振兴行动计划（2018—2022 年）》，强调要"建立健全乡村教师成长发展的支持服务体系，高质量开展乡村教师全员培训，培训的针对性和实效性不断提高"。可见，乡村教师的发展需要在有保障的前提下，并结合有效的专业性支持来实现高质量的发展。而教师进修学校在乡村教师高质量的专业发展中扮演着重要的角色。

一、教师进修学校的发展历史 [14]

新中国成立后，我国大力发展社会主义教育事业，师资紧缺和质量不合格问题成为当时教育发展的主要瓶颈。在这种时代背景下，各地积极筹建教师进修学校为一线教师提供补习文化为主的"学历进修"服务。教师进修学校在"文革"期间几乎瘫痪。1977 年 12 月教育部下发《关于加强教师培训工作的意见》，要求大力恢复并新办一批教师进修学校，着力开展以"教材教法""教学胜任力"为重点的教师培训。至 1986 年，全国 802 万中小学教师中不具备国家规定学历的仍约占半数。1986 年 2 月国家教委发布《关于加强在职中小学教师培训工作的意见》，提出今后五年或者更长一点时间使绝大部分教师拥有合格学历，并将教师进修学校定位为"中等师范性质"的办学机构。然而，由于人口增长和 1986 年首部《义务教育法》颁布等因素，致使在校中小学生数增幅加快，规模变大，加大了提升教师队伍质量的难度。因此，整个 20 世纪 80 年代全国进修学校都在开展以"学历进修"为主的办学活动，在一部分地区甚至延续到 90 年代中后期。进入 2000 年后，全国绝大部分中小学教师的学历补偿教育基本完成。学历尚未达标的教师，或者即将退休，或主要在师资、办学条件较好的高等学校进行学历进修。因此，从 1990 年中后期开始，进修学校的"学历进修"功能逐步终结，至 2010 年已基本没有需求。随着"学历进修"教育的逐步完成，从 1990 年代开始，教师继续教育得到了我国政府的高度重视，进修学校逐步成为教师继续教育的主要基地。1991年，国家教委印发了《关于开展小学教师继续教育的意见》，首次在国家层面明确提出"要大力开展小学教师的继续教育"，并要求教师进修学校和中等师范学校师资培训部作为教师继续教育的重要基地。由此，从 90 年代初开始，继续教育逐步成为进修学校的主要职能。然而，伴随教师专业发展理论的不断成熟和教改对教师素质的新要求，相关研究表明，教师进修学校在乡村教师专业发展和教学水平提升方面所起的支持作用并不明显，其发展的过程中存在诸多问题。

二、教师进修学校发展中存在的问题 [15]

（一）自上而下的"统治"的管理思想

作为具有"半行政性质"的事业单位，进修学校为本地教师提供研修服务，一直具有排他性的竞争优势，基本处于一家独大的地位。教师进修学校的教研员更愿意把自己定位为管理学校和教师的人员，例如，一些例行的督导检查任务、优秀课评比推荐工作，教师职称评比工作，每年固定的几次观摩课比赛等，而不是给教师提供培训服务，提供专业发展的支撑，和学校教师一起合作研究的人员，这种自上而下的管理思想使得教师进修学校和教研员对自己的要求过低，导致教师进修学校的教研员的研究能力低下，服务意识淡薄。

（二）培训项目没有计划性，设计的培训主题缺乏逻辑性

系统的培训规划是培训工作顺利、有效开展的重要前提。然而，在具体的培训实践中，教师进修学校往往缺乏培训规划，甚至有的教师进修学院只是单纯依据上级教育部门的培训通知，临时组织教师和课程，其培训内容通常由培训教师来定，很少会考虑到参加培训教师的需求和困惑。由于教师进修学校缺乏对教师培训工作的规划，导致培训方向不明确、培训内容不科学、培训流程不规范、培训效果不明显。

（三）缺少对教师培训需求的调研和准确分析

一个有效的培训开始之前必须通过广泛的调研准确诊断教师的培训需求，然后在此基础上确定培训的目的、内容和方式，制定培训规划，并且寻找领域内优秀的教师来实施培训活动。这种情况下开展的培训才会切合受训者的需求，并且使其从中受益。然而，在实际的教师培训活动中，教师进修学校开展的各种形式的培训，多是基于上级教育部门的领导和指示，缺乏主动投入的意愿，没有对教师培训需求进行调研和分析，开展的培训活动也只能是敷衍了事。

（四）部分培训教师培训能力水平不高

一名优秀的教师培训工作者，必须要具备渊博的教育教学知识及其他学科性知识、丰富的课堂教学和学生管理经验、娴熟的教师培训技能和教育科研能力。但是，一些教师进修学校的师资现状表明，部分承担教师培训工作的教师专业能力并不突出，不仅学历低，还缺乏教育教学工作经验；有的教师尽管从事过教育教学工作，本身的教育教学能力比较出众，但是没有管理经验，教育科研水平也一般，这样

的教师很难承担起教师培训工作的重任。

可见，教师进修学校的发展现状与国家倡导的将"教师进修学校"构建成"小实体、多功能、大服务"的校际性教师学习与资源中心的要求是不相符的，教师进修学校必须要转变其职能，建立起一个具有持续性、互动性和发展性的教师支持服务系统。这个支持服务体系不是与乡村学校分离，也不是领导与被领导的关系，而是有机地融合在教研与培训一体的县域教研共同体之中。正如教育部要求的，"县级教师培训机构要了解中小学、研究中小学、服务中小学、与中小学建立密切的伙伴关系。"这才是教师进修学校保持青春活力的唯一生命基础。[16]

三、县域教研共同体的构建

（一）县域教研共同体的内涵

县域教研共同体是指以教师进修学校为中心，以乡村教育教学问题解决为共同目标，县域教研员、教学名师、乡村校长、乡村教师之间交流分享学术观点和教学改革经验、融同伴互助、教学科研与教师培训于一体的共同成长的群体。

（二）县域教研共同体的特征

基于县域教研共同体构建的要求，乡村教研共同体具有以下四个特征：

1. 以乡村教育问题的解决为共同的目标

目标和发展愿景是形成县域教研共同体的首要条件，决定着共同体的发展方向，体现了个体需求，是影响个体成员行动的内在动力。县域教研共同体所有成员的一个共同的使命是为了乡村学校的发展，乡村教育教学问题的解决，从而实现乡村教师和进修学校教研员自身专业素养的提升。

2. 以教师进修学校为核心的研修系统

县域教研共同体是由教师进修学校和乡村学校构成的研修系统。教师进修学校是核心，子系统是校际教研共同体，基本单位是乡村学校。校际教研共同体就是校际内邻近的几所学校为自身发展的需要，根据同质促进、异质互补的原则而构建起来的一种校际教研协作共同体。[17] 在县域教研共同体中，县级教师进修学校是组织者、参与者、研究者和服务者的角色，积极向教师提供各种资源和帮助，为教师的专业成长服务，特别要建立培训后的跟踪指导机制，培训教师与基层教师结成专业发展共同体，深入教学现场，与教师共同研究，解决教学中存在的问题，促进教师的教学创新和改革。[18] 校际教研共同体包括参加教师进修学校组织的集中教研活动、校际教研共同体层面的校本教研。之所以称为校本研修是因为乡村学校规模都小，除少数大学科，例如，语文、数学等人数较多的学科有教研组之外，其余学科一般每学科 1—2 人，基本组建不起教研组，即使有教研组，也是不同学科组合在一起，无法有效开展教研活动。作为县域教研共同体基本单位的乡村学校，除了参加教师进修学校和校际教研共同体开展的教研活动，还要在学校内部开展教研组活动。乡村学校的教研组建设中，数学、语文等数量较多的教师可以单科构成教研组，对于一些学科教师数量较少的，不同学科的教师构成教研组。

3. 县域教研共同体的各成员之间的伙伴关系

县域教研共同体各级系统之间的关系是合作共赢，共建共享的关系，所有的研修活动是通过协作探究的形式开展。教研共同体的成员之间探讨乡村学校发展过程中出现的一些共性问题，探讨解决问题可行性方法，大家一起来做，定期分享交流，成功的学校经验展示，改革失败的学校寻找原因。

4. 县域教研共同体的成员之间平等、信任的团队氛围

由于教师进修学校有行政职能，部分教研员对基层乡村学校存在仅仅是管理，没有转变为交流和服务的角色定位，因此，容易出现县域教研共同体成员之间的关系不平等的问题。这样，成员之间不能真实地说出学校和自身发展中存在的问题、实践的过程，失败的原因、反思的结果等。这个问题的解决需要教师进修学校的教研员经常深入到学校，和老师一起观课、磨课，接受教师的观点，以一个合作者、引导者的角色出现。

5. 在解决问题的过程中乡村教师的持续发展

县域教研共同体是一个学习的团体，更是一个研究的团体，成员们根据自己的研究目标开展研究，把愿景变为现实，持续不断的思考发生了什么，运用理论指导实践，评估结果，持续的学习。随着问题的不断解决，新问题、新理论的不断产生，实现每个乡村教师的持续性专业发展。

四、县域教研共同体的运行范式

县域教研共同体的运行主要是以促进乡村教师发展的研修活动为载体，具体的活动分为教师进修学校根据国家、省、市开展的一些培训开展一些对接性的培训活动和教师进修学校根据基层学校存在的问题自主开发设计的研修项目，这两部分内容互相补充，相辅相成，为乡村教师的专业发展提供支持。

（一）对接性培训活动

在对接性培训项目中，县区的教研员，教学名师、骨干教师等参与上一级部门的培训之后将培训的内容进一步在全县范围内通过报告的形式开展二次培训。这种培训活动的开展主要是以培训内容在学校和课堂中落实为主要目标，跟踪指导为主要手段。具体的方式可以以

校际教研共同体和乡村学校为单位开展观摩课展示，专家报告，同课异构、课例研究等。在这些研修活动开展的过程中，要充分发挥优势学校的示范引领作用，通过校校结对帮扶、校校联合等多种方式，让薄弱学校教师直接参与到"窗口"学校的校本培训中去，享受优质的教师教育资源；通过县域教研共同体组织讲师团等方式送教上门，使农村教师能够不定期地接受继续教育；县区教研员起到培训效果的检测者和跟踪培训的指导者的作用。在对接性的培训中，教师进修学校积极与上级教研部门保持沟通，对于二次培训以及后期的跟踪指导过程中出现的问题和困惑要积极地寻求帮助，必要的时候可以聘请上级的教研部门的教育专家来进行现场指导。

（二）自主开发的研修活动

教师进修学校自主开发的研修活动是基于乡村学校的充分调研，问题准确诊断的基础上设计开发的项目，这些项目的主题具有明显的地域性，主要是解决当地学校存在的问题。研修活动开展的思路是教学困惑问题化—问题任务化—任务课题化—课题行动化—结果课程化。具体来说是将乡村学校存在的困惑提取出来研究的问题，将这些研究问题分配给不同的校际教研共同体开展研究，选择研究比较成熟的作为教师进修学校的研究课题立项，并提供一些经费支持来进一步开展研究，课题结题的成果开发成一些课程作为进一步培训的资源。在具体的研究过程中，校际教研共同体的各乡村学校之间定期交流，各校际教研共同体之间也定期召开一些活动交流，报告研究的进程以及效果。在研修活动实施的过程中，乡村学校的教学名师，优质乡村学校的校长，县级教研员要提供充分的指导，以便研修活动的顺利开展，如果出现疑难问题，县级教师进修学校负责聘请一些教育专家来协助解决。

五、保障措施

（一）研修活动的有效开展

在研修内容上，研修活动的开展是建立在充分的乡村学校和教师需求的调研基础之上，聘请一线的教育教学专家和高校的教育理论专家，深入课堂，精准诊断，结合教学实例开展形式多样的培训，例如，观课评课，专题报告，名校观摩等。研修活动要充分与基地校和中心校的校本教研结合、与乡村教师的备课、授课、学校常规活动结合，也要尽量与教师学分相关的培训结合起来，这样保证了教师参与的积极性。除了现场的培训之外，乡村教师培训要充分利用网络平台，线上线下结合，这样能够解决教师的工学矛盾问题，也节省了时间和精力，线下的培训尽量安排在工作日的下午，这样一般不耽误教师的上课时间，也不耽误教师的休息时间。

（二）政策与规章制度的建立

教师进修学校要给校际教研共同体和乡村学校一些政策上的支持，例如，研修活动开展好的校际教研共同体和乡村学校要给予经费和证书等方面的奖励。教研员的年度工作计划和考核中要增加教研活动开展的相关要求，乡村学校和教师的考核内容要增加关于参加教研活动的要求。教师进修学校要做出详细的教研活动开展的规划和规章制度，例如，每年年初要做好规划，例如，研修活动的时间安排，次数，形式，主题的名称等。同时也要明确研修活动如何开展，需要提交哪些过程性材料，具体的研修模式有哪些等具体的要求等。教师进修学校要承担乡村学校和教师的考核与聘任工作，这样会有利于教师进修学校在基层学校研训活动的开展。

（三）建设一支熟悉乡村教育教学、科研能力高水平的核心研究团队

县域教研共同体活动开展的构成中面临的最大的困境是缺少科学的研究方法来保障研修的质量，而科学的方法来源于高水平的核心研修团队。因此县域教研共同体要吸纳各层次的教育专家，有高校的教育专家，一线的教学名师，熟悉乡村教育教学的名校长，擅长乡村教师培训的教研员组成一支熟悉乡村教育教学、科研能力高水平的核心研究团队。他们根据乡村教育教学实际确定研修主题、选择适合的研究方法、探索研究思路、测评研究目标是否实现等。

（四）教师进修学校建成知识信息中心

教师进修学校充分利用丰富的教育资源，先进的教育设备和技术为教师的专业成长提供指导和服务，要以信息资源建设为核心，开发和整合各类教师教育信息资源，建设校际性教师教育信息中心网站，形成社会化、开放化研修网络。首先，要收集和处理先进的基础教育理论和教育信息，开发和建立自己的资料库和信息库，创立专业的教育教学信息资料刊物，建立专门的校际性继续教育网页，供本地广大中小学教师和领导干部咨询、查阅、下载和学习，为基础教育提供最新的、最有价值的知识信息。其次，县级教师进修学校要以教育部实施全国教师教育联盟计划为契机，构建校际性教师学习资源中心，为广大教师研修学习提供必要的场所、设施、设备和资源等，指导和帮助广大中小学教师充分利用各种信息资源开展自主学习，把县级教师进修学校建设成为本地中小学教师培训、学习、进修中心，使其成为广大农村中小学教师接受现代远程教育的工作站或教学点，成为本地教师学习的信息港。

第三节　基于名师工作室的乡村教师专业发展

我国教育改革的不断推进和对素质教育的不断追求，对教师专业发展提出了更高的要求。在不断思考和探索的过程中，运用"有经验"和"有理念"的名师，引领教师的专业发展已成为一种重要的途径。2002 年教育部在《中小学教师队伍建设"十五"计划》中明确提出培养和造就名师，充分发挥其典型示范和辐射作用，推广其研究成果及成功经验，带动中小学教师队伍整体素质的提高。2012 年《国务院关于加强教师队伍建设的意见》中明确指出培养中小学校名师名校长，充分发挥特级教师示范、引领优势"的战略任务。2017 年教育部颁布的《教育部教师工作司关于组织实施"国培计划"——中小学名师名校长领航工程的通知》（教师司函〔2017〕58 号）更是进一步要求名师名校长们通过建立工作室、与薄弱学校结对帮扶等形式，将自己的教育理念和思想推广到其他学校，并带领学校教师和管理者开展理论研修，加强实践指导。2018 年 3 月，教育部等五部门印发了《教师教育振兴行动计划（2018—2022 年）》，呼吁各级党委和政府要从战略和全局高度充分关注教师工作的关键作用，在教师教育师资队伍优化行动中，要求组建中小学名师工作室，充分发挥优秀教师在师范生培养和在职教师常态化研修中的重要作用。

上面这些政策说明了国家对名师所发挥的示范引领作用提供了大量的政策支持，希望通过建立教师专业学习共同体的方式，引领校际优秀教师的专业发展。在这种政策背景之下，2000 年 9 月 8 日，卢湾区教育局印发《关于建立"名师、名校长工作室"的通知》，是"名师工作室"第一次出现在正式文件中，随后，我国上海、北京、江苏、浙江等地相继建立了以提高教师队伍整体水平和教研能力为目的的名师工作室。此后，名师工作室的建立在全国大面积铺开。名师工作室以名师为引领，以学科为纽带，以先进的教育思想为指导，搭建教师专业成长和名师提升的平台，打造校际内教师教学研究共同体，对校际内乡村教师的专业发展发挥着重要的作用。

一、名师工作室的内涵和类型

（一）名师工作室的内涵

名师工作室是一类由校际内教学专家与优秀教师自愿参加的合作共同体，是以校际内教育行政部门牵头，以教育专家和优质课程资源为保障的教育模式，具有课程教学、教改研究与职业培训于一体的多元化职能。[19]

（二）名师工作室的类型

名师工作室有不同的类别，从名师工作室的构成人员来看，名师工作室可以分成某一名师为核心组建的工作室和骨干教师团队组成的研修工作室。[20]前者以研究名师的教育思想、名师带队伍以及辐射服务等为其主要任务，而后者是骨干教师基于工作实践选择共同感兴趣的研究专题，形成研究共同体，经历课题研究的全过程，在研究的过程中学习，最终全体教师获得发展。本书以第一类名师工作室为对象开展相关研究。

二、名师工作室的构成要素

名师工作室一般由目标、人员构成、名师教育理念、研修活动、研修资源、研修环境、章程制度七个要素构成。

（一）名师工作室的目标

目标是对预期结果的主观设想，是个人、部门或整个组织所期望取得的成果。名师工作室建设之初就要明确工作室运行周期内的总体目标。总体目标制定首先要考虑所在省市教育行政部门所颁布的名师工作室的相关政策文件、社会需求以及名师工作室的自主发展方向，之后综合名师工作室的远期规划与近期需求，设立符合工作室自身需求的工作室的总体目标。在总体目标的基础上，名师与成员教师交流沟通、协商分解，将总目标阶段化，阶段性目标具体化。根据总体目标，名师和小组成员制定个人总体目标以及工作室阶段目标。名师工作室的全体成员应将工作室总体目标与个人目标融为一体，围绕着目标开展工作，只有当全体成员目标一致时，工作室才能更加有效地激发实践社群的凝聚力，更好地促进教师的成长。

（二）名师工作室的人员组成

名师工作室是由名师、教育专家、学科骨干教师以及学员教师组成的一个沟通交流、知识共享的教研共同体。

工作室的名师，也就是主持人，是集教育者、管理者和领导者角色于一体，是工作室的核心要素。一般情况下，名师工作室的主持人都是由拥有丰富教学经验和理论水平的一线教学名师或者在某一领域内具有广泛知名度和影响力的教师担任。作为名师工作室的主持人要主持工作室的工作计划，制定管理细则；主持制定工作室的三年发展规划，督促和指导研修人员制定个人研修计划，提交研修总结，并对其培养、管理和考评；当好科研和教学的示范者与指导者，对工作室学员进行全方位的指导。同时，名师要和科研机构、各级教研部门、高校等单位建立良好关系，为名师工作室的发展寻找外部力量。

教育专家和学科骨干的职责是为名师工作室提供理论支撑与业务指导，为名师工作室开展的各项活动创造有利的条件，配合名师共同完成各项目标和任务，积极推进名师工作室成员之间的合作交流。

学员教师是名师工作室的学习者，研究者，是名师工作室建设的参与者。这些教师要积极地向名师学习，积极参与名师工作室的活动，在名师的引领下开展课题研究，展示公开课，与其他成员合作交流，共同成长，根据远期发展规划和学年的专业研修计划，做好各种研修活动的记录，刻苦学习，努力提升自己的专业素养。

（三）名师的教育理念

名师的教育思想是工作室的灵魂，引领着工作室前进的方向，促进工作室真正成长为教师教学研究的共同体，因此，名师工作室要将名师的教育思想充分发扬，对名师工作室的成员以及所在校际的教师形成引领和辐射的作用。例如，教育部中小学名师领航工程中的张家口市第一中学语文教学名师尤立增的"学情核心"阅读教学法认为教师通过"预习所得"和"质疑问难"两个版块能准确把握学生的认知起点，并将这个起点作为教师安排教学设计的最重要的参考依据。[21]昆明高新区第一小学语文教学名师罗蓉的"至真课堂"，主张教学要在朴实、真实的思想指导下，关注学生的需求，关注学生的思维发展，激发学生学习语文的兴趣，提高学生的语文素养，不断追求更加纯粹与完整的课堂形态。[22]宁夏银川六中的语文教学名师马文科提出的"走心语文"提倡学生语文学习以情感体验为主要路径，在阅读中让"真我"融入，在写作中有"真我"在场，在课堂上有自由言说的思想在碰撞，使学生在学习过程中产生深厚的兴趣、生发热爱的感情。[23]

（四）研修活动

研修活动是名师工作室组织的教学研究活动，以研修活动为载体，开展教师培训，提升教师专业素养。具体来说研修活动包括针对教师教育理念转变的专题报告、针对教师教学能力提升的观课评课、促进教师科研能力提升的课例研究和课题研究以及促进教师教学反思能力的阅读反思等类型。

（五）研修资源

研修资源是教师群组在研修活动中汇聚和生成的教研资料和成

果。按照来源类型来分，研修资源包括名师向群组成员示范的教研资源，包括名师示范课视频、教学设计、教学案例、课题研究、研究反思和论文著作等；名师指导工作室成员生成的公开课视频、教学设计和阅读反思等；辅助研修活动开展的基础性和辅助性教研材料，包括学案教案、案例和文献资源等；研修活动生成的阶段性和总结性的教研成果，包括教案、示范课和教改论文等。[24]

（六）研修环境

研修环境是教师群组开展研修活动和共创研修资源的网络平台和工具。名师工作室的研修环境主要有两种，一种是基于网络的虚拟研修环境，例如，QQ群，微信群，微信公众号，博客等等。另外一种是现实中的面对面的研修环境，例如，校级研修活动，专题研讨、观课评课、集体备课、乡村送教等。在名师工作室创设的研修环境中，学员教师和名师、教育专家随时交流研讨，分享教学资源，为全体成员的专业发展提供更大的便捷性和实效性。

（七）章程制度

名师工作室的章程应该明确规定其宗旨、职能、目标定位和主要任务以及工作措施，包括听评课交流活动的开展、课题研究规划，预期效果等。名师工作室的管理制度，包括会议制度，学研制度，培训和考核制度，经费制度、工作室的发展规划、研修人员的个人发展规划，以及成员考核的相关制度等。

三、名师工作室促进乡村教师专业发展中的作用

乡村教师专业发展面临诸多困境，例如，乡村教师专业发展认识模糊、自我发展意识淡薄、对教师专业地位缺乏认同、职业倦怠、知识和思想观念更新意识不强、教育科研能力不足等。[25]名师工作室通过名师引领、提供学习资源、分享与交流、互助与合作对于乡村教师

专业知识、能力与理念，自主学习，反思能力以及职业认同感都发挥着重要的作用。

（一）学习资源的分享中唤醒乡村教师自主专业发展意识

教师自主专业发展意识是教师个人对自己所从事职业的正确认识基础上，为获得自身专业发展而不断地自主学习和自觉调整、完善自身教育教学理念与行为的意识。[26] 自主专业发展意识是教师专业发展的内因，是教师专业发展的重要影响因素。但是 2019 年辽宁省乡村教师专业发展现状调查表明乡村教师缺乏充分的学习资源和氛围。可见，名师工作室通过学习资源共享的积极学习氛围唤醒乡村教师的自主专业发展意识非常重要。

名师工作室的资源大致来源是三类，一类是名师本身的教育理念和教学经验、一类是名师工作室每个成员本身的独特的经验、一类是来自于外部支持系统的学习资源。首先，名师工作室的主持人对于教育教学有着丰富的经验，自己有一些比较优秀的课例、一些培训资料可以和组员分享。其次，名师工作室作为教师专业发展的共同体，其成员来自各个层面，有城市的骨干教师，也有大学的教师专家，还有部分教研员。每一位工作室成员都有自己专属的学习经历，个性化的知识体系、独特的思维方式，别具一格的教学经验，因此，这种差异性和多样性为乡村教师提供了重要的学习资源。最后，名师和各级教研部门，大学的教育专家，各省市的名师工作室、一些名校等保持着密切的联系，通过这种联系，名师有机会接触到丰富的外部学习资源，例如，名校参观、教育专家报告、名师工作室的经验分享，以及网络上的一些直播形式的会议和培训等。名师工作室的主持人寻找机会将这些资源和群成员共享，这样就解决了乡村教师学习资源匮乏的困境，也为教师的自主专业发展创造了有利的条件。

（二）交流与分享中促进乡村教师反思能力的提升

教师反思是指教师在教学过程中，将自我和整个教学活动本身作为意识的对象，不断地对自我及教学进行积极主动的计划、检查、评价、反馈、控制和调节。[27]波斯纳（Posner）提出的："经验＋反思＝成长"，教师的反思能力是教师专业发展的重要保证，有助于教师实践性知识的获得、终身发展的一般能力的培养以及自主发展意识的形成。

随着城镇化进程的加快，乡村学校的规模越来越小，每所学校的乡村教师的数量不多，甚至小规模的乡村学校的同一学科的教师只有2—3名。因此，教师之间缺乏有效的交流，学校安排的教研活动也名存实亡，教学中产生困惑也不了了之。名师工作室作为教师专业发展共同体，可以搭建交流和反思平台，所有的成员都能在交流、分享与反思中得到发展。名师展示观摩课，阐述自己的教育教学的理念，教学设计的方法，可以将自己的教学经验进一步理论提升；教育专家进行理论研究和探索并在实践中检验理论；青年教师展示公开课，名师和骨干教师，教育专家评课，指出存在的问题；乡村教师提出乡村学校特有的教育教学存在的问题，名师和教育专家给出解决的途径，乡村教师开展教学实践，反思，再提出问题，所有成员一起探讨解决问题的途径。在所有成员的经验分享和交流的过程中，乡村教师进一步认识到自己的教学中存在的问题，在反思实践的过程中反思能力得到提升。

（三）互助与合作中提升乡村教师的职业认同感

职业认同是个体对所从事职业的肯定性评价，它是职业人发展的内在激励因素，具体表现为个人对他人或群体的有关职业方面的看法、认识完全赞同或认可。[28]2019年辽宁省乡村教师专业发展现状调查表明乡村教师的职业认同感的水平较低，一些教师认为工作任务繁重，工资待遇较低，付出和回报不成正比，心理上难以平衡；一些教师"当一天和尚撞一天钟"，缺乏职业进取精神，一些教师"身在曹营心在汉"，为生计和名利疲于奔命，忙得团团转。可见，乡村教师职业认同感的提升势在必行。名师工作室的主持人展示课堂教学、名师专题性培训讲座以及以名师为主体的主题研讨活动分享名师优秀的教育教学经验，教育科研的经验。名师工作室的所有成员对教学实践中的学生管理、师生互动等问题一起探索和研究。名师工作室开展的所有的这些研修活动创造的一种积极的氛围能够唤醒乡村教师专业发展的意识，重燃对教学的激情，提高对于乡村教师这份职业的认同感。名师工作室的名师以及参与教师通过个人专业成长的经历，对教育教学的深入理解，与学生交往的小故事的分享，家校合作的经验交流也会提升乡村教师的职业认同感。

（四）名师引领中提升乡村教师的专业知识

专业知识是乡村教师专业发展的重要组成部分，是支撑他们教育教学的基础，主要包括教育知识、学科知识、学科教学知识等。乡村教师只有掌握丰富的专业学科知识，才能更好地驾驭教材、处理教材，才能完整准确、生动有效地传授知识。名师通过专题报告，观课磨课、集体教材研读、课题研究等活动促使乡村教师对于学科知识的本质、学科教学知识以及教育教学知识得到了深入理解。同时，针对农村学校的教学实际，名师工作室在名师的引领下深入研究，探索解决问题的可行性方法和策略，例如，乡村学校班级管理策略、家校合作策略、乡村学校校本课程开发、乡村学校学生学习动机等研究，在这些问题的研究过程中，乡村教师的专业知识得到了发展与提升。

四、促进乡村教师专业发展的名师工作室建设策略

（一）基于名师工作室构建乡村教师专业发展共同体

1.名师工作室的人员构成

名师工作室可以按照"1+1+10+N"方式构建金字塔式多层次和立体化的研修社群，即每个名师工作室由1位名师主持，聘请一位教育专家作为顾问，在校际内招收10名学科骨干组成核心团队，通过自愿申报，根据主持人工作室的发展目标与任务遴选的方式在校际内招收学员教师，其中，学科骨干和学员教师都要有一定比例的乡村教师，特别是具有积极发展意愿的乡村青年教师。名师工作室与学科骨干建立师徒关系，并给他们分派具体的工作室建设任务和个性化培养计划，学科骨干和来自城乡学校的学员教师组建专题研修组。这种师承、互惠、共享、共生的关系能够使乡村教师融合到一个学习与发展的共同体中，消除乡村教师工作孤独感，缓解乡村教师独立发展的难题。名师工作室的名师、学科骨干和学员教师的三个层次群体处于向上的动态发展，指向教师专业发展的目标。

2.名师工作室的定位与目标

名师工作室的总体目标要把乡村学校教育教学问题的解决、乡村教师的专业发展作为核心目标之一。在名师工作室建立之初，工作室的主持人要把自己的教育理念和研修主题、发展愿景、总体目标、培养计划等发布在工作室的微信公众号上，这样乡村教师根据自身需求自愿申请加入，主持人进行遴选，这种形式申请加入的学科骨干和学员教师比上级教育管理部门指定参与的教师的专业发展的意愿和参与活动的积极性都高，有利于工作室的活动的开展。在共同目标和发展愿景之下，所有的成员才能够齐心协力，为了乡村教育的发展，乡村教师的发展，每一个成员的发展而积极地参与到工作室的活动中。

3. 营造名师工作室的研修氛围。

名师工作室要营造"开放、平等、协作、分享"的研修氛围。首先，通过名师效应和乡村教研的主题为引力，以"开放"的理念吸收校际内的乡村教师参与到名师工作室。其次，以"平等"的理念营造乡村教师平等参与的氛围，无论是名师、学科骨干还是学员教师均以平等的身份交流研讨，以平等的权利共享研修资源和成果。再次，以"协作"的理念组织线上线下的研修活动，主动邀请乡村教师参与城区教师合作破解教研的难题，并以乡村教师为主体开展乡村支教送教活动。最后，以"分享"的理念共享教研成果，一方面与乡村教师分享名师工作室的教研成果，另一方面提供乡村教师分享其教研资源和教研成果的机会。这种研修氛围的创设能够解决乡村教师资源匮乏，缺少互动交流研讨的机会、职业认同感低等问题，并增强乡村教师的归属感。

4. 提供丰富多彩的研修资源

名师工作室的研修资源是种类多样的线上线下混合研修活动以及在研修活动过程中使用的名师资源或者研修过程中积累的教育教学资源。工作室的成员与研修资源的相互作用中促成乡村教师教研共同体从互惠向共生发展。首先，以名师、教育专家和学科骨干为主持人组织多样化的线上线下教研活动，包括磨课评课、上公开课、主题研修、案例分析、专题讲座、话题研讨和支教送教等，引导乡村教师参加以上研修活动。其次，以"师徒"关系为基础，开展互惠型教研活动，包括名师讲堂、名师推荐、名师研究、名师评课等活动；名师向乡村教师分享师德、教育、教研的经验，激发乡村教师的专业情感，提升乡村教师的职业认同感，反过来升华名师和学科带头人的教师使命感和专业成就感。

5.制定工作室的规章制度

工作室制度章程规范所有成员的行为，是工作室良性运转的保障。制度章程包括常规的管理制度，考核评估制度，档案管理制度、经费使用制度，学习研讨制度等。常规管理制度是指成员参加工作室的每项活动的具体要求、课题研究开展的具体要求等；考核评估制度是指对学员的工作室活动参与情况和效果的考核，分为对成员的工作记录表、示范课或研究课的情况、教学反思、听评课记录、工作室上传和使用资源数等开展的过程性考核和对《个人成长规划》和年度工作目标达成情况的年度考核。

（二）构建名师工作室中乡村教师专业发展的保障体系

名师工作室保障体系涉及教育行政部门、城区学校、专家团队等，它们虽然没有直接参与名师工作室中的乡村教师教研活动，但却间接影响乡村教师专业发展的质量。

第一，教育行政部门制定名师工作室帮扶乡村教师发展的制度。各级教育行政部门应制定乡村教师建设和参与名师工作室的支持制度，支持名师工作室服务乡村教师专业发展的研修活动，保证乡村教师有机会、有时间参与名师工作室的研修活动。例如，名师工作室来自乡村的学员教师的比例要求，工作室每学年开展面向乡村学校的支教送教活动的次数等。

第二，城区学校结对帮扶乡村教师发展。城区学校采取"众扶"服务模式，聚集多所城区学校制定乡村教师帮扶计划，采用多种形式共助乡村教师专业发展，包括：城区学校提供乡村教师挂职锻炼岗位，城区学校选派优秀教师挂职乡村学校，给教师预留工作时间参加乡村教师帮扶活动，向乡村教师分享学校优质校本教研成果。

第三，各级教研部门教育专家指导名师工作室服务乡村教师专业发展。各级教研部门教育专家团队担任名师工作室的学术顾问，指导名师工作室开展建设和服务工作，包括：结合国家教育改革拓展和深化教研主题，创新研修活动方式和乡村教师服务模式，面向乡村教师需求开发乡土教育课程，结合乡村教师心理特征开展研修活动，创设浓厚的学习氛围。

第四节　基于校本教研共同体的乡村教师专业发展

国务院办公厅针对乡村教师又发布了《乡村教师支持计划（2015—2020年）》，计划指出："整合高等学校、县级教师发展中心和中小学校优质资源，建立乡村教师、校长专业发展支持服务体系。全面提升乡村教师信息技术应用能力……按照乡村教师的实际需求改进培训方式，采取顶岗置换、网络研修、送教下乡、专家指导、校本研修等多种形式。"可见，校本研修在乡村教师专业发展中发挥着重要的作用，而校本研修一般是以教研组为单位开展活动。教研组，即学校内研究教学问题的组织，教研组（含年级备课组）是学校重要的教师组织，是教师间实现交流协作、资源共享、智慧碰撞的重要场所。它直接关系到学校的教育管理，关系到学校的教学质量，关系到教师的专业成长。

一、教研组的发展历史

我国教研组是在借鉴俄国经验的背景下发生的。俄罗斯联邦教育部曾于1947年发布《学校教学法研究工作规程》。从中可知，在当时的俄国，小学按年级设立"教学研究指导组"，中学按学科设立"各科教学研究指导组"，在有十四个班级以上的七年制不完全中学和七年制完全中学，设立"教学研究室"，在区、市设立"教育研究室"。按照俄国当时的学校管理体制，校长对学校工作全面负责，教导主任在校长领导下对教导工作全面负责。校务会议提出的有关教导工作问题，事先须经过教学研究指导组研究；校长或教导主任必须参加教学研究指导组活动；校长与教导主任直接检查、监督教师的教学，而不是通过教学研究指导组间接检查、督促教学。由此可见，教学研究指导组属于单纯的教学法研究组织。

在中国，教育部于 1952 年颁发的《中学暂行规程（草案）》明确规定：中学各学科设教学研究组，由各科教员分别组织，以研究改进教学工作为目的，其任务为讨论及制定各科教学进度，研究教学内容及教学方法。教育部于 1957 年还颁发《中学教研组工作条例（草案）》。该文件指出：教研组是各科教师的教学研究组织，任务是组织教师进行教学研究工作，总结、交流教学经验，提高教师思想、业务水平，以提高教育质量，工作内容包括学习有关中学教育的方针、政策和指示；研究教学大纲、教材和教学方法；结合教学工作钻研教育理论和专业科学知识；总结、交流教学和指导课外活动的经验。[29]

二、乡村学校教研组建设存在的问题

（一）组织行政化

现在中小学的教研组，教研的味道越来越淡，管理的功能则越来越强。教研组主要根据教导处的要求，上传下达承担一些常规活动的组织，如制订计划、填写表格、学期总结、教学检查等事务性工作，而不是真正从教师自身的成长与发展需要出发，去研究、讨论、交流在实际教学中遇到的普遍问题。教研组更多发挥的是行政组织的功能，而非教学研究的功能。教研组长只是学校日常事务管理的传达者，而非学科课程的专业领导者。

（二）活动形式化

学校教研组活动，一般都是教师在规定的时间来到讨论的地点后，教研组长宣布活动开始，并介绍活动的主要议题，如备课、评课、对某一问题的交流等。活动开始后，或相关教师主动发言，或由教研组长指示某教师首先发言，或以座位为次序轮流发言，活动结束时组长（或校外专家）会作总结发言。这些活动不一定是来自于教师教学中的困惑，参与教师也往往没有事先的准备，临场发挥。因此大部分的讨论也都是停留在形式化、不痛不痒的点评或经验总结上，没有触及教育实践背后的深层次问题，体现不出教研活动之间的连贯性、阶段性和跟踪性。

（三）内容碎片化

学校教研活动看起来丰富多彩、热闹纷呈，其实内容非常散乱。理论学习、专题讲座、听课评课等这些常规活动往往缺乏统一的主题和目标，这次教研活动研究"有效提问"，下次教研活动研究"小组合作"，每次教研活动的主题之间没有衔接和紧密的联系，使得教师每个问题都是浅尝辄止，讨论总结完就放在一边，缺乏深入实践探索。学科教研活动计划、教学观摩、常规活动等也缺乏统筹规划和系统设计。

（四）参与被动化

教师参加校本教研活动很多时候比较被动，首先，很多教师要上课、批改作业、辅导学生，同时还要处理学校布置的一些应付检查、与教育教学无关的杂事，教师被压得喘不过气来，没有时间考虑自身的专业成长，教研活动反而成为他们的负担；其次，一部分教师没能把教学与研究有机结合起来，只是想当然的按照"考什么、教什么"的思路，很少有意识地去反思自己的教学思想与行为，因此教研热情不高，主动性不强；最后，由于教研活动存在着内容肤浅，杂乱无章，教师不愿意参加。但是学校对于教师的教研活动参与有明确的要求，并且有时也有校领导参加，因此很多教师迫于学校的行政命令，不得不参加，这种被迫参与也导致了教师的消极情绪，不愿意发言，不愿意做相关的准备，进而也导致了教研活动的无效与形式化。

（五）合作虚无化

合作开展课题研究，教学研讨等教研活动是教研组有效运行的不可或缺的重要保障。但是，由于不同班级之间成绩的排名，教师职称晋升、教师考核等因素导致当前学校教研组文化是"假合作、真竞争"，教师的日常工作通常都是在独立状态下完成，这在一定程度上造成了教师工作的个体性。没有教师愿意分享自己的经验和智慧，对同伴提出自己真实的看法，因此，这种虚假的合作关系很难对教师的专业发展提供帮助，也使得教研组的活动低效，甚至无效。

综上所述，中小学教研组所暴露的问题是复杂而综合性的，涉及学校的组织管理、教研本身的价值定位、活动内容的选择以及开展的形式等。改进学校教研组建设，实现教研组的应有功能，需要采取系统的策略，从多个维度加以改进，例如，具体每次教研活动要讨论什么问题，达到什么目标，持续多长时间，参与教师需要做哪些准备等都需要有一个明确的规划。因此，解决乡村学校基于教研组的校本研修中存在的问题，根据教师专业发展共同体的理论，基于校本教研共同体开展校本研修是促进乡村教师专业发展的可行之路。

三、基于校本教研共同体的乡村教师专业发展策略

（一）校本教研共同体的概念

校本教研共同体由同一学科教师组成的集教学、研究、管理于一体的教师基层组织和学校基层组织，是教师专业发展与学习的共同体。

（二）校本教研共同体的特征

1. 共同的愿景

共同体的愿景是指同一组织内的教师对于组织长短期等各类目标有着共同的看法。在校本教研共同体中，共同愿景是共同体发展的目

标，对共同愿景的理解越清晰，校本教研活动实践操作也就越有针对性，因此，学校要设立发展目标和宏伟蓝图，要把这个发展目标落实在学校的发展规划之中。学校的发展目标必然会涉及课堂教学的改革，学生的发展，教师发展制度的建设等内容。学校的制度建设需要在学校领导和全体的教师的意见基础之上形成文件，而对于课堂教学的改革，教师的专业发展策略，学生培养等问题可在校本教研共同体中开展研究和探索。因此，学校在发展目标的指引下，各校本教研共同体结合教师的个人愿景设立共同体的共同愿景。建立愿景的意义在于把学校、教研组和教师个人发展联系起来，整合教师、教研组和学校的发展需求，将教师个人专业发展统一在教研组发展中，保持各教研组的发展需求与学校发展需求同步。这一方法会凝聚教研组的力量，促进教师积极参加以实现愿景为目标的各类教研活动。

2. 合作共享、互惠共生的氛围

群体动力学理论表明，在合作性群体中，个体会有较强的工作动机，个体间信息交流频繁，工作效率明显高于非合作性群体。因此，合作共享、互惠共生的共同体文化对保障教研活动有效开展非常重要。首先，教师们为共同的问题解决团结一心，通力合作，集众人之长，发挥组织最大的优势，从而使问题得以最优最高效地解决。其次，教师间的经验分享可促进教师发展，老教师可通过分享自己的教学经验不断将自己的经验理论化，提高自身的理论水平；新教师可以通过聆听前辈们的经验分享，获得鼓励与帮助，同时也能更快适应岗位且保持自身成长。最后，集体性的学习与实践能营造良好的组织合作氛围，为组织提供更多发展的启发与资源，也能促进教师间的沟通与信任，重新构建自身知识和经验体系，在合作共享中改变思维模式，习得民主观念，赢得集体智慧和创新教学思想，进而推动共同体的完善。

3. 分享与支持性的领导

教研组长是校本教研共同体的领导者，是学科教研活动开展的策划者、组织者和协调者。校本教研共同体任何决策与权威都是全体成员共享，这样能够提高教师专业权的自主意识及其主观能动性，让教师有动机和机会积极参与共同体的活动以及教师发展的各类决策，并通过此类权威共享与决策，参与的过程与经验能让教师们的决策力有所提升，继而能增强教师的交流意识以及领导力，为学校与学科的发展贡献自我的力量。与此同时，决策力得以提升的教师也能为组织的决策提供更有建设性的意见，从而提高组织内部的凝聚力和认同感，支持教师专业学习共同体的运行。

（三）乡村校本教研共同体的构建

通常而言，依据学科类别把同一学科的教师组建成团队称为学科组；依据年级把教师组建成团队称为年级组，学校的年级组和学科组共同运行。年级组负责行政事务，年级组长一名，学科组负责教学研究，学科组长一名。乡村教研共同体主要是指乡村学校的学科组，如果学校的学科教师很多，也可以再划分成年级备课组。但是一般来自说乡村学校的学科教师都不多，所以乡村学校的校本教研共同体主要是所有年级的同一学科教师组成，因此，乡村学校根据学科的划分存在数量多个的乡村校本教研共同体，有数学校本教研共同体、语文校本教研共同体等。而在规模较小的学校或学科教师较少的情况下，可由相近学科的老师结合成联合教研组，如"政史地教研组"等。

（四）乡村校本教研共同体的运行

PDSA 改进模型是校本研修教研共同体运行的可行之路。PDSA 改进模型是一个循序渐进、开放式的、具有整体观的系统过程，持续性地改进系统的产出、过程或服务。[30] 这种循环性、集成式的改进模型由纽约著名贝尔实验室的休哈特（Shewhart）首创，由其学生戴明（Deming）传承与发展。因此，它也被称为"戴明环"或者"戴明改进模型"。该改进模型由改进科学的三大核心问题，"改进目标是什么？如何确证变革是改进？何种变化会导致改进？"所驱动。戴明环从"计划（Plan）"步骤开始甄别改进问题，确定改进目标、理论预测、定义成功指标以及将计划付诸实践。第二步是"试行（Do）"，试验执行改进计划，记录问题和意外结果，积累并开始分析各种试验数据。"研究（Study）"是第三步，在第二步的基础上对数据进行研究，比较试验结果与预期，总结、反思所获得的教训和经验。最后一步是"实施（Action）"，在总结反思的基础上实施调整后的改进计划，并为下一个 PDSA 循环做好准备。

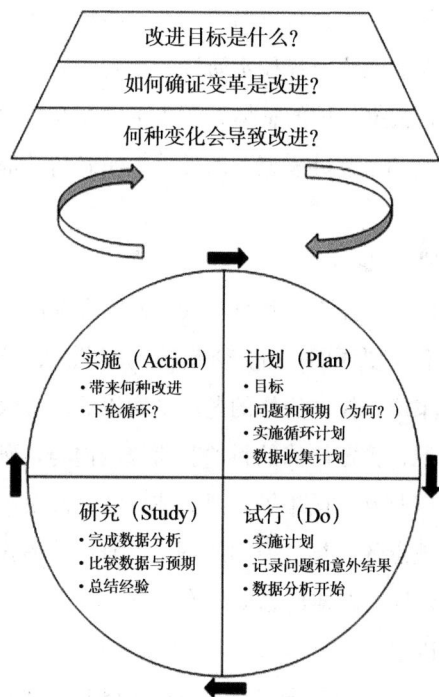

图 4-1

根据 PDSA 改进模型,校本研修活动也遵循计划—试行—研究—实施四个研究阶段。在研修活动开展的过程中,共同体的成员之间互相交流、分享、支持、解决课堂教学中的问题,形成了团队的凝聚力和共生力,促进了自己的专业发展。基于 PDSA 的校本研修活动是乡村校本教研共同体运行的载体。校本研修的每一项活动既要符合学校发展的总体目标,又要符合教师发展的个性需求。校本研修的主题之间具有一定的内在联系,每一个主题都经过系列的周期来完成,所有的主题都服务于学校教学改革的大方向。每一项校本研修活动都包含校本研修主题、背景、相关研究、目的、内容、方法的选择、形式、实施过程(校本研修组织与管理)、结论等内容。校本研修活动的来源主要有两个途径,一个是自下而上的选题路径,即,根据教师在教育教学中普遍存在的困惑选择校本研修的主题。另外一个是自上而下的选题路径,即,根据学校的整体教学改革中存在的问题选择校本研修的主题。根据 PDSA 改进模型,两类校本研修活动都遵循如下四个研究阶段:

(1)计划阶段(Plan)

计划阶段要深入学校教育教学实际,诊断存在的问题,分析问题产生的主要原因和次要原因,确定要解决的问题,也就是校本研修活动的主题。具体来说,校本研修的题目确定以后,要收集资料,利用文献和案例等资源,拟定研修的目的、研修的内容,研修的形式,具体的实施过程,以及预期成果等,要具体到活动涉及的范围、参与人员、具体时间、地点的安排、通知的下达、研修的形式,如何检查评价研修活动的有效性、怎样反思提高等。

(2)试行阶段

根据研究计划实际开展研修活动,记录研修活动开展的过程以及出现的意外情况,积累并开始分析各种数据。

（3）研究阶段

根据数据分析的结果，比较问题解决的结果与预期，总结、反思所获得的教训和经验，进一步调整问题解决的措施和方案。

（4）实施阶段

通过对目标问题的解决程度来判断活动的效果。若效果好则把问题的解决方法固化下来，使之标准化；若效果很差则果断放弃，要进行认真的思考和讨论，可以改进的活动方式，在下一次的活动中不断创新，形成新的方案和计划。

（五）乡村校本教研共同体的保障机制

1.建立常规管理制度

学校要建立校本教研常规管理制度来保证研修活动的设计、实施与评价的顺利开展。对于教研活动的设计，各学科校本教研共同体要制定共同体的发展目标、校本研修主题、校本研修计划等。对于教研活动的实施与评价，各学科校本教研共同体对于教师校本教研活动准备的要求、参与要求、活动记录的要求等做出相关规定。对于研修活动效果的评价不仅要关注团队的建设、也关注教师个人的专业发展情况，具体来说，研修成果的形式是多种多样的，包括集体备课情况、个人观摩课展示等。

2.建立监督评价制度

学校应建立教研活动的评价监督制度督促、检查教研组常规活动的落实并评价教研活动的效果。评价与监督的制度将教师的过程性考核和终结性考核结合起来，不仅要关注教师教研活动的准备、参与情况，也关注观摩课展示情况等，既关注个人的发展，也关注团队的建设。例如，每学期听教研组每位教师至少一节课，检查教研活动的计划、记录和研修成果，教研组做一次教研组展示活动，结合教学常规，做一次质量改进的具体实施效度展示，做一次教研活动反馈交流会等。

每次校本研修活动，学校领导要检查监督每个小组，深入参与到研修活动之中，并定期召开各校本教研共同体的展示与交流活动。对于校本研修活动的开展情况，可以采取小组和个人的累计加分制度。

3. 建立奖励激励政策

学校对教研组的管理，不仅应该建立监督与评价制度，同时也需要建立奖励激励政策。校本教研共同体内部是合作的，但是不同学科的校本教研共同体之间是合作并竞争的关系，根据各校本教研共同体的研修活动的计划，实施以及成果展示情况所得的分值，每年学校以共同体的工作业绩为指标，评选出优秀教研共同体以及优秀教研组长并给予一定的经费奖励，例如，外出培训，评优评先的加分等。

4. 积极营造合作氛围

学校应构建一种平等参与、协作互助、共同成长的合作氛围，促进教师平等对话、相互沟通、取长补短，让教师在交流中产生思想智慧和合作交流意愿，在合作中提升自己，营造人人参与学习、事事参与交流的良好学习氛围，促进协作互助，实现共同成长。例如，同一学科教师之间不根据学生成绩的排名，而是根据不同学科的教研共同体在全县或者全市进行排名，这样同一学科教师之间就不会形成竞争的关系。

5. 聘请校外教育专家

当前校本研修存在的最大问题是教研活动深度不够，教师久而久之就不愿意参加了。因此，在校本研修的活动中聘请教育专家进行指导是必不可少的。校本研修过程中，教师会遇到很多问题与困惑，例如，如何将教学困惑提炼出研修的主题？主题确定好以后，如何选择与主题相适应的研究方法？等等。校外的教育专家对于共同体研修过程中出现的问题给予及时的指导与反馈。在专家的指导下，校本研修活动才能够对后续的教师教学能力的提升，课堂教学的改善真正地发挥促进作用。

参考文献

[1] 王京华、李玲玲 . 教师学习共同体——教师专业发展的有效路径 [J]. 河北师范大学学报教育科学版，2013（2）：39–42.

[2] 斐迪南、滕尼斯 . 共同体与社会——纯粹社会学的基本概念 [M]. 商务印书馆，1999（54）：65–66.

[3] 王英让、张甜 . 教研共同体的内涵、现状及展望研究 [J]. 电脑知识与技术，2019（36）：154–156.

[4] 蔡其勇、刘筱，胡春芳 . 新时代乡村教师学习共同体建构策略 [J]. 教师专业发展，2020（2）：83–86.

[5] 张涛 . 乡村教师互助式校本研修共同体创新实践研究 [J]. 课程·教材·教法，2016（11）：101–106.

[6] 戴慧 . 以项目研究推动教研共同体建设——以江苏省常州市道德与法治学科为例 [J]. 中小学教育，2020（6）：49–51.

[7]Hord S.M. Professional learning communities：What are thy and why are they important?[J].Issues about change, 1997（1）：1–8.

[8] 王英让、张甜 . 教研共同体的内涵、现状及展望研究 [J]. 电脑知识与技术，2019（36）：154–156.

[9] 陈朝阳、杨立新 . 基于群体动力学视角的社区学习共同体运行模式构建 [J]. 湖南广播电视大学学报，2019（1）：1–7.

[10] 钱旭升 . 论深度学习的发生机制 [J]. 课程·教材·教法，2018（9）：68–74.

[11] 蒋敏杰 . "一起做研究"：问题需求导向的乡村教师教学素养提升策略与路径 [J]. 中小学教师培训，2019（8）：21–24.

[12] 陈丽敏、景敏、王瑾 . 基于课题研究的教师培训模式实践研究 [J]. 中小学教学研究，2019（4）：92–96.

[13] 陈中岭 . 县域教研共同体的动力困境探微——基于中部某省某县级市实践的视角 [J]. 教育理论与实践，2016（5）：19–21.

[14] 邵兴江、吴华 . 区县教师进修学校的发展问题与改革路径 [J]. 教育发展研究，2013（12）：58–62.

[15] 任海波 . 教师进修学校发展中存在的问题与改革路径 [J]. 中国成人教育，2017（16）：72–75.

[16] 郑新蓉、黄力 . 县级教师进修学校：新形势下的职能新定位 [J]. 人民教育，2007（5）：26–29.

[17] 贾建平、伏军明 . 区域教研共同体促进农村学校质量提升的探索 [J]. 中国农村教育，2019（2）：45–46.

[18] 郑新蓉、黄力 . 县级教师进修学校：新形势下的职能新定位 [J]. 人民教育，2007（5）：26–29.

[19] 田应仟、李辉朋、潘晓波 . 行动学习：基于"名师工作室"的教师能力提升策略 [J]. 教育理论与实践，2019（26）：39–41.

[20] 张丹 . 名师工作室：构建教师发展共同体 [J]. 中国教育报，2011（13）.

[21] 尤立增、庞海鹰、吴绍芬 . 在讲台，站成一种伟岸——记全国模范教师、张家口市第一中学教师 [J]. 河北教育（综合版），2019（09）：11–14.

[22] 徐永寿 . "我只是持之以恒地做了自己喜欢和擅长的事情"——访"教育部中小学名师领航工程"罗蓉名师工作室主持人罗蓉 [J]. 云南教育（小学教师），2020（Z1）：77–80+2.

[23] 孙玉红 . 人的发现、人的觉醒和文的自觉——记"求学走心"名师马文科老师 [J]. 全国优秀作文选（写作与阅读教学研究），2020

（01）：4-8.

[24] 王永固、聂瑕、王会军、莫世荣 . "互联网 +" 名师工作室促进乡村教师专业发展：机制与策略 [J]. 中国电化教育，2020（10）：106-114.

[25] 辛宪军 . 乡村教师专业自主发展路径探析 [J]. 教育评论，2018（1）：100-104.

[26] 袁玲俊 . 论中小学教师专业自主发展意识的培养 [J]. 宁波大学学报（教育科学版），2006（6）：58-59.

[27] 教育部教师工作司 . 教师专业标准解读 教师教育课程标准解读 [J]. 新课程教学（电子版），2013（03）：2.

[28] 蹇世琼 . 坚守还是离开？——特岗教师职业认同现状的调查研究 [J]. 中小学教师培训，2017（9）：18-21.

[29] 熊伟荣 . 走向专业共同体：中小学教研组建设的价值回归 [J]. 教学与管理，2014（04）：24-25.

[30] 韩笑、陈唤春、李军 . 教育改进学的创建与中国探索：方法论 [J]. 清华大学教育研究，2020（03）：34-41+65.

第五章 基于教学反思的乡村教师 自主专业发展

第一节 乡村教师自主专业发展的途径

2015年,《国务院办公厅关于印发乡村教师支持计划(2015—2020年)的通知》指出:"整合高等学校、县级教师发展中心和中小学校优质资源,建立乡村教师、校长专业发展支持服务体系。全面提升乡村教师信息技术应用能力……按照乡村教师的实际需求改进培训方式,采取顶岗置换、网络研修、送教下乡、专家指导、校本研修等多种形式。"然而乡村教师由于特殊的地域条件、文化限制,单一的外部推动并不一定能使其专业发展得到可持续的发展,从长远来看,最为关键的还是教师的自主性发展。因此,寻找促进教师自主、自觉且持续发展的途径对于促进乡村教育发展至关重要。

叶澜教授认为,教师自主发展是教师个体能够不受外界的压力,基于自身的专业发展想要达到的一个理想状态、具体的规划,来选择自己需要同时又适合自己发展态势的内容,并能够具备一种将具体目标付诸教育教学实践的意识和能力。[1]姚安娣认为,"教师专业自主发展是指教师具有较强的自我发展意识和动力,自觉承担专业发展的主要责任,激励自我更新,通过自主反思、自主专业结构剖析、自主专业发展设计与计划的拟定、自主专业发展计划实施和自主专业发展方向调控等实现自主专业发展和自主更新"[2]。可见，教师是专业发展的主体，具有内源性的发展自觉与动机，能不断反思、探究、调适自身的教育教学实践，并能积极构建自己的内部世界，在不断的自我设计、发展、反思、更新的过程中实现自己的专业发展。

一、乡村教师自主专业发展途径

乡村教师的自主专业发展途径主要有教育文献的阅读、网络平台资源的获取以及基于课例研究的教学反思。

（一）基于教育文献阅读的自主发展

通过广泛教育文献阅读，教师可以更为理性地认识自己的教育实践，突破经验与熟悉模式的桎梏，超越同事圈的共识，以一个更高的标准反思自己关于教育教学、学生学习、课程建设的看法。通过系统而持续性的阅读，教师能够掌握先进的教育教学理论，从而有意识地更新自己的教育理念，促进自身的专业发展。教师阅读的对象主要有以下几个类：

首先，通识性的科学文化知识是教师从事教育教学的背景性知识，因此，教师对自然科学和社会科学的相关书籍都有所涉猎是必要的，它们能够扩展教育对象的眼界和视野，丰富教育的人文及科学意义。

其次，学科知识是教师作为专业人士所必备的本体性知识，是与教师日常教学工作最为贴近的一部分，因此，本专业的优秀著作和期刊文献是教师最基本的读书内容。多读学科经典，可以加深教师对所教学科的认识，了解学科的发展史和思想史，以及学科教育史等；而阅读学科期刊，则可以充实教师的学科前沿知识，更新对教材文本的解读视角，获取更多的课程资源，使课堂教学的内容更加丰富、充满时代气息。

最后，教学法知识、教育学知识、心理学知识、课程知识是教师有效教学的条件性知识。教育类的学术专著中系统宏观的教育理论对教师的可持续发展有重要影响，阅读这类书籍有助于使教师的教育实践成为一个自觉的理性行为，有助于教师自觉自为地规划与设计自己的专业发展之路。例如，教育类报刊中大多是一线教师具体操作化的典型教育案例及其教学经验升华而成的微观教育理论，易于教师对照自己的实践加以理解；学习心理学的相关书刊，则有助于教师把握不同阶段学生的学习规律，从而科学地设计和实施教育教学，提高教学的实效性和针对性；教师通过阅读教育名著，清晰深入地把握其中的思想观点和理论构架，准确扎实地学习和研究其中源头性的教育理论，体会教育思想的发展逻辑，从而获得系统的教育专业知识，并从大师的教育智慧中悟出教育的真谛和崇高精神，形成具有个人风格的教育思想。

此外，教师对于教育研究方法类书刊的阅读过程中，教师可以了解教研活动的主要过程与步骤，学习具体的操作方法与技巧，为顺利开展教研活动做好准备。在课程改革的过程中，教师会遇到很多困惑和问题，但是很多教师通过多年的教学实践获得的经验以隐性、模糊和零散的状态存在于教师的经验体系中，并不能有效地解决问题，因此，针对教学实际问题，教师坚持不懈地有针对性地阅读是教师个人实践知识显性化、系统化和科学化的过程，也是教师理论思维能力发展和理论提升的重要渠道。

综上可知，教师阅读与其教育理念的成熟、课程资源的丰富以及专业能力的提升都密切相关。广泛专业的阅读是教师反思、学习和研究的不可或缺的部分，是教师通过这三种方式发展自身的前提和基础，由此，教师阅读与教师的专业发展呈现出直接或间接的相关性。

（二）基于网络平台的自主发展

"互联网＋"时代下，大数据的学习分析、云计算这些新技术和新理念对教育教学产生了巨大冲击，诞生了微课、慕课、翻转课堂、网络公开课等新的教学模式。这些新的教学理念和教学模式为乡村教师的专业发展带来了新的契机。由于乡村教师资源比较贫乏，校本研修的层次比较低，因此，教师可以通过爱课程、慕课学习一些需要的课程，可以线上参加中国教研网上的学术大讲堂的学术报告，网络直播的教育教学会议等。

（三）基于教学反思的自主发展

教学反思是教师对自己参与的教学活动的回顾、检验与认识，本质上是对教学的一种反省认知活动。教师以自己的实践过程为思考对象，在回放过程的基础上，对其中的成败得失及其原因进行思考，得到能用以指导自己教学的理性认识，并形成更为合理的实践方案。[3] 熊川武教授把反思定义为："教学主体借助行动研究，不断探究与解决自身和教学目的以及教学工具等方面的问题，将'学会教学'与'学会学习'结合起来，努力提升教学实践合理性，使自己成为学者型教师的过程。"[4] 教学反思是乡村教师自主专业发展和自我成长的核心因素，实践＋反思＝成长。教学反思可以把乡村教师从被动的行动中释放出来，让教师自觉地以一种深思熟虑、目的明确的方式行动，可以让教师不断发现教育现象背后的原理及教育观念，使之由"传道、授业"的"技术型"教师向具有科研能力的"专家型"教师过渡。一般来说，乡村教师的自我反思可以通过备课、课堂教学实录分析、教学后记、写论文的途径开展。具体来说，教学反思的内容可以根据教学活动的顺序确定，包含教学设计的反思、教学过程的反思、教学效果的反思、个人经验的反思；也可以根据教学活动的要素确定，包含数学内容的反思，教师教的反思，学生学的反思，情感态度价值观方面进行反思。[5]

二、乡村教师自主专业发展的影响因素

教师专业发展自主性的影响因素是错综复杂的，其中既包括教师个人的职业价值认同、专业发展效能感、专业发展基础、教学反思能力等内在因素，也包括学校的评价机制、学习氛围、合作文化等组织环境的外在因素。

（一）乡村教师的职业认同

教师的职业认同是教师专业发展的原动力，教师只有提高职业认同，有自主发展的意愿，才能主动接受新的教育思想，探究新的教育方法，积极参与教育改革，才能自觉地在职业过程中对学生更加关心，不计较得失，努力实现自己的人生价值。[6]可见，乡村教师的职业认同是教师自主专业发展的前提，它能有效激发教师自主的热情和潜力，促进其自觉地、自愿地夯实专业基础和提升专业水平。乡村教师的职业认同度高，对自己工作的期望值就高，只有教师把这份职业当成事业而不是谋生手段的时候，才会产生发自内心的对乡村教师这份职业的喜爱和专业发展的迫切愿望。因此，只有强化乡村教师的职业认同，他们才能愿意在比较艰苦的乡村教育教学环境中实现自主专业发展。

（二）教师的反思能力

在自主专业发展过程中，教师需要不断地培养和提升自己的教学反思能力，把教学理论运用到实践教学中去，再对实践教学中出现的问题与不足进行反思。教学反思的主要目的是为了发现、分析和解决教学实践中存在的一些问题，是为了对教学经验和教学预设的重新组织和建构。教学反思能让教师对自己的教学实践活动有一个更为清晰和深刻的认识，为教师教学实践的优化和专业发展提供有力的保障。经常性地反思教学实践，有效地将教学理论与教学实践相结合，自觉

地把教学反思视为教学工作的重要组成部分，对教师的专业发展有着积极的现实意义。

（三）教师的专业基础

关于教师的知识结构，美国教育家舒尔曼（Shulman）认为，教师的知识包括七种类别，即：学科知识、一般教学法知识、课程知识、学科教学知识、学习者及其特点知识、教育背景知识、教育目标和价值观及其哲学和历史背景的知识等。[7]教学实践活动的展开与教师专业发展都对教师的知识结构提出了相应的要求，多样化的教学任务以及教师专业化程度的提高促使教师不断更新其知识储备，优化其知识结构。毋庸置疑，教师的专业发展需要教师拥有合理的知识结构，或者说，合理的知识结构是促进教师专业发展的基础。

（四）学校的氛围与评价制度

教学氛围是制约教师专业发展一个不容忽视的客观因素，具体来说，学校教学环境的优与劣、学生素质的高与低、师生关系融洽与否都对教师的专业发展产生多方面的影响。宽容理解、互利互助的氛围能让教师更加积极地投入到教学中去，他们专业的进取动力也会比较强烈。现行的乡村教师评价制度主要是奖惩性评价，学校根据教师具体的表现对其进行奖励或是惩罚。奖惩性教师评价以相对评价为参照，以奖励或惩罚为结果，它的评价结果能对教师产生较为直接的影响，但负面的评价和外界的压力容易对教师的专业发展产生消极的影响。

三、激励乡村教师自主专业发展的策略

制约乡村教师自主专业发展的影响因素既有外因也有内因，实现教师的自主专业发展需要树立自主专业发展意识，进行自我职业规划；培养反思能力，开展反思性教学；建立发展性教师评价制度。

（一）树立自主专业发展意识，制定自主专业发展目标

教师专业发展问题，首先是教师的自主专业发展意识的培养。尽管乡村教师由于生活范围狭小、接收信息渠道有限，容易形成落后保守的思想观念，自主专业发展动力不足，但是乡村教师应该努力端正自己的职业态度，积极树立自主专业发展意识，不断地增强职业使命感和责任感。专业发展意识的树立能够帮助乡村教师逐步增强职业认同感以及效能感，有效地抑制职业倦怠现象的产生，这也是实现其自主专业发展的必要条件。学校也应该为乡村教师专业发展意识的培养提供必要的机会，如：学术会议参与、经验交流、在职进修等。在相互交流与学习过程中，教师能够探讨教学理念、分享教学经验，发现自身的不足，这对乡村教师的自主专业发展大有裨益。

自主专业发展目标是指乡村教师根据自身专业发展与学校发展所提出的要求，通过有意识地对自己专业发展的过程进行总结与反思，并进一步对自己未来的专业发展进行展望与规划。鼓励乡村教师制定自主专业发展目标，能够使教师对职业发展有一个更为客观和清晰的认识，这对教师的自主专业发展有着积极的意义。农村学校规模小，教师数量少，便于学校管理者详尽了解每位教师个体的情况。学校管理者应有针对性地引导教师客观分析评价自己过去和现在发展的成功经验与失败教训，帮助教师制定具体明确、适度可行、有个性的个人专业发展近期目标、中期目标和远期目标，让教师在不同层次目标的实现过程中得到充分发展；学校管理者还应组织全体教师共同分析研究本校校情，根据当前我国基础教育改革与发展的要求和农村学校特点，结合本校办学条件，对教师自主发展现状与未来努力方向进行研究，制订出学校教师专业发展近期、中期和远期规划。

（二）培养反思能力，开展反思性教学

反思性教学主要源自美国教育家杜威（Dewey）反思性行为的概

念，他认为反思是解决问题的一种特殊思维形式。华莱士（Wallace）提出了反思性实践模式，把教师培养模式经历的三个阶段，即，"学艺型"培养模式，即新教师通过观察和模仿有经验的专家型教师的教学来学习教学方法；第二个阶段为"应用科学型"培养模式，即关注教师理论学习和具体教育教学技能和技巧的培训；第三个阶段是"反思型"教师发展模式，即，教师必须在学习教学理论知识和实践知识的基础上，在实践中不断进行反思，从而形成和提高自己的专业实践能力。[8]前两种教学反思模式关注教师知识的传授，但是，教师学到的倡导的理论和所采用的理论往往不一致，因此，容易产生理论和实践的脱节，可见，由"技能型"教师转向"反思型"教师是教师专业发展的趋势，而培养教师的反思能力和开展反思性教学是实现教师专业发展的重要手段。在教师专业发展的过程中，教师进行反思的形式可以是多种多样的，例如：撰写教学反思日记等，这些举措能够让教师对教学有一个更为客观与深刻的认识。在一个阶段的教学结束后，教师可以把自己的所思所想以日记的形式记录下来。事实上，撰写教学反思日记本身就是一个归纳、概括、反思的过程，它能直观地体现教师的成长轨迹和专业发展过程。可见，对课堂上的所作所为进行反思是教师职业发展最重要和最有利的方法之一。

（三）建立发展性教师评价制度

教学评价是对教师工作的价值做出判断的活动，其主要目的是促进教师的专业发展和提高教学效能。一直以来，我国教师评价就以奖惩为目的，重点考核的是教师的教学业绩，例如，学生的成绩。这种制度无法有效地调动教师的积极性，难以让教师产生认同感，反而会给广大教师造成诸多的心理压力及职业倦怠。发展性教师评价制度，又被称为"专业发展性教师评价制度"，与奖惩性教师评价制度相比，发展性教师评价制度以促进教师的专业发展为主要目的，评价的内容趋于多元化，能够调动教师的积极性，更有利于教师的自主专业发展。事实上，发展性教师评价制度不会简单地将教师的表现划分成若干等级进行奖励或惩罚，而是在充分尊重与信任教师的基础上，着重发展教师的个性、努力培养教师的专业自主兴趣，把教师的专业发展与学校的发展需要紧密地结合，促进教师自主专业发展的同时提高学校的整体教学质量。

第二节　辽宁省乡村教师教学反思现状的调查研究

一、研究目的

（一）以辽宁省乡村教师为调查对象，了解他们教学反思的情况，找出他们在平时教学反思方面存在的问题。

（二）通过分析存在问题，找出根本原因，为制定具体可行的教学反思培养方法提供依据。

二、研究方法

（一）研究样本

样本选自辽宁省沈阳市、大连市、铁岭市、丹东市、本溪市等28所学校，共88名乡村教师参与本次调查。

（二）研究工具

本次调查采用问卷调查。问卷共40道题目，其中38道选择题，两道开放性题（问卷内容详见附录一）。共分为三个部分：

第一部分是被调查者的基本情况及信息，例如，学历、教龄、职称、所在学校类型以及周课时量。

第二部分是调查的主体部分，共分为以下四个维度：

1. 乡村教师对教学反思的理解，本处设计 4 个单选题，例如"我认为教学反思对于教师自身专业发展有重要作用"。

2. 乡村教师教学反思的内容，对于教学反思内容从学生、教师、情感三个维度分析。在学生方面设计了 11 个单选题，例如"在教学后，我能够根据学生的学习情况反思教学方法是否有效"，"在教学后，我能够根据学生的学习情况反思新知讲授是否清晰"；在教师方面设计了 7 个单选题，例如"在教学后，我能够反思自己的板书设计是否整洁实用"；在情感方面设计了 2 个单选题，例如"在教学后，我能够反思师生互动的效果如何"。

3. 乡村教师教学反思的途径，本处设计了 8 道单选题，例如"我能够和同事交流教学方面的问题"，"我能够使用课堂实录或微格教学来反思自己课堂教学的情况"。

4. 阻碍乡村教师教学反思的因素，此处为开放性试题，例如"您认为阻碍自身反思的主要原因有哪些？请简要说明"。

具体的问卷设计如下表 5–1 所示：

表 5–1

调查内容	题目类型	题目编号
教师基本情况	6 道单选题	1-6
对教学反思的理解	4 道单选题	7-10
教学反思的内容	20 道单选，1 道开放题	11-30
教学反思的途径	8 道单选题	31-38
阻碍教学反思的因素	1 道开放题	39

本问卷采用 Likert–5 点自评式记分，将 7—38 题选项分为 5 级程度：非常不同意、不同意、不清楚、同意、非常同意，其中 11、16、21 以及 26 题为反向计分，依次被赋值为 5 分、4 分、3 分、2 分、1

分，其余题目依次被赋值为 1 分、2 分、3 分、4 分、5 分，以便进行相关分析。

三、调查实施过程

本调查从 2019 年 10 月开始，至 2019 年 11 月结束。以现场发放和网络发放相结合的方式进行。本次问卷共发放 31 份纸制版问卷，其余 59 份通过网上"问卷星"的网页链接发放。纸制版回收问卷 31 份，其中 2 份问卷由于问卷的问题没有回答完毕，问卷作废，故纸质回收有效问卷 29 份，网络回收有效问卷 59 份，有效率为 97.8%。

四、调查结果及分析

（一）被调查者的基本信息

对被调查的初中数学教师的基本信息整理后，如表 5-2 所示：

表 5-2

基本信息	变量	调查人数（人）	百分比（%）
	男	37	42.04%
	女	51	57.96%
教龄	1-5 年	6	6.81%
	6-10 年	21	23.68%
	11-15 年	15	17.05%
	16-20 年	25	28.41%
	21 年及以上	21	24.05%
最高学历	大专及以下	0	0%
	本科	63	71.59%
	硕士	25	28.41%

（续表）

基本信息	变量	调查人数（人）	百分比（%）
职称	无职称	4	4.54%
	二级教师	12	13.63%
	一级教师	41	46.59%
	高级教师以上	31	35.24%
学校所在地	村	9	10.23%
	乡（镇）	79	89.77%
周课时量	8 节及以下	23	26.14%
	9-15 节	61	69.32%
	16-23 节	4	4.54%

（二）乡村教师教学反思现状的总体特征分析

当前，乡村教师教学反思现状调查的各维度得分基本状况，见表5-3。

表 5-3

问卷的维度	平均值	最大值	最小值	标准差
教学反思的理解	4.289	5.00	1.00	0.771
教学反思的内容	4.005	5.00	1.00	0.682
教学反思的途径	4.042	5.00	2.00	0.649
总和	4.112	5.00	1.00	0.700

由表5-3可看出，乡村教师教学反思的总体情况较好，处于中上水平，但还需要进一步改善及提高。其中，教学反思内容的平均值最低，表明目前乡村教师认为教学反思很重要，也基本清楚从哪些途径进行教学反思，但是该反思什么是需要提高的。

〔三〕乡村教师教学反思现状的各维度分析

1. 对教学反思的理解的分析

问卷中共 4 题涉及对乡村教师教学反思理解方面的测评，表 5-4 中给出了相关的统计结果。

表 5-4

题项　各选项百分比	非常不同意	不同意	不清楚	同意	非常同意	平均值
我认为教学反思对于教师自身专业发展有重要作用。	0%	2.27%	2.27%	45.45%	50.00%	4.432
我认为教学反思可以提升自己的教学水平。	0%	2.27%	0%	52.27%	45.45%	4.409
我认为教学反思就是对教学行为和教学效果的总结和回顾。	2.27%	9.09%	2.27%	56.82%	29.55%	4.023
我认为要将自己教学反思结果再次运用到教学实践中。	2.27%	2.27%	4.55%	45.45%	45.45%	4.295

从平均值来看，乡村教师对教学反思的理解较好，教学反思对于教师自身专业发展有重要作用，有 50% 是非常同意，45.45% 是同意，得到了大多数乡村老师的赞同；但是后面两个问题的调查情况不乐观，尤其是"教学反思就是对教学行为和教学效果的总结和回顾"一题中，仅有 11.36% 的教师持有不同意的看法，表明其可从其他方面进行教学反思，可见，对教学反思的理解亟待提高。

2. 教学反思的内容的分析

对于教学反思内容从学生、教师、情感三个维度分析。共设置了 20 道单选题。

〔1〕学生角度具体情况见表 5-5

表 5-5

题项　　　各选项百分比	非常不同意	不同意	不清楚	同意	非常同意	平均值
在教学后，我不能根据学生的学习情况反思教学目标定位是否准确。	9.09%	61.36%	20.45%	4.55%	4.55%	3.659
在教学后，我能够根据学生的学习情况反思教学重难点处理是否恰当。	0%	6.82%	6.82%	63.64%	22.73%	4.023
在教学后，我能够根据学生的学习情况反思教学方法是否有效。	0%	0%	6.82%	65.91%	27.27%	4.205
在教学后，我能够根据学生的学习情况反思教学技能（如提问、反馈、评价）是否有效。	0%	0%	9.09%	61.36%	29.55%	4.205
在教学后，我能够根据学生的学习情况反思教材（增、删、合、换）处理是否合理。	0%	4.55%	2.27%	70.45%	22.73%	4.114
在教学后，我不能根据学生的学习情况反思各教学环节的时间分配是否合理。	11.36%	36.36%	15.91%	27.27%	9.09%	3.136
在教学后，我能够根据学生的学习情况反思课堂导入环节情景设计是否合理。	0%	0%	2.27%	70.45%	27.27%	4.250
在教学后，我能够根据学生的学习情况反思新知讲授是否清晰。	0%	0%	0%	70.45%	29.55%	4.295
在教学后，我能够根据学生的学习情况反思课堂练习题目设置是否合适。	0%	2.27%	0%	72.73%	25.00%	4.205
在教学后，我能够根据学生的学习情况反思课堂小结是否到位。	0%	0%	13.64%	61.36%	25.00%	4.114
在教学后，我不能根据学生的活动效果反思学生活动设计是否有效。	6.82%	52.27%	9.09%	25%	6.82%	3.272

由上述数据进行分析，被调查教师们从学生角度进行教学反思大部分都持肯定态度，可见大部分教师还是会从学生角度进行教学反思。但是在题目"在教学后，我不能根据学生的学习情况反思教学目标定位是否准确"的回答中有20.45%的教师选择不清楚，说明教师不清楚如何从学生角度对教学目标进行反思。在题目"在教学后，我能够根据学生的学习情况反思课堂小结是否到位。"中有13.64%的教师选择了不清楚项，说明教师对教学反思内容认识不够全面。

（2）教师角度具体情况见表5-6

表5-6

各选项百分比 题项	非常不同意	不同意	不清楚	同意	非常同意	平均值
在教学后，我能够反思数学思想方法"析出"是否准确。	0%	2.27%	15.91%	61.36%	20.45%	4.000
在教学后，我能够反思采用的课堂检测方式是否有效。	0%	0%	11.36%	68.18%	20.45%	4.090
在教学后，我能够反思自己的板书设计是否整洁实用。	0%	2.27%	0%	65.91%	31.82%	4.272
在教学后，我能够反思自己的教学语言是否准确生动。	0%	0%	2.27%	72.73%	25.00%	4.227
在教学后，我不能反思自己多媒体等教学资源的运用是否得当。	11.36%	45.45%	13.64%	20.45%	9.09%	3.295
在教学后，我能够反思自己有哪些具有特色的课堂行为（语言、技能、思想）。	0%	0%	11.36%	61.36%	27.27%	4.159
在教学后，我能够根据教学中的不足修改完善自己的教学设计。	0%	0%	2.27%	72.73%	25.00%	4.227

由上述数据，可以看出在对自身进行教学反思中，教师们题项"在教学后，我能够反思数学思想方法'析出'是否准确。"，"在教学

后，我能够反思采用的课堂检测方式是否有效"以及"在教学后，我
不能反思自己多媒体等教学资源的运用是否得当"中平均值较低，其
中不清楚分为占 15.91%、11.36%、13.64%。可见，想更好地进行教
学反思，对教学反思内容的培训是很有必要的。

3. 教学反思的途径的分析

图 5-1

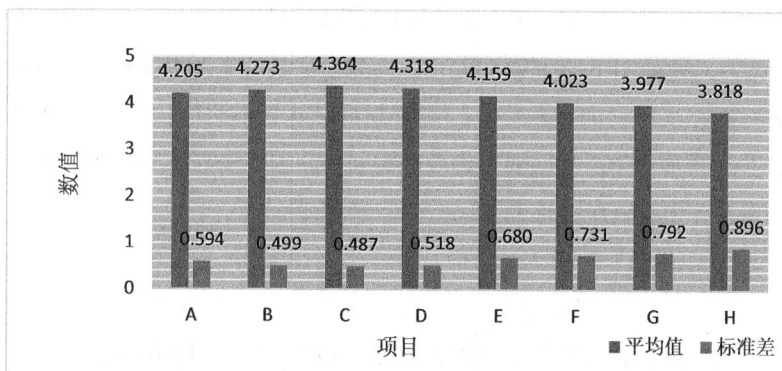

图注：A. 和同事交流；B. 观摩他人优秀课；C. 集体备课；D. 批改学生
作业；E. 文献；F. 课堂实录或微格课程；G. 反思日记；H. 其他途径。

由调查可知，选择集体备课进行教学反思的教师的人数比较多，
其次是批改学生作业、观摩他人优秀课以及和同事交流进行教学反
思。但在"我能够使用课堂实录或微格教学来反思自己课堂教学的情
况""我能够使用反思日记来记录自己的教学反思情况"以及"我还
能通过其他的教学反思途径反思自己的教学，比如：教学博客等"平
均值有所下降，表明教师不能很好地借助课堂实录或微格教学、反思
日记等其他的教学反思途径反思自己的教学。可见，教师不会把自己
的教学反思记录下来，因此在培养教师教学反思时要注意强调教学反
思日记的书写以及其他途径的使用。

4. 阻碍教学反思的因素的分析

本维度设置了一道开放性题目，经过整理、归纳、分析得出教师教学反思的阻碍因素，认为进行教学反思无障碍的乡村教师仅占 4.55%；有 47.73% 的教师是由于时间的问题阻碍自身进行教学反思，如有教师说："除了备课、批改作业等的活动，没有时间进行充分的自我反思"；25% 的教师是由于缺乏相关知识（如教学经验、教育理论）影响其进行教学反思，如有教师说："自己是想反思，但不知道怎样去反思"；另有 11.63% 的教师是由于对教学反思的重视程度不够影响其进行教学反思，如有教师说："对教学反思认识不到位"。因此，在培养乡村教师教学反思时要考虑教师时间的问题，提高教师对教学反思的重视，丰富其相关理论知识。

五、研究结论

关于乡村教师教学反思现状调查，我们可以得到以下结论：

1. 乡村教师对于教学反思的作用基本都持有肯定态度，但是在实际的教学反思中却不能真正地做到知行合一，在行动与认识上存在一定差异，同时有一部分教师不能将教学反思实践到自己的教学中。

2. 乡村教师对教学反思内容的认识并不清晰、全面、深刻，主要对学生和自身角度的反思较多，但是对学科思想方法的反思明显不足，并不重视学生学习兴趣的培养，仅停留在技术层面。

3. 乡村教师教学反思的途径主要是通过和同事交流、观摩他人优秀课、集体备课以及批改学生作业中进行教学反思，还没有意识到现代教育技术对教学反思的有利作用。多数教师因为时间问题无法进行教学反思。

4. 乡村教师不进行教学反思的原因主要是缺乏相关理论基础以及对教学反思的重视。

由以上结论不难发现，虽然教学反思是教师自主专业发展的重要途径，但是教师对教学反思内容存在的问题最多，并且由于对教学反思的认识不到位，在教学反思后没有及时对修改建议进行实践，导致教学反思的效果也受到影响。因此，为了解决调查所反映的问题，帮助教师了解教学反思内容和方法是不可或缺的。

第三节　基于教学反思的乡村教师自主专业发展

20 世纪 80 年代以来，西方发达国家兴起了一股以"反思"促进教师发展的思潮。随后，世界各国对教师教学反思问题的研究逐渐增多。随着我国新课改的不断推进，通过教学反思促进教师专业化发展越来越受到教育研究者的重视。2011 年，我国《基础教育课程改革纲要（试行）》提出"建立促进教师提高的评价体系，强调教师对教学行为的分析及反思"。2012 年我国教育部颁布的《中学教师专业标准（试行）》中明确提出了"教师要具备教学反思能力，不断实践、反思、再实践、再反思"。可见，教师教学反思是乡村教师自主专业化发展的重要途径。

纵观历史，人类早在古代社会就已萌生反思意识。例如在我国春秋战国时期孔子曾提到的"吾日三省吾身""学而不思则罔"。在西方国家，曾长期从事哲学活动的柏拉图（Plato）曾提出"思维是灵魂的自我谈话"；英国教育家洛克（Locke）在《人类理解论》中谈到"反思"是获得观念的心灵的反观自照；[9]西方近代理性主义者斯宾诺莎（Spinoza）则将自己的认识论方法称为"反思的知识"的见解。[10]在教学领域最早引入"反思"这一概念的学者是杜威，他将反思行为界定为"对于任何信念或假设，按其所依据的基础和进一步推导出的结论，对其进行的主动的、持久的、周密的思考"[11]教学反思是一种专门的思维形式，具有持续性、主动性和周密性等特点。美国学者舍恩（Schon）进一步发展了杜威的观点，他强调反思与实践的关系，提出了反思性实践的观点，即在"行动中反思"和"行动后反思"的概念，也被称为"舍恩二分法"，对后来的研究者产生了重要影响。[12] 申继亮等认为教学反思是指教师为了实现有效的教育、教学，对已经或正在发生的教育、教学活动及其背后的理论和假设，进行积极、持续、周密、深入、自我调节性的思考，在此过程中，发现并清晰表征所遇到的教育教学问题，并积极寻求多种方法来解决问题的过程。[13] 因此，教学反思可以作为教师认识自我的一种手段，帮助教师更加清晰地审视自我，促进自身专业化发展。教学反思可以把教师从被动的行动中释放出来，让教师自觉地以一种深思熟虑、目的明确的方式行动。因此，教学反思可以让教师不断发现教育现象背后的原理及教育观念，使之由"传道、授业"的"技术型"教师向具有科研能力的"专家型"教师过渡。

一、乡村教师教学反思中存在的问题

虽然教学反思对教师的专业发展发挥重要的作用，但是教师在具体的教学反思过程中存在诸多问题。从研究者自编的《辽宁省乡村教师教学反思现状》的问卷结果以及其他相关研究的结论来看，主要存在以下问题：

（一）缺乏教学反思的意识及其重要性的认识

从主观上来说，很多教师没有足够重视教学反思，而有的教师对教学反思的认识不够准确，有些教师认为写教学反思是迫于学校的压力，是为了应付检查而写，没必要人人写教学反思。[14] 例如，从研究者自编的《辽宁省乡村教师教学反思现状》的问卷结果来看，95% 以上的教师都写过教学反思，但是 20% 左右的教师认为没有必要写教学反思，坚持写教学反思的教师仅占 40% 左右。可见，部分教师思想认识不到位，导致了反思行为的缺失。[15]

（二）缺乏教学反思理论和方法的指导

大部分教师认识到教学反思的重要性，想写教学反思，但不知怎样去写。从研究者自编的《辽宁省乡村教师教学反思现状》的问卷结果来看，92% 以上的教师都认为自己缺少教学反思方法的指导，不知道如何去开展有效的教学反思。首先，不知道应该反思哪些内容，仅仅知道通过课堂检测看看教学目标是否达成，师生互动情况怎么样，其他的就不知道了。其次，教师缺乏教学反思的可操作性方法的指导，对于教学反思的过程和基本步骤不清楚，有些教师的教学反思仅仅是对教学过程的简单回顾，缺少有序而且有针对性的反思。因此，教师的教学反思缺少深度挖掘，套话较多，反思质量比较低。

（三）重现象描述，缺乏深入思考

大量的反思都停留在对一些教育、教学现象的描述上，而对现象背后的教育理念、对学生认知困难产生的原因等方面的思考缺乏深度，找不到自身问题的根源所在。[16] 因此，教师虽然写了教学反思，仅仅只是教学过程的重现，而没有思想的冲突，没有产生新的感悟，缺乏基于教育教学理论的提升。

（四）教师缺乏良好的教学反思氛围

从研究者自编的《辽宁省乡村教师教学反思现状》的问卷结果来看，很多教师表明课业负担较重，没有时间写教学反思，即使部分教师写了教学反思，也是为了应付检查而写。这种氛围之下，教师就形成了教学反思形式化、肤浅化和任务化的错误倾向（辽宁省乡村教师教学反思现状的调查问卷详见附录一）。

二、教学反思的内涵与特征

（一）教学反思的内涵

20 世纪 80 年代，舍恩提出反思性教学这一概念，并深入研究了反思性实践。自此，在教师教育领域反思性实践思维成为人们关注的热点。教学反思是教师对于自己参与的教学活动的回顾、检验与认识，本质上是对教学的一种反省认知活动。[17] 教学反思指教师为了实现有效的教育、教学，在教师具有教学反思倾向的支持下，对已经发生或正在发生的教育、教学活动以及这些活动背后的理论、假设，进行积极、持续、周密、深入、自我调节性的思考，而且在思考过程中，能够发现、清晰表征所遇到的教育、教学问题，并积极寻求多种方法来解决问题的过程。[18] 我国学者熊川武对教学反思的概念进行了界定，认为教学反思是教学主体借助行动研究不断探究与解决自身和教学目的以及教学工具等方面问题，努力提升教学实践合理性，使自己成为学者型教师的过程。[19] 这一概念从教学实际问题出发，指向提升教学实践，实现教学相长，明确了反思型教师与经验型教师之间的差异。

（二）教学反思的特征

根据教学反思的内涵，教学反思具有三个特征。[20]

第一，教学反思产生的最初动机是困惑和怀疑。在开展教学活动的过程中出现阻遏时，教师就会思考和分析可能存在的问题，解构已经做出的计划、决策及结果，并以新的形式进行重构。

第二，教学反思是一个从系统的视角进行省思与批判的过程。教师在质疑的基础上以开放的心态来对自身教学活动中的意识、理念、情感、态度及行为等进行严肃的回顾与梳理，从而达到统整的目的。

第三，教学反思是一种教师主动的思维过程。教师在责任感与主体自觉的强烈驱使下不断与学生、同行进行交流或学习先进理论，及时体察自己的教学理念与实践，在教学上不断完善自我。

三、教学反思的内容

通常，我们可以从宏观和微观两个层面来确定反思的内容，宏观层面是教学的要素角度，例如，学科方面、教师方面以及学生方面。微观层面主要是指教学设计涉及的各个环节，例如，教材分析、学情分析、教学目标、重点和难点、教学过程等。[21]

（一）宏观层面

1. 学科方面

在课堂教学活动结束后反思自己对教材中学科内容的解析是否到位，并提出改进的建议。例如，知识内容的要求把握是否到位，教材中的学科内容理解是否到位，本节课的教学重点内容把握是否到位？呈现的学科内容是否具有科学性等等。

2. 教的方面

教的反思是反思教师在课堂教学相关活动中的行为表现及其效果，并提出改进建议。包括教学目标的制定，重点和难点的处理，教学环节的划分，教学方式和方法的选择，问题情境的创设，提问和反馈的质量，板书的设计以及信息技术的使用，课堂作业的布置，学生活动的设计等。

3. 学的方面

学的反思是对学生在课堂中的表现，分析其成因，并据此提出教学改进的建议，反馈到教学设计的改进中。具体包括学生当前认知起点的分析，学生认知困难的分析，以及学生学习过程中出现问题的原因，学生思维活动特点的分析等。

（二）根据教学活动顺序确定反思的内容

1. 对教学设计的反思

教学设计是课堂教学的整体规划和预设，主要包括教学内容解析、教学目标解析、学生情况分析、教学过程设计、教学手段与方法等内容。在教学设计编写的时候，教师会预设教学的难点，教学重点突出和难点突破的方法，以及学生在知识探究的过程中容易出现哪些问题，某一个问题的提出学生可能出现哪些答案等。而教学设计预设的内容与教学设计实施的结果往往存在不一致的地方，这也就是我们通常所说的教学生成。教学设计的反思就是对这些思考与预设与教学实施的实际进程进行比较和反思，找出成功和不足以及产生的原因，并积累这些经验，为今后的教学设计的编制、教学的提高提供支撑。具体来讲，对教学设计的反思涉及学情的诊断是否准确，教学目标的确定是否适切，重点难点的设计是否准确？教学过程的各环节的设计是否合理。

2. 对教学过程的反思

教学过程是学生在教师的指导下有目的、有意识、有计划地获得数学知识、发展数学能力的认识活动。实际的教学中，教学过程又具体划分为情境导入、新知讲授、复习巩固、小结四个环节。因此，对教学过程的反思主要围绕这四个环节展开。例如：

- 四个教学环节的时间分配是否合理？
- 信息技术是否促进了学生的理解？
- 教师的提问是否促进了学生的理解？
- 教学情境的设计是否激发学生学习的兴趣？
- 教学情境的设计是否引发了学生的认知冲突？
- 新知讲授环节教学重点和难点处理是否到位？
- 各种练习是否适当？
- 小结环节是否提炼了相应的学科思想方法和解题策略？

3. 对教学效果的反思

对教学效果的反思是指在教学活动结束后，教师对于整个教学活动所取得的成效的价值判断，包括学生所获得发展和教师自己的价值感受两个方面。前者主要包括学生学科知识与技能、能力与思考、问题解决以及情感态度等几个方面，主要的考察方式从学生完成练习题的情况，学生回答问题的情况，学生课堂上的表情等方面体现出来。

4. 个人经验的反思

教师对自己的教学持续不断的反思是教师专业化成长的必由之路，对个人经验的反思有两个方面，一是反思自己日常的教学经历，使之成为真正的经验；二是对教学经验进行理论提升概括，使之成为教育理论。

四、教学反思的过程

（一）教学反思过程的理论观点

国外学者对教学反思的过程提出了一些观点，杜威（Dewey）将反思过程划分为五个阶段，这一过程被后人称为"思维五步"。第一阶段：一个疑难的情境是反思思维的开始；第二阶段：确定疑难所在，提出问题；第三阶段：通过观察和搜集事实材料，提出各种假设；第四阶段：推断哪一种假设能解决疑难；第五阶段：行动检验假设。[22] 古德曼（Goodman）提出了教学反思过程的五个步骤：第一，承认教育困境的存在；第二，确认情境独特性和相似性的基础上，对困境作出回答；第三，对教学困境进行建构和重建；第四，采用不同方法尝试；第五，检验方法，作出评价。[23] 彼得斯（Peters）提出教学反思的过程经历了描述、分析、推理和行动四个阶段，首先由教师描述教学实践中急需改变的问题，分析问题产生的原因和背景，然后推理得出教学的假设理论，并对新的教学理论进行实践。[24] 埃拜（Eby）认为：反思型教师能积极地研究课堂中的信息和问题，不安于现状，能不断追求更多的知识和更好的施教与管理课堂的方法，非常关心增进成就以及怎样给学生生活带来较大益处，对教育理论和实践持有一种"健康的"怀疑，尽可能收集已有的问题信息，按照适当的标准作出判断和决策。[25]他提出埃拜模型，即，反思过程由反思性计划、反思性教学和反思性评价三部分组成，形成一个闭合的过程圆环。在教学前，教师首先制定计划，计划是相对的起点，根据学生和课堂情况确定合适的方案。随后进行反思性教学，将反思性计划落实到教学中，并观察课堂情况，采取具有针对性的措施。课堂教学结束之后，进行反思性评价，做出事实与价值判断，产生应对策略或重构经验，到达相对终点（如图 5-2 所示）。

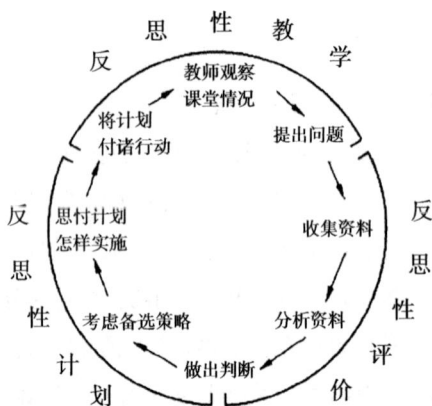

图 5-2

国内研究者对于教学反思过程也进行了较为深入地分析研究，其中主要观点包括：申继亮将教学反思过程分成了三个阶段，构建了环状教学反思过程图（如图 5-3 所示）。[26]他认为教师反思是内环向外环不断发展的过程。具体来说，如果教师通过将教学事实与已有理论比较分析，产生一种观念，并通过概括总结形成自己的经验，在实践中检验后产生新的观察和回忆，这是阶段一的循环。如果教师产生了多种观念，就需要对多种观念进行评价判断，进而上升到理论，再将理论应用到实践中验证，形成新的观察和回忆，这是阶段二的循环。如果在评价判断时，多种观念不符合自我经验和已有理论，则教师将会形成新的问题表征，提出假设，寻求证据，得出推论，再进行验证，形成新的观察和回忆，这就是阶段三的循环。他认为，教学反思始于教师的行为没有产生预期效果或超出预期效果而产生的困惑，这一过程需要教师具备发现问题和识别问题的意识与能力；发现问题后，需要通过对问题情境的描述进一步聚焦问题；最后，教师通过行动理论揭示自己的行为逻辑，寻找改善教学的途径方法。

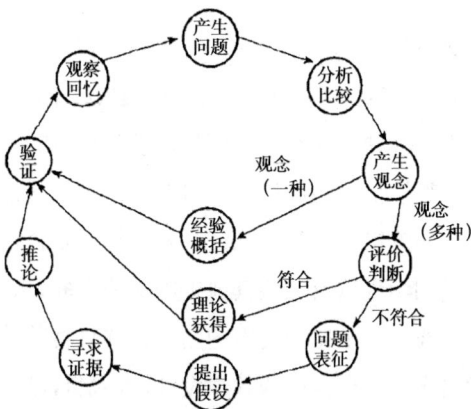

图 5-3

李明军等认为，教学反思过程不止于寻求解决方法，而需要通过实践进一步检验，重建认知。他提出了教学反思过程的三个阶段：第一，产生疑惑，敏感捕捉；第二，分析问题，探究解法；第三，实践检验，重建认知。[27] 赵明仁在研究中构建了教学反思过程"识别问题—描述情境—分析与重构"的理论框架，并利用这一理论框架分析考察4位教师的教学反思，同时提出了教学反思"点式总结"和"系统探究"的两种类型。[28]他认为，教学反思始于教师的行为没有产生预期效果或超出预期效果而产生的困惑，这一过程需要教师具备发现问题和识别问题的意识与能力；发现问题后，需要通过对问题情境的描述进一步聚焦问题；最后，教师通过行动理论揭示自己的行为逻辑，寻找改善教学的途径方法。

（二）教学反思的过程

从现有的研究来看，关于教学反思过程划分虽然表述不尽相同，但是有许多共同之处，即，教学反思始于教师觉察教学中出现的疑难情境，之后聚焦描述情境，提出教学问题，经分析和假设，运用到实践中进行检验验证。

1.描述教学问题

教师上课结束之后，根据教学反思的内容点，结合自己教学录像，会对这节课产生一些初步的判断，例如，教学情境的设计是否激发学生学习的兴趣？教学情境的设计是否引发了学生的认知冲突？新知讲授环节教学重点和难点处理是否到位？各种练习是否适当？这些问题的评价可以通过和学生以及一些其他老师交流来验证。在这些问题的反思中，教师要找出一个比较突出的问题，并且将其关联的课堂教学全息记录描述出来，结合自己的教学设计，回忆自己在完成教学设计的时候是怎么想的，和实际的课堂教学情况做对比。例如，当教师在讲解等式的基本性质这一课的时候，因为不等式性质在解一元一次方程中的应用是教学的重点，所以教师反思这个点，教师发现学生利用等式的基本性质解决简单的一元一次方程的时候，学生移项的时候总是忘记变号，这就是提炼出来的教学的问题。

2. 分析原因

在教学问题提出之后，教师要分析产生这个问题的原因，如果自己不清楚可以查阅资料、访谈学生或者请教其他老师，在"解简单的一元一次方程的时候，学生移项的时候总是忘记变号"的这个问题中，教师首先可以问学生为什么会忘记变号，在移项的时候应用了等式的基本性质吗？等问题，同时也深入分析自己的教学录像，自己在讲解移项这个技能之后强调了等式的基本性质了吗？还是一带而过？

3. 做出假设

判定出来原因之后，教师要提出解决的方法和策略，例如，上个例子中的解决策略是在移项的时候教师要一步一步地讲，每一步要学生重复等式的性质的内容，而且要用带颜色的字体强调等式一边的代数式移到另外一边的时候要变号。

4. 实践检验

在下一次的教学实践中检验上面假设的策略，教师可以通过前后测的对比结果来比较科学地检验策略的有效性。

参考文献

[1] 叶澜、白益民、王枬、陶志琼. 教师角色与教师发展新探 [M]. 北京：教育科学出版社，2001：273.

[2] 姚安娣. 促进教师专业自主发展的策略研究 [J]. 中小学教师培训，2007（12）：11–13.

[3] 章建跃. 数学教学反思的内容与方法（指导意见），人民教育出版社网站，

https：//www.pep.com.cn/gzsx/rjbgzsx/rjgzsxwd/201008/t20100826_1474773.html

[4] 熊川武 . 论反思性教学 [J]. 教育研究，2002（7）：12–27.

[5] 章建跃 . 数学教育随想录 [M]. 杭州：浙江教育出版社，2017：342–345.

[6] 李壮成 . 职业认同是教师专业自主发展的原动力 [J]. 教学与管理，2010（25）：27–29.

[7] 胡继飞 . 基于教学核心素养的教师专业进阶模型建构 . 中小学教师培训，2019（2）：13–16.

[8] Wallace, M.J.Training Foreign Language Teachers: A Reflective Approach[M]. Cambridge: Cambridge University Press, 1991.

[9] 洛克 . 人类理解论 [M]. 北京：商务印书馆，1959：67–71.

[10] 斯宾诺莎 . 知性改进论 [M]. 北京：商务印书馆，1960：29–31.

[11] 约翰·杜威 . 我们怎样思维·经验与教育 [M]. 北京：人民教育出版社，2005：20.

[12] 舍恩 . 反映的实践者：专业工作者如何在行动中思考 [M]. 北京：教育科学出版社，2007：36.

[13] 申继亮、刘加霞 . 论教师的教学反思 [J]. 华东师范大学学报（教育科学版），2004（3）：44–49.

[14] 邵光华、顾泠沅 . 中学教师教学反思现状的调查分析与研究 [J]. 教师教育研究，2010（2）：66–70.

[15] 郭宏丽 . 中学数学教师教学反思情况的调查研究 [D]. 武汉：华中师范大学，2011.

[16] 彭华茂、王凯荣、申继亮 . 小学骨干教师反思意识的调查与分析 [J]. 西北师大学报（社会科学版），2002（05）：27–30.

[17] 章建跃，数学教育随想录 [M]. 杭州：浙江教育出版社，2017：342–345.

[18] 申继亮、刘加霞 . 论教师的教学反思 [J]. 华东师范大学学报

（教育科学版），2004（3）：44–49.

[19] 熊川武 . 论反思性教学 [J]. 教育研究，2002（7）：12–27.

[20] 赵潇 . 教师教学反思能力的影响因素与提升策略 [J]. 教学与管理，2019（12）：61–64.

[21] 章建跃 . 数学教育随想录 [M]. 杭州：浙江教育出版社，2017：342–345.

[22] 单中惠 . 杜威的反思性思维与教学理论浅析 [J]. 清华大学教育研究，2002（1）：55–62.

[23] 刘加霞、申继亮 . 国外教学反思内涵研究述评 [J]. 比较教育研究，2003（10）：30–34.

[24] 蒋竞莹 . 教师专业化及教师专业发展综述 [J]. 教育探索，2004（04）：104–105.

[25] Poblete D P. A Reflective Teaching Model: An Adventist Assessment [A]. 1999：263–264.

[26] 申继亮、刘加霞 . 论教师的教学反思 [J]. 华东师范大学学报（教育科学版），2004（3）：44–49.

[27] 李明军 . 中小学教师教学反思的现实困境及其解决策略 [J]. 教学与管理，2018（18）：60–63.

[28] 赵明仁，黄显华 . 从教学反思的过程看教师专业成长——基于新课程实施中 4 位老师的个案研究 [J]. 教育研究与实验，2007（04）：37–42.

实践篇 ————

第六章　基于乡村教研共同体的乡村教师专业发展的实践研究

第一节　基于课题研究的乡村教师培训模式的实践研究[①]

一、问题提出

2013 年 5 月 6 日教育部印发了《关于深化中小学教师培训模式改革，全面提升培训质量的指导意见》（以下简称"指导意见"），该指导意见希望通过中小学教师培训模式的改革来全面提升培训的质量。该指导意见的提出是针对当时教师培训内容脱离教学实践、方式单一、质量监控薄弱等突出问题提出来的。从基层单位调研的情况来看，时至今日，教师培训仍存在一些问题。例如，理论引领式培训会涉及一些前沿的教育理论，但是容易和学员的实际需求、日常教研脱钩，针对性不强；跟岗实践式培训贴近受训教师实际，有利于解决工作中的实际问题，但是受实践指导老师的水平限制，效果也不是很好；校本研修虽然立足于本学校发展的实际问题，但是由于缺乏科学理论的引领，使得教研活动常常流于形式；远程培训解决了受训教师的工学矛

---

① 本文原载于《中小学教学研究》，2019(04)

盾，但因为学习者主动性不足，培训效果也不尽人意。

综上可见，教师培训模式没有深度激发教师专业提升的动机，也缺乏持续性的跟踪指导。也就是说，自上而下的顶层教师培训模式并不能完全担当起课改进程中教师培训的重任，而关注教师教育、教学实际中的问题，与日常教研活动紧密结合的自下而上的教师培训模式是其必不可少的补充。对于教师培训模式，一些研究者开展了一些探索，例如，学者孔凡哲等针对教师培训中活动主题脱离中小学实际需要、关注教师个体的发展而忽视群体的共同发展、教师培训与日常教研割裂等问题。按照"临床诊断，明确教师需求，提出教研问题→构建教师发展共同体，同伴互助→保障学习环境，提供学习条件，专业引领→在发展共同体中以日常教研活动为载体，解决问题→提出教研新问题，形成教研问题系列（转入下一循环）"的操作模式开展学校层面的教研和培训工作，并通过集体备课、课例研讨、教学反思、专题论坛等活动。研究表明，这种教研新模式突出了问题驱动、研训一体和可持续性，能够有效促进教师群体的共同发展。[1] 学者王建德以教、研、训于一体的"三段两思"课例研究为载体，开展了杭州市余杭区三年的"领雁工程"骨干教师培训。研究发现，该培训能有效地提升教师的课堂教学观察、诊断、设计改进和教学研究能力，是一种对教师专业发展行之有效的培训模式。[2] 三段两思的内容如图 6-1 所示：

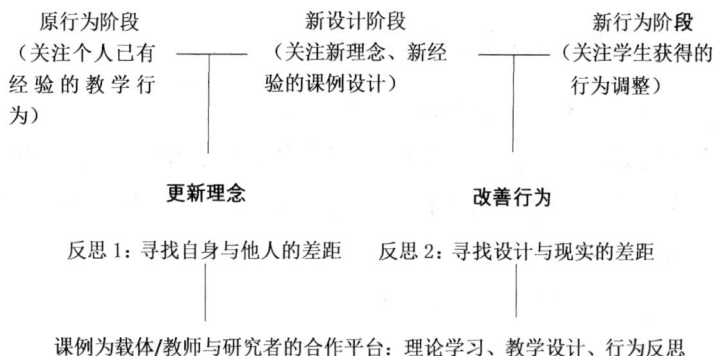

原行为阶段		新设计阶段		新行为阶段
（关注个人已有经验的教学行为）	——	（关注新理念、新经验的课例设计）	——	（关注学生获得的行为调整）

更新理念　　　　　　改善行为

反思 1：寻找自身与他人的差距　　反思 2：寻找设计与现实的差距

课例为载体/教师与研究者的合作平台：理论学习、教学设计、行为反思

图 6-1

学者张贤金等提出"课题研究"培训模式。从理论基础、目标定位、模式构建、案例剖析、效果分析等方面对"课题研究"培训模式进行理论和实践分析，该研究认为采用"课题研究"培训模式开展中学化学教师培训有利于增强培训的针对性和实效性，提升化学教师参与培训的动力。[3]

从学者们开展的教师培训的实践探索，我们可以得出，结合教研活动，以课题研究为载体的自下而上的教师培训模式是研究型教师培养的重要途径。该模式中高校的教育专家，教研部门的教研员立足于学校或者教师的教学实际，发现教育教学中存在的问题，帮助学校分离出研究课题，在课题研究的过程中跟踪指导，边实践边反思，解决教学中存在的问题，促进教师的专业发展。具体来说，这种行动研究的范式以课题研究为载体，以实验学校的校本研修，课题组专家的理论指导，实验教师的实践反思等多种教师培训的方式为支撑，借助网上研讨与现场观摩，激发教师参与培训的动力，增进学校校本教研的有效性，最终解决教育教学中的问题，促进教师和教研员的共同发展。

二、基于课题研究的教师培训模式的建构

（一）基于课题研究的教师培训模式的概念

基于课题研究的培训模式是指教师在教育专家的指导下，教师根据教育研究者的课题或者针对教育教学实际中存在的问题，确立小课题，进而开展课题研究的教师培训模式。

（二）基于课题研究的教师培训模式的特征

1. 问题驱动

在基于课题研究的教师培训过程中，教育研究者提供给教师课题研究的主题，教师选择课题研究的方向，或者教育研究者根据教师面临的教学困惑，引导教师提取出研究问题，将问题提升为课题。一旦课题确定下来之后，课题的研究落实在教学实践的研究中解决。教师在整个培训的过程中，需要紧紧围绕自己的研究课题开展研究。

2. 研训一体

课题的研究过程借助于学校内的校本教研、学校间的区域教研、教育研究者的专家引领，课例研究等不同的教研活动形式，研究与培训融为一体，教育专家、教研员与教师共同发展。

3. 教研共同体的发展

该模式中，教育专家、教研员与教师是基本的组成成员，这些成员构成了三级网络式教研共同体。第一级是课题组，第二级是各名师工作室、教师进修学校，第三级是实验学校。各级的教研共同体虽然大小不同，但是运行的机制大致相同，例如，有着共同的价值观与目标、基于问题的专业探究、自我发展与同伴互助等。

（三）基于课题研究的教师培训模式的构成要素

基于课题研究的教师培训模式有五个结构元素，分别是培训主题、培训目标、培训对象、培训方法和组织形式。

1. 培训主题

培训主题的确定要充分了解教师的需求，综合考虑，从而确定培训主题。培训的主题可以从教师的专业信念、专业知识和专业能力提升的角度入手，例如，在学校调研中发现，一线教师的教学科研能力比较薄弱，而教师教学科研能力是教师教育教学的关键，也是教师成为研究型教师的关键，当然也是大部分教师职称评审的关键。因此，针对教师科研能力提升的"科研课题研究方法培训"这个主题就应运而生了。整个培训首先包含一些通识性的研究方法方面的报告。之后，在这个总培训主题下，各层次的教研共同体根据自己的实际情况选择子课题的题目。例如，在笔者的《基于课题研究的教师培训模式的实践探索》课题中，总培训主题是"科研课题研究方法培训"，各基层单位的子课题题目不尽相同，有的学校是"教师教学设计能力提升的研究"，有的学校是"有效小组合作策略的研究"。而在笔者主持的《数学学案导学教学实施中的问题与对策研究》的课题中，"基于数学导学案的教师教学能力的提升"是总培训主题，各校选择的子课题题目具体为：数学导学案的设计，学案导学教学实施中两极分化问题等。

2. 培训目标

培训主题确定后，可以根据培训主题，确定培训总目标和子课题目标。例如，在《基于课题研究的教师培训模式的实践探索》课题研究中，总目标是教师科研能力的提升，子课题目标则不尽相同，子课题目标不仅实现了教师科研能力的提升，同时伴随着自主选择的研究内容，也实现了教师教学设计能力的提升，或者是教师开展小组合作教学能力的提升等。在《数学学案导学教学实施中的问题与对策研究》的课题中，基于数学导学案的教师教学能力的提升是总目标，而教师数学导学案设计能力的培养，数学学案导学教学两极分化问题解决能力的培养等是子课题目标。

3. 培训对象

基于课题研究的系列培训中，培训对象是辽宁省的初中教师和教师进修学校的教研员。

4. 培训方法

基于课题研究的教师培训模式中，课题研究是明线，教师的专业发展是暗线，校本研修、专家引领、个人实践反思等多种教师培训形式是支撑，即，课题组深入学校、通过听取汇报、学校观察、观课评课、访谈等方式帮助学校诊断教育教学中存在的问题，将诊断出来的问题作为校本研修的主题，在校本研修的过程中以同伴互助、专家引领，自我反思等方式促进教师和教研员的专业发展，及教研共同体的形成。

5. 组织形式

如上文所述，该模式主要由三级网络式教研共同体构成。因此，该培训模式的组织形式为教研共同体。

（四）基于课题研究的教师培训模式的操作步骤

基于课题研究的教师培训模式遵循课题研究的基本思路，由开题会议、中期会议、结题会议构成。在开题会议中，课题组负责人介绍课题的相关情况，教研共同体建设的思路和方法，以及课题研究的方法，例如，如何拟定研究计划，课题研究的方法介绍、论文写作的思路等。同时，课题负责人明确各实验单位和实验教师需要完成哪些任务。在开题会议结束之后，课题组要深入各基层学校、名师工作室和教师进修学校诊断和分离出要研究的问题，完成开题报告后，各层次的教研共同体之间要有一个开题的交流和研讨，课题组给出进一步修改和完善的建议。在中期会议上，各层级教研共同体介绍研究开展的情况，以及研究开展的过程中，教研共同体建设的进展和存在的问题。在结题会议上，各层级的教研共同体汇报展示课题研究过程中取得的成果，并提交结题的相关材料。在中期会议和结题会议上，课题组会收集各基层实验校研究成员的教学设计、论文、教学随笔、微课等材料，通过评选，颁发证书，这些证书对教师的评职晋级都有一些作用，这样，保证了教师提交材料的质量，同时也激励了教师参与课题研究的积极性。在课题研究的过程中，总课题组的成员会定期到各基层学校开展一些引领式的培训，教研活动等。同时，课题研究的所有成员会成立 QQ 群，课题组将会定期发送一些会议的视频，专家的一些会议录音和 PPT，教育教学论文等来开展基于网络的远程培训。

通过这样的模式，教师首先完整体验了课题研究的整个过程，对课题研究和论文写作有了较为深入的了解和认识。其次，教师也对课题研究的内容有了深入的了解。最后，在课题研究的过程中，教师也充分体会到教研共同体的重要性和建设的途径和方法。

（五）基于课题研究的教师培训模式运行过程中的保障措施

1. 规章制度的建立

在培训的过程中，一些学校的主持人或者实验教师以对付、功利性的态度来参加课题的研究，平时不认真做，上交的材料质量不过关。对于这种现象，我们加强过程性跟踪指导，严格审核各基层学校上交的阶段性材料。对于不认真完成研究任务的学校，课题组减少该实验单位评奖名额；同时，对于做得较好的基层学校增加评奖的数量。对于积极参与研究的学校，课题组的成员也会加大跟踪指导的力度，给这些学校教师的专业提升提供更多的理论引领，扶持这些学校成为课题研究的典型，以便课题组的其他学校借鉴和学习。

2. 持续性跟踪指导

基于课题研究的教师培训模式中持续性的跟踪指导分为线上和线下两个层面来完成。线上主要采用网络培训的方式，如上文所述，课题组将会发送一些会议的视频，专家的一些会议录音和 PPT，教育教学论文等来开展基于网络的远程培训。线上培训的专家不仅来自各著名的教育专家，课题组也积极挖掘基层学校的优秀教师担任专家，开展一些培训课程。例如，辽宁省鞍山市 46 中学的赵老师在几何画板和数学教学融合方面有深入的研究，主持人就把她聘请为该课题组的培训专家，她定期推送一些培训视频到课题研究的群中，并对一些教师的困惑给予指导。线下的培训专家不仅有课题组的成员，也有名师工作室主持人，教师进修学校的教研员，他们开展过程性的指导，并定期召开一些联合教研活动，互相学习。

3. 针对性的指导

对于基层学校的一些优秀的教师，课题组负责人鼓励他们将自己教学的经验体会总结出来，并指导他们论文的撰写，推荐到一些期刊；对于一些想申报课题的老师，通过 QQ 群给予相应的指导，这些教师也能将所学到的知识分享给其他的老师。课题负责人所指导的研究生也参与课题的研究，他们指导实验老师如何开展具体的研究。可见，多方面挖掘培训的专家是开展持续性的跟踪指导的重要保障。

4. 树立典型

在课题开展的过程中，东港教师进修学校在课题组科研课题研究方法培训的主题下，创新教师培训模式，该校提出的新常态下农村学校教师培训模式，以教师的小课题自主研究活动为主线，形成了选择培训项目、教学实践、自我提升、再反思的环状结构培训模式，如图6-2所示：

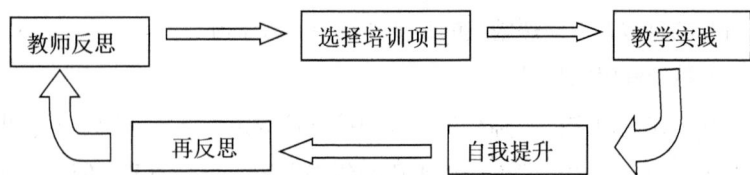

图 6-2

教师反思立足教学实际，根据自己的需求在师校的培训菜单中选择适合自己的课程，在理论学习的过程中开展教学实践，应用自己学习的教学理论，促进自己的专业发展，在实践中进一步反思。我们把东港教师进修学校作为我们课题组的一个典型，带领各实验单位到该校学习，交流，研讨。之后，各个教研共同体在学习东港教师进修学校的经验的基础上，探索自己团队的教师培训与发展模式。

第二节　基于教研共同体的乡村教师培训模式的实践研究
——乡村教师信息技术能力提升的网络培训

基于乡村教研共同体开展乡村教师的培训是乡村教师专业发展的重要途径，以沈阳师范大学的教育专家为中心建立的乡村网络教研共同体开展了希沃白板和 GeoGeBra 在数学教学中应用的信息技术能力提升的培训，通过这两次培训，乡村教师的信息技术能力得到了很大的提升。

培训一　希沃白板在数学教学中应用的培训

一、培训目标

在希沃白板的功能和特点的基础上，我们在培训过程中注重希沃白板与数学课程融合方面的培训，侧重于对数学教师使用希沃白板教学的培训，使得数学教师不仅能够掌握希沃白板的功能和特点，还能够在教学活动中将希沃白板与数学课程内容融合，发挥希沃白板的优势。通过本次的教师培训，教师能够正确使用希沃白板，并且在实际教学中有效应用希沃白板。

本次培训制定的目标是通过对数学教师进行希沃白板的培训，提高教师的希沃白板的应用能力，学会利用希沃白板改善教学方式，并且调动课堂氛围。包括以下几个方面：

第一，熟练操作希沃白板，能够运用希沃白板备课、授课等；

第二，能够根据《义务教育数学课程标准》的要求设计符合条件的教学设计，在教学设计中能恰当地将希沃白板与课程内容进行融合，激发学生学习积极性、主动性，调动课堂氛围；

第三，利用希沃白板提高教师的自身素养，促进教师的职业发展。

二、培训内容

数学教师使用希沃白板的主要工作体现在：有效地获取教育资源、有效地运用希沃白板备课、有效地利用希沃白板不断地改进教师的教学活动，营造活跃、高效的课堂，提高课堂教学效率与质量。

因此，数学教师希沃白板培训的主要任务是如何帮助教师使用希沃白板，并有效地运用希沃白板辅助教学。在设计培训内容时要考虑到数学教师的教学实际，将教学活动中的需求和困难融入培训内容中，主要分为信息技术与数学学科融合的理论学习与交流、介绍希沃白板的备课使用与实际操作、介绍希沃白板的授课使用与实际操作、赏析运用希沃白板制作课件的案例与答疑四个部分的主要内容。

为了能够让教师更好地学习和有效使用希沃白板，意识到希沃白板在课件制作过程中的便利，受训的教师在培训结束后需要完成学习希沃白板的下载与使用和利用希沃白板制作教学课件两项任务。

三、培训方法和形式

希沃白板培训主要运用到三种培训方法：讲授法、研讨法和案例研究法。讲授法为通过语言表达，系统地向参与培训的教师传授知识，主要体现在为教师讲解信息技术与数学课程融合的原则等理论。研讨法是所有教师以交流、探讨为主，不会让受培训的教师感到枯燥，能共同参与到培训中。案例研究法是利用希沃白板制作教学课件，在第一次培训中进行案例展示，让教师们意识到希沃白板功能的强大，在后续的培训中分析在课件中运用了希沃白板的哪些功能，应该如何具体操作。

本次培训采用线上培训的方式，每次培训都进行录制，培训结束后发给培训教师，让教师能够随时观看学习。

四、培训过程

（一）培训的具体内容

本次教师应用希沃白板的培训分为四次课，理论学习与交流为第一次课，综合实践为三次课，如图6-3所示：

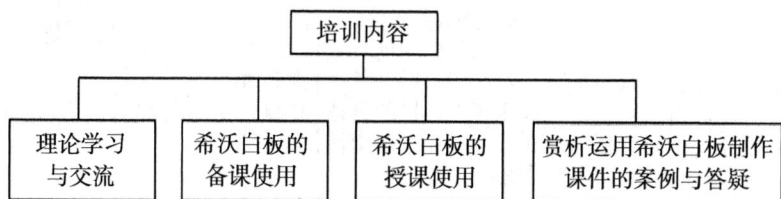

图6-3

教师应用希沃白板的培训的具体内容如表6-1所示，培训中使用的幂函数教学设计案例资源详见附录二。

表 6-1　希沃白板培训的具体内容

次数	培训内容	培训具体内容	教师的任务	学到的知识技能
第一次	信息技术与数学学科融合的理论学习与交流	1.培训的整体安排； 2.信息技术与数学课程融合的原则； 3.介绍希沃白板软件的特征； 4.下载安装希沃白板软件； 5.介绍希沃白板软件的整体功能。 6.运用希沃白板制作的课件的案例赏析。	1.交流在教学中经常使用的信息技术，以及使用过程中的优势和存在的问题； 2.下载希沃白板软件； 3.了解熟悉希沃白板的整体布局。	1.信息技术与数学课程融合的原则； 2.希沃白板软件下载安装的操作； 3.希沃白板整体功能。
第二次	介绍希沃白板的备课使用与实际操作	1.希沃白板备课界面（顶部标题栏、顶部工具栏、左侧的侧边栏、右侧属性面板和中间的白板编辑区域）的介绍； 2.希沃白板备课基础功能（背景与布局、文字、形状）； 4.希沃白板顶部工具栏的具体介绍与操作（多媒体、课堂活动、思维导图）。	1.了解备课环节时希沃白板的使用； 2.制作出一份课堂活动； 3.制作出一份思维导图。	希沃白板软件备课阶段的基础使用。
		1.希沃白板的顶部工具栏中的学科工具（几何、公式、函数、统计图表）的介绍； 2.希沃白板的在线资源（课程视频、题库、数学画板、数学小测）的介绍； 3.希沃白板克隆与蒙层的介绍。	1.自行创作一份在线画板； 2.用蒙层制作"刮刮乐"； 3.制作一份用希沃白板制作的课件。	希沃白板软件备课阶段学科工具的使用。

（续表）

次数	培训内容	培训具体内容	教师的任务	学到的知识技能
第三次	介绍希沃白板的授课使用与实际操作	1. 希沃白板授课页面介绍； 2. 希沃白板知识胶囊的制作； 3. 希沃白板线上直播功能。	1. 根据已经制作的课件查看授课效果； 2. 根据已经制作的课件录制一份知识胶囊。	希沃白板软件授课阶段的使用。
		1. 班级优化大师（电脑版和手机版）的介绍； 2. 希沃传屏（电脑版和手机版）的介绍。	1. 下载了解班级优化大师； 2. 下载了解希沃传屏。	希沃白板授课的辅助软件的使用。
第四次	赏析希沃白板课件的案例	1. 案例的制作思路与过程； 2. 对培训教师学习过程中出现的问题进行解答。	1. 完成培训自测； 2. 继续学习使用希沃白板，并利用希沃白板制作课件。	解决学习过程中的疑问。

（二）培训的时间

教师希沃白板培训采用短期培训，培训时间从 8 月上旬（8 月 10 日）开始，每天晚上 8:00 进行，每次培训持续一个半小时左右。沈阳师范大学的陈丽敏和杨晓琳制定希沃白板培训计划，杨晓琳负责培训课程的具体讲授和材料的整理。

（三）培训前后的访谈

培训结束后，研究者设计了开放题了解参与培训的教师对希沃白板培训内容的接受程度，要求培训教师在培训结束之后进行填写，让培训者能够了解到本次培训的效果与不足之处。

五、培训效果分析

希沃白板培训是为了提高数学教师的信息技术能力，帮助教师在备课和授课环节中节省时间和精力，所以本次培训不会给教师增添压力，采用自愿的形式参加。在培训之前对培训教师进行前测，调查培训教师已经使用的信息技术和感受等，同时调查培训教师对希沃白板培训前后的掌握情况，以及培训结束后的收获和反思。

（一）培训前教师对信息技术的掌握情况

培训前期在 QQ 上建立希沃白板学习群，想要参加培训的教师自愿进群。研究者在群中分享关于希沃白板培训的整体安排，通过访谈初步了解培训教师信息技术的使用情况，实施了希沃白板掌握情况的访谈。

问题 1：您在数学教学中使用过哪些教学软件？

C 老师：PPT、几何画板、宏盒多屏互动；

D 老师：PPT；

L 老师：PPT、几何画板、flash；

S 老师：几何画板、电子白板。

问题 2：您在使用的过程中积累了哪些经验？存在哪些困惑？

C 老师：多屏互动将 PPT 的课件转换到录制的屏幕上，对于书写、画图这一部分较为便利，例如动态的点动或是函数上的点动，多屏互动都可以实现，这里面还有一些教学资源。虽然多屏互动在动态演示这部分的功能特别强大，但是我还没有细致地研究过，针对某一节课研究过动点是如何演示的，但是大部分还没有研究过应该如何制作，而且这些是在线上授课的时候使用，在实际线下还没有用过。

D 老师：假期期间使用钉钉和腾讯会议，因为疫情才学会这两个软件，将课件转换到屏幕上，对于其他的软件还不是很熟悉，所以希望参加这次的培训，多学习一种信息技术的手段。

L 老师：最初接触 flash，后来将其运用到 PPT 中，又跟着网上的公众号和买的关于数学模型和几何画板的书学习研究几何画板，对于几何画板研究的也不是很透彻，有困惑的地方还是几何画板中的动点问题作图功能。

S 老师：对于信息技术的手段掌握的并不是非常好，之前也参加几何画板的培训，当时学习的时候觉得都会，到后期自己动手的时候还是感觉有一定的难度，还是需要自己多动手操作才能学会。

问题 3：您在课上使用的信息技术对课堂的教学效果有什么影响？

C 老师：动态演示有利于学生的思维发展。

D 老师：信息技术成为老师的助手，对老师和学生都有很大的帮助，学生可以更好地理解学习内容。

L 老师：直观，解决几何和函数问题效果突出，尤其是中考题的压轴大题，用几何画板研究动点，更能很好地解决问题。

S 老师：提高课堂效率。

通过上述教师的回答，笔者发现教师经常使用的软件还是 PPT 和几何画板，甚至教师们为了更好地使用这些软件也参加过相关的培训，例如：学校组织的培训和自己报班学习几何画板等。现在参加希沃白板的培训主要是为了学习一种新的信息技术手段，让自己多掌握一种技能。教师们在使用信息技术中存在的主要问题可以分成两类：不会使用信息技术手段和动点问题的制作。对于信息技术对课堂的教学效果，教师们都给予肯定的态度，认为信息技术对于课堂教学有非常大的帮助。

（二）培训后访谈结果

问题 1：本次培训，您收获到什么？

C 老师：能够成功将 PPT 的课件导入，希沃白板工具的操作很简单，很容易利用希沃白板制作课件。

D 老师：利用希沃白板制作了刮刮卡，效果很好，其他的一些操作也很简单，真的让老师备课授课省时省力。

L 老师：能够利用课堂活动随机变换函数的位置会使课堂增添趣

味。

S老师：蒙层的制作使课堂更具有趣味性，课堂活动丰富多彩。

问题2：您对本次培训的建议是什么？

D老师：在讲解操作步骤时，多停留一段时间，讲解时说话慢一点。

S老师：多进行操作。

通过上述教师的回答，笔者可以看出教师在希沃白板培训结束后都有各自的收获，在培训过程与各位教师的交流中也可以得知教师们都认为希沃白板的功能较为强大，尤其是课堂活动和在线资源等工具，教师都比较喜欢课堂活动，认为课堂活动会使课堂氛围变得丰富多彩，一些在线资源也为教师的备课节省了大量的时间和精力。对于各位教师对本次培训的建议主要是集中在操作方面，由于老师们大多是第一次接触希沃白板，对希沃白板中一些工具的位置不太清晰，所以可能会跟不上培训的节奏。

六、培训结论

希沃白板教师培训有效地提高了数学教师的信息技术操作能力，培训形式有线上直播讲解和录像回放两种形式，能够让数学教师在不能准时接受培训时也能课后学习希沃白板，对培训教师有一定的帮助。

通过以上对教师的希沃白板培训前后的访谈分析，得出希沃白板培训结论：

1.培训教师在接受希沃白板培训后对希沃白板的操作掌握相对较好，并且认为希沃白板的操作简单，可以使教师备课时省时省力。

2.希沃白板软件有以下优势：一是希沃白板的教学资源丰富；二是希沃白板可以进行动态演示；三是希沃白板备课工具强大。

由上述的结论不难发现，通过本次的教师培训，教师能够正确地操作希沃白板，有效应用希沃白板制作数学教学课件，提高教师的希沃白板的应用能力，促进教师的职业发展。

培训二：GeoGeBra 在中学数学教学中应用的培训

一、培训目标

本次培训的目标是利用 GeoGebra 绘图功能强大、交互性强、可跨平台使用以及易于操作等特点，使得数学教师可以更直观、方便地在数学课堂上使用 GeoGeBra 进行教学，提升教师在中学数学教学中应用 GeoGeBra 的能力。培训目标主要包括以下几个方面：

第一，本次培训侧重提高教师对 GeoGeBra 的使用能力。参加培训的教师能够使用 GeoGeBra 画点、线段、直线、平面、多边形等数学对象，也可以通过代数方法使用指令输入点的坐标、函数解析式和曲线方程的绘制等；

第二，通过本次 GeoGeBra 培训，提升数学课堂教学质量。教师在熟悉并掌握 GeoGeBra 的操作的基础上，利用 GeoGeBra 易于交互的特点，能在将 GeoGeBra 与数学教学进行融合，并在日常的教学活动中使用 GeoGeBra 进行教学，而且可以让学生参与其中，使用 GeoGeBra 解决具体的数学问题，提高学生学习数学的兴趣以及数学的解题能力。

二、培训方式

（一）培训方法

本次培训主要运用到三种培训方法：讲授法、谈话法和讨论法。讲授法为通过语言表达，系统地向受培训的教师传授 GeoGeBra 相关知识，主要体现在为教师详细讲解 GeoGeBra 菜单栏、工具栏、指令等具体功能以及如何创建数学对象并对数学对象的属性进行设置。谈话法是与参加培训的教师进行问答，主要体现在如何使用 GeoGeBra 实现动态图象的制作以及 GeoGeBra 在具体数学问题中的应用，有效地提高参加培训的教师的学习热情。讨论法是所有教师共同进行讨论、探讨，分析 GeoGeBra 在具体数学教学中的应用，如何使用 GeoGeBra 来完成具体数学案例。

（二）培训形式

本次培训采用线上培训的方式，并且对每次的培训进行录像，在培训结束后可以发送给参加培训的教师，可以让教师们及时回看，查缺补漏，并可以及时提出问题，并在下一节课中进行答疑。

三、具体实施

（一）培训内容

本次培训的主要内容分别为 GeoGeBra 的简单介绍及安装、GeoGeBra 菜单栏功能介绍和使用、GeoGeBra 工具栏及指令的介绍和数学对象创建以及属性的设置、使用 GeoGeBra 制作动态图形以及分层显示数学对象如表 6-2 所示，培训中使用的案例资源详见附录三。

表 6-2　GeoGeBra 的培训内容

次数	培训内容	培训具体内容	教师的任务	学到的知识技能
第一次	信息技术与数学教学相融合的理论学习与交流	1. 培训的整体安排； 2. 信息技术与数学教学的融合； 3. 介绍 GeoGeBra 的功能及优势； 4. 下载并安装 GeoGeBra 软件； 5. GeoGeBra 经典案例赏析。	1. 教师分享在日常教学中信息技术的使用现状及存在的问题； 2. 下载并安装 GeoGeBra； 3. 简单熟悉 GeoGeBra 的基本操作。	1. 信息技术与数学教学相融合应遵循的原则； 2. GeoGeBra 下载安装的操作； 3. GeoGeBra 的整体功能及优势。
第二次	讲解 GeoGeBra 菜单、视窗、绘图区等的基本操作	1. 介绍并讲解 GeoGeBra 的菜单栏、代数区、绘图区等的基本操作； 2. 讲解如何进行视窗的选择； 3. 讲解代数输入的基本操作。	1. 了解并掌握 GeoGeBra 菜单栏、代数区、绘图区等的基本操作； 2. 会根据需要对视窗进行选择； 3. 能进行代数输入。	可以进一步使用 GeoGeBra 软件，并可以使用菜单进行简单操作，可以根据需要选择视窗。
第三次	GeoGeBra 工具栏、指令、数学对象属性设置以及其他视窗的基本操作	1. 讲解绘图区工具栏及基本指令的使用； 2. 讲解如何任意创建一个数学对象； 3. 讲解如何对数学对象的属性进行设置； 4. 简要介绍表格区、3D 绘图区等其他视窗。	1. 会使用工具或指令进行基本操作； 2. 可以任意创建一个数学对象； 3. 能对数学属性对象进行设置； 4. 简单了解 GeoGeBra 的其他视窗。	会使用工具或指令两种方法进行操作，可以任意创建一个数学对象，并且对数学对象的属性进行设置，了解 GeoGeBra 其他视窗及功能。

（续表）

次数	培训内容	培训具体内容	教师的任务	学到的知识技能
第四次	使用 GeoGeBra 制作动态图形以及分页显示数学对象	1. 动态图形的制作思路与过程； 2. 分页显示数学对象的制作； 3. 对汇总出来的问题进行解答。	1. 可以制作动态图形； 2. 可以制作分层显示数学对象。	学会了动态图形的制作以及分页显示数学对象。

（二）培训时间

本次培训的时间从 2021 年 1 月 22 号开始，培训共有 4 次课程，每次课程时间在 80 分钟左右。沈阳师范大学的陈丽敏和何立岩共同设计了 GeoGeBra 培训的方案，何立岩负责具体的培训课程的讲授以及材料的整理工作。

（三）培训的前后测设计

1. 培训前后测的设计

在培训前，为了了解教师的基本信息，教师是否使用过 GeoGeBra 以及使用 GeoGeBra 时存在的各种问题进行检测，并对教师的回答进行汇总。在培训后通过问卷调查教师参加培训后对 GeoGeBra 的掌握程度。

2. 培训访谈的设计

在培训前为掌握参加培训教师对 GeoGeBra 的了解程度，以及在数学教学中使用信息技术存在的困惑，对教师进行了访谈。使得培训可以更有针对性的对教师所需内容进行讲解。在培训后，对参加培训的教师进行访谈，可以让笔者能够了解到本次培训到达的效果以及不足。

四、培训的效果分析

本次 GeoGeBra 培训是为了提高数学教师使用信息技术的能力，并能将信息技术与数学教学相融合，可以在日常教学中使用 GeoGeBra 进行教学，调节课堂气氛，提高学生学习数学的兴趣以及解题能力。本次培训采取自愿报名，自愿参加的形式，且不设任何考核。在培训后对教师进行后测，调查教师对 GeoGeBra 使用的掌握情况，以及教师对 GeoGeBra 进行数学教学的建议和看法。

（一）培训前后测的分析

本次培训共有 23 名教师参加，在培训前对教师进行检测，发现绝大多数教师并没有使用或学习过 GeoGeBra，甚至大多数教师并未听说过 GeoGeBra。在培训结束后对教师进行了自我检测，通过问卷调查来了解教师对 GeoGeBra 的掌握程度，具体内容见下表 6-3：

表 6-3　教师使用 GeoGeBra 的情况分布

问题	各选项的百分比			
1. 您使用 GeoGeBra 创建数学对象的掌握程度	A. 能熟练使用工具栏和指令进行数学对象的绘制等工作 13.04%	B. 会使用工具栏或简单指令对数学对象进行绘制等操作 73.91%	C. 仅会使用工具栏绘制数学对象等操作 13.04%	D. 不会使用 0%
2. 您使用 GeoGeBra 设置数学对象属性的掌握程度	A. 能熟练地对数学对象的属性进行设置 13.04%	B. 会对数学对象的属性进行设置 60.87%	C. 仅会对数学对象的部分属性进行设置 26.09%	D. 不会使用 0%
3. 您使用 GeoGeBra 进行函数输入的掌握程度	A. 能熟练输入各种函数 17.39%	B. 会输入各种函数 43.48%	C. 仅能输入部分函数 39.13%	D. 不会使用 0%

（续表）

问题	各选项的百分比			
4. 您使用 GeoGeBra 制作动态图形时的掌握程度	A. 能熟练制作动态图形 0%	B. 会制作动态图形 43.48%	C. 在指导下完成动态图形的制作 56.52%	D. 不会使用 0%
5. 您使用 GeoGeBra 制作分页显示数学对象的掌握程度	A. 能熟练制作分页显示数学对象 8.7%	B. 会制作分页显示数学对象 30.43%	C. 在指导下完成分页显示数学对象的制作 56.52%	D. 不会使用 4.35%

通过表 6-3 我们可以得知，教师在参加培训后，在创建数学对象以及对数学对象的属性进行设置等操作的掌握情况较好，大多数教师都可以完成此类操作。在函数输入的掌握程度上来说，可以对大多数函数进行输入，有部分教师仅可以对部分函数进行输入，说明在指令功能的学习上，还有待提升，教师应多记忆和掌握更多的函数指令。而针对动态图形的制作以及分页显示数学对象的掌握，一半教师可以独立进行制作，还有一半教师需要在指导下才能完成，说明教师可以制作一些简单的动态图形，而对一些复杂的动态图形的制作，需要多加练习，熟悉 GeoGeBra 的各项功能，才能更熟练地制作动态图形。

（二）培训前后访谈的分析

1. 培训前访谈分析

在培训前选取参加培训的几位有代表性的老师，这几位教师分别为有 4 年教学经验的 S 老师、有 16 年教学经验的 F 老师、有 26 年教学经验的 K 老师，了解教师的基本情况，并提出问题，得到相应的结论：

在培训前通过访谈可以得知参加培训的教师大多都没有使用过 GeoGeBra，甚至许多教师没听说过 GeoGeBra，而参加培训的教师大多数都使用过几何画板。虽然教师认可几何画板在画图方面的优势，但是教师普遍认为几何画板的操作比较复杂，而且参加过几何画板的培训后，还是不能很好地使用几何画板，比如动态图形的绘制，也正是因为几何画板的操作较为困难的原因，所以在经过对 GeoGeBra 相关功能的了解后，教师们均有意愿学习 GeoGeBra，并且教师都希望能在数学教学中使用 GeoGeBra 来替代几何画板。

2. 培训后访谈分析

对参加完培训的教师进行访谈后得知参教师们都愿意在以后的日常教学中使用 GeoGeBra，并且一致认为 GeoGeBra 是一款有利于数学教学的软件，主要希望在函数教学、平面几何教学、直线与方程教学、动点问题教学等几个内容中进行使用，且 GeoGeBra 在动点问题上的教学得到了教师们的一致认可和好评。各位教师对培训的建议还是希望多学习一些函数指令以及动态图形制作方面的知识。

五、研究结论

GeoGeBra 培训有效地提高了教师使用信息技术的能力，提升数学教师的个人素质，这也符合新时代背景下对教师提出的要求，而将信息技术和数学教学相融合，也是数学教学发展的趋势。本次培训也希望教师在掌握 GeoGeBra 后，能将 GeoGeBra 应用到实际的数学教学中，并且可以采取师生互动的方式，培养学生使用 GeoGeBra 的能力，可以让学生独立使用 GeoGeBra 来解决数学问题，学习数学知识，提升数学解题能力以及数学学习兴趣。我们可以得出以下结论：

首先，参加培训的教师对信息技术在数学课堂中的应用均持支持态度，并且对 GeoGeBra 的学习抱有极大的热情，在培训中积极讨论，并提出自己对于 GeoGeBra 在数学教学中应用的见解及意见，并希望在数学教学中使用 GeoGeBra 来代替几何画板；

其次，在培训后，教师掌握了 GeoGeBra 的基本功能，会使用 GeoGeBra 创建数学对象，制作动态图形等，不仅体现了 GeoGeBra 功能强大、既有几何的图形表示也有代数解析式表达的优势，而且简单易学、方便操作的特点，教师的掌握情况较好。由此可见，GeoGeBra 适合在数学教学以及数学问题研究中进行应用，特别是动点问题的解决，深得教师的认可和赞许。

由上述结论中我们可以得出，通过本次的培训，教师学会使用 GeoGeBra，并能使用 GeoGeBra 来解决数学问题，并且愿意在日后的数学教学中使用 GeoGeBra，所以本次培训总体来说取得较好的效果。

参考文献

[1] 孔凡哲、张胜利. 中小学教研模式创新的思路与实践——"问题驱动、研训一体、共同发展"教研新模式实证分析 [J]. 中国教育学刊，2010（11）：73–75.

[2] 王建德. 以课例研究为载体，构建教、研、训一体的教师专业发展培训模式 [J]. 教师发展论坛，2012（9）：14–17.

[3] 张贤金、吴新建、叶燕珠、汪阿恋. 基于"课题研究"模式的化学教师培训改革 [J]. 中小学教师培训，2015（10）：15–18.

第七章 基于县域教研共同体的乡村教师专业发展的实践研究

第一节 县级教师进修学校促进区域内乡村教师专业发展的方法与途径

党的十九大报告强调，优先发展教育事业，办好人民满意的教育，要全面贯彻党的教育方针，落实立德树人根本任务，推进教育公平。推进教育公平的突出表现是推动城乡义务教育一体化发展，努力让每个孩子都能享有公平而有质量的教育。那么，就必须建设一支师德高尚、业务精湛、结构合理、充满活力的高素质专业化乡村教师队伍。为了实现这一目的，以县级教师进修学校为中心建设县域教研共同体是一条可行之路。但是县域教研共同体的建设要充分考虑当地的学校、教师以及学生的实际情况，探索适合本地实际情况的乡村教师培训策略和方法。下面是东港市教师进修学校基于东港市教师的实际情况促进乡村教师专业发展的方法和途径。

东港市的农村教育地域分散，存在教师流动性大、部分地区教育观念滞后、各乡镇教育资源不均衡等问题。东港市当前教师培训方式多样，但一些偏远村小和初中仍停留在以集体备课、校本培训等被动形式培训的水平，教师缺少自我提高的动力。这些现状说明，需要探索研究如何利用和发挥已有的教科研成果，解决新时期新常态下的问题，探索出信息时代、网络生活中的乡村教师培训模式。那么，县级教师培训机构如何提高区域内乡村教师专业化水平？为解决这一新时期的新命题，东港市教师进修学校利用该市"三级研训网络"的基础平台，发挥区域"联合体"在师资培训中的有效作用，以进修学校为龙头，分别以小学教研部、中学教研部的部分学科为主线，选择 10 所中小学基地校，以研训"一体三化"为指导理念，在横纵两个维度上开展了 3 个乡村教师培训的实践研究。

实践研究之一：新常态下农村学校教师培训模式的实践研究[①]

一、新常态下农村学校教师培训模式的内涵

新常态下农村学校教师培训模式是指立足教师进修学校现有师资的培训条件，以"三级研训网络"为平台，基于区域联合体，通过研究培训方法和途径提高培训的效率，建立新常态的培训模式。

二、新常态下农村学校教师培训模式的特点

（一）以研训"一体三化"为指导理念

新常态下农村学校教师培训模式的一体是指研训一体，即，教研与教师培训一体；三化是指研训问题化、问题课题化和课题课程化。

（二）建立三位一体的研训支持体系

三位一体的研训支持体系是指教育行政部门进行行政干预，研训部门开展业务支持，学校的校本研修促进教师的自我发展。

（三）基于教研网络开展多样化教师培训

新常态下农村学校教师培训模式以市级—联合体—镇级的大三级研训网络和乡镇—校际—校内的小三级研训网络为支撑，针对不同类

---

① 本案例由东港市教师进修学校高德山校长提供。

型的教师开展多样化教师培训，例如，对乡村青年教师开展名师跟进式培训，对于全部教师采用拉大网式全员提升式教研，以及沙龙式教研式的常态自我培训。

（四）以课题研究为载体

新常态下农村学校教师培训模式中，教师广泛开展小课题研究，保证人手一个小课题，课题的管理采用中心校—村小—教研组三级管理模式，在课题立项上注重围绕中心校大课题逐级展开，让教师的研究方向相对明确，集思广益搞科研，形成合力解决问题。根据教师的课题研究过程中产生的困惑开展系列培训，之后，教师进修学校将每个学科的系列化培训汇成了教师进修学校的校本培训课程。

三、新常态下乡村教师培训模式的实践

（一）开展乡村全覆盖远程网络培训工程

从东港市教师发展现状出发，以适应本地教师专业发展的特点为宗旨，以切实促进广大农村教师全员、全学科的培训提高为目标。东港市教师进修学校依托全国中小学教师继续教育网，在东港全市范围内开展中小学教师"全覆盖"远程培训，采用预设引领、岗位实践、网络支持、活动生成、网络研修贯通紧密结合的培训模式，依托继教网研修平台和学员的岗位实践完成整个培训过程。以教师进修学校为龙头牵动，分别以小教部、中教部两个主线开展活动。两小教研部的各科教研员分别负责本学段本学科的相关研究任务。培训形式以专题课程学习与研修活动相结合，理论知识掌握与岗位实践相结合。课程内容包括预设性课程和生成性资源两部分，充分激活优质专家资源，各学校按照方案，结合实际情况、挑选课程内容，组织教师在规定的时间段内完成培训学习。

1. 培训实施流程及课程内容

（1）选择课程

培训内容以专题课程学习与研修活动相结合，理论知识掌握与岗位实践相结合。包括预设性课程和生成性资源两部分。根据培训目标和要求，预设性课程内容主要围绕学科核心内容教学展开，共分三个模块：专业理念与师德、学科核心内容教学策略、听评课与校本研修。各学校按照方案，结合实际情况、挑选课程内容，组织教师在规定的时间段内完成培训学习。覆盖了小学九个学科和初中十三个学科所有课程内容。远程培训课程表 7-1、表 7-2 所示：

表 7-1　小学语文课表

维度	模块	专题	类型	学时
师德修养与心理健康理念	师德修养	师德标兵谈师德——用心浇花花更艳	专题讲座案例评析	6
	心理健康理念	《水知道答案》的启示——解析教师角色与职业幸福	专题讲座	2
	主题活动	我身边的师德案例	在线交流	——

（续表）

维度	模块	专题	类型	学时
专业知识与专业能力	学科同步教学问题与解决策略	故事会，诠释名人——小学语文故事会教学问题与课例观摩	课例观摩课例评析	6
		我乐学，我乐背——小学语文课文背诵教学问题与课例观摩		6
		想说、会说、乐于表达——小学语文口语交际对话的教学问题与课例观摩		6
		应用文，最实效——小学语文应用文写作教学问题与课例观摩		6
		会读乐读，关注理解——小学语文理解性阅读的教学问题与课例观摩		6
		走进古诗 体会意境——小学语文写景抒情类古诗的教学问题与解决策略		6
		写好人物，描绘特征——小学语文习作教学问题与课例观摩		6
	高效课堂	高效课堂导学案设计	专题解析	4
		"重学"理念下的高效课堂实施策略		2
	主题活动	主题：教师如何经营高效课堂	在线交流	——
	信息技术变革课堂教学	技术支持的小学语文课堂导入	专题解析课例观摩	6
		技术支持的小学语文学生技能训练与指导		6
	主题活动	基于信息技术的一节教学设计	在线交流	——
校本研修	校本研修	校本研修的组织和管理	专题解析案例评析	6
		校本研修中的信息技术应用与教研探索	专题讲座案例评析互动对话	6
总学时	80 学时			

表 7-2　初中数学课表

维度	模块	专题	类型	学时
师德修养与心理健康理念	师德修养	师德标兵谈师德——用心浇花花更艳	专题讲座案例评析	6
	心理健康理念	《水知道答案》的启示——解析教师角色与职业幸福	专题讲座	2
	主题活动	我身边的师德案例	在线交流	—
专业知识与专业能力	学科同步教学问题与解决策略	初中数学"整式的加减"教学问题解决与课例观摩	课例观摩课例评析	6
		初中数学"圆"教学问题解决与课例观摩		6
		初中数学"分式方程"教学问题解决与课例观摩		6
		初中数学"二次函数"教学问题解决与课例观摩		6
		初中数学"等腰三角形"教学问题解决与课例观摩		6
		初中数学"从算式到方程"教学问题解决与课例观摩		6
		走进朱航老师《勾股定理》课堂		6
	高效课堂	高效课堂导学案设计	专题解析	4
		"重学"理念下的高效课堂实施策略		2
	主题活动	主题:教师如何经营高效课堂	在线交流	—
	信息技术变革课堂教学	技术支持的初中数学课堂导入	专题解析课例观摩	6
		技术支持的初中数学学生技能训练与指导		6
	主题活动	基于信息技术的一节教学设计	在线交流	—

（续表）

维度	模块	专题	类型	学时
校本研修	校本研修	校本研修的组织和管理	专题解析 案例评析	6
		校本研修中的信息技术应用与教研探索	专题讲座 案例评析 互动对话	6
总学时	80学时			

（2）预设性课程学习

组织学员采取在线分散学习的方式，通过网络培训平台自主学习专家专题讲座，进行拓展阅读，并通过在线交流研讨、发布研修日志等方式促进深入思考，为自身工作实践中的困惑彻底解决储备更多元的理论、知识与方法。

（3）网络研修

班级学员可以在自己的研修工作室内根据自身的需求开展研修活动，上传研修成果，并可邀请其他学员加入一起探讨交流。

（4）岗位实践

辅导教师将学员共同关注的问题发布在班级论坛上并组织开展交流研讨活动，学员在此过程中集思广益，激发自己融智创新的能力，并将研修成果运用到教学实践当中转化成自己的教学经验。

2.培训组织与管理

（1）组织管理

该项目是在东港市教师进修学校领导下，由教师进修学校的中教部、小教部、师训部门与继教网联合组织实施，继教网成立项目办公室，各中小学全力配合共同完成培训任务。通过及时有效的组织管理和培训保障，切实加强培训过程的支持和管理力度，确保培训项目顺利实施。

（2）专业指导

该项目构建了项目专家团队、课程专家团队、班级辅导教师团队三级远程培训指导团队，各团队的人员构成和主要职责如下：

项目专家团队由项目方案设计、资源建设、网络技术、项目管理等方面专家组成，主要工作职责是指导项目方案策划，依据培训方案，组织开发课程资源；指导项目主题研修活动的组织与开展；指导项目过程管理与培训质量监控，确保项目实施与目标实现。

课程专家团队由国内知名理论专家与实践专家组成，其中理论专家团队由高校与科研部门的教授、专家组成，侧重专业理念、理论与思维方法等方面的引领；实践专家团队由特级教师、教研员等一线专家组成，侧重教学方法、教学经验、实践等方面的引领，主要职责是开发网络课程，举办专题讲座，实施课程教学；通过网上论坛、视频答疑等形式为学员答疑解难，及时扫除学习障碍；支持、指导辅导教师搞好培训辅导。

辅导教师团队由教研员及一线优秀骨干教师组成，配合专家团队侧重在线学习一般问题辅导与教学活动组织，主要职责是进行班级活动的全程管理，确保学员的参训率、学习率和合格率；组织开展线上线下各项研修活动；指导学员学习，进行作业批改和优秀作业推荐；编制班级简报，建设班级文化；优化学风，创造合作学习、奋发向上的良好氛围；与继教网项目组和东港市教师进修学校保持密切联系，配合项目组做好各项工作。

（3）支持服务

培训期间提供平台实时监控服务，保证系统运行稳定；提供专业系统的各层次技术培训，保证各角色顺利使用平台；制定专门的应急预案，对突发情况做到快速有效应对，确保培训的顺利实施。30名咨询服务专员组成继教网呼叫中心，通过400热线电话、在线客服、feedback 邮箱、QQ 等多种用户咨询渠道，提供 7*24 小时咨询服务。实行"首问责任制"，及时解决学员在培训过程中的各种问题，保障培训质量。

实践研究之二："名师领雁"工程 [①]

"名师领雁"就是发挥区域内优势教育资源的"头雁"作用，潜移默化地影响"群雁"成长，使教师成为思想上具有高尚师德、理论上具有先进教育理念和丰富理论知识、实践中具有扎实的教育教学和教学管理经验的知名教师，是以打造东港高层次教师人才队伍为目标的项目。

一、确定领头雁

"名师领雁"工程通过遴选东港市名师工作室来确定领头雁。名师工作室是教育局认定的，以教师姓名命名的学术研究团队，由同学科的东港市名师或五星级班主任、骨干教师共同组成，是集教学、教科研、培训于一体的合作体。名师工作室由市教育局批准和授牌，实行教育局、教师进修学校、教师任职学校三级共建，按照属地管理、服务教师的原则由教师进修学校和名师任职学校进行常规管理。名师工作室由工作室主持人和工作室成员组成，采取"1+2+2"的模式组成合作体。"1"是一名名师（五星级班主任），"2"分别是指本校同学科两名骨干教师和附近学校的同学科两名骨干教师。

通过建立工作室职责，促进工作室建立常规的、系统的工作体系。名师工作室成员要在师德方面率先垂范，通过言传身教帮助同学科教

---

① 该案例由东港市教师进修学校高德山校长提供。

师提升学识水平和师德修养，增强职业认同感和荣誉感；承担东港市级教师的培训和指导工作，并按教育局的要求参与本地区教师培训和校本培训工作；参与制订本学科教师专业发展计划，通过集体备课、双向听课、说课评课、案例分析、课程开发和巡回讲座等形式，引导教师专业提升；开展教育教学课题研究，完成丹东市级及以上骨干教师培训的委托课题研究，每学年应至少完成有较高质量的研究报告、专业论文或专业著作各一篇；发挥名师的教学示范和辐射作用，每学期开展一次教学活动周，向校内外教师开放；开发、整合教育教学优质资源，结合新课程实施，根据本学科特点和本工作室目标系统地建立教育教学资源库，使之成为工作动态发布、成果辐射推广和资源生成整合的中心，通过互动交流，实现优质教育教学资源的共享。

二、培训领头雁

落实名师集中培训制度，由于名师平时分散在各自工作岗位互相研讨不方便，集中培训不仅是一种学习又是一种研讨，让名师在这样的环境中不断碰撞思维、提升素养。

东港市组织首届名师赴北京师范大学培训。50 名学员走进北京师范大学，开始了为期一周的学习之旅，培训期间，全体学员全程聆听了北京师范大学的 8 位知名教授、专家的课程。课程内容丰富，涉及高效课堂、教育科研、名师成长、专业发展等不同领域，专家讲解高屋建瓴，体现了国内目前教育研究的最新成果，对名师有着极好的引领作用。课堂上专家讲得精彩，名师们学得投入，人人思维活跃，小组讨论、问题抢答、个别提问，形式多样。名师参与度高，既积极思考又敢于袒露自己最真实的想法与做法，真诚与专家互动，大家普遍感觉收获很大。每天课后，所有名师抓紧一切时间，将当天的学习收获与反思及时记录下来。学习期间，每位名师均写出了 5 篇千字体会。

东港市教师进修学校组织了东港市名师工作室教师赴大连参加"雷夫中国行"学习活动。本次活动全市共有 70 名教师参加了研修学习。三天的学习活动，教师们分别聆听了纽约州立大学 Albany 分校教育学院博士陈静萍所做的《全球最领先的教育理念及教学方法——"数课"》、山东省昌乐一中副校长张福涛所做的《推进翻转课堂的实践与感悟》、美国最有趣、最有影响力的教师雷夫·艾斯奎斯所做的《坚韧不拔：我是如何从事教育工作 30 年后仍然保持教育激情和教育成功》的报告。学习期间，名师经历了头脑洗礼进而达到理念的回归，每个人都收获颇丰，感触极深。教育专家的理论讲座，方向明晰；雷夫老师的交流研讨，分享智慧，感悟真谛。老师们按捺不住内心的感慨，听讲座之后，当晚在大连召开了交流会，纷纷抒发自己的学习感慨。

通过一系列学习理论、对话名家、问题研讨等形式，使名师零距离感受教育专家的魅力，体验教育先进地区名校的课堂教学文化，掌握了更多的教育前沿新思想、新信息，体会了现代教育理念与教育改革创新意识，增强了自身的远见卓识，提升了自身的道德修养和专业素养。

东港市教育局还专为名师购买了配套的学习书籍，如：《魏书生与民主教育》《做最好的自己》《把班级还给学生》《影响老师一生的 100 个好习惯》等，名师可根据自己的需要选择阅读。

三、放飞领头雁

名师结合自身实际，有针对性地选择学习机遇、学习途径，学校为名师学习提供一切保障。几年来，名师们自主选择先后现场聆听了北师大教育学院院长陈锁明的讲座、钱志亮教授的讲座、赵德成教授的讲座、朱志勇教授的讲座等等。还有部分教师到北京、上海、江苏、山东、沈阳、大连等地的学校实地考察学习。这样的学习活动是东港市中小学教师培训工作在培训模式上的又一次创新，也是名师培训实施"走出去"战略的又一次积极探索。通过学习活动，使名师们深刻认识到：教师职业的确是一项非常特殊的职业，要达到真正的卓越是要做出牺牲的，不仅要积累丰富的经验，名师也需要从错误中吸取教训。作为一名教师要站在新的历史起点上，在前行的道路上不断获取正能量，要学会在研究中工作，在工作中思考，在思考中感悟，在感悟中提升，在提升中不断释放自己的教育智慧，做一名热爱教育、坚守教育的好教师。

四、展示领头雁

名师成为领头雁，那么，如何发挥领头雁在教师培训过程中的示范引领作用促进东港市区域教师专业化发展？

首先，我们用名师介绍专家，再用名师与专家同台讲学的方法来丰富教师培训模式。通过名师走出去带回来的信息，在名师的介绍下，几年来教师进修学校先后聘请了北京教育学院兼职教授、全国优秀校长、北京小学大兴分校张景浩校长，全国优秀班主任、北京市房山中学隋金枝老师，河北廊坊师范大学最年轻的教授刘银花、河北师范大学方明教授、人教社总编辑助理赵占良教授、辽宁省基础教育研究中心李晓梅主任、冯旭洋博士、铁岭教师进修学院英语教研员、国家级优秀教师刘海霞等省内外专家来东港讲学，沈阳师范大学的陈丽敏博士和曲端老师与东港的丁盛珍、曲永华两位名师直接联系为东港的教师做培训。

其次，名师还积极承担校级、东港市级培训任务及联合体教研会的组织管理工作。几年间名师们先后做过：《小组合作学习的鼓励机制》《如何引导学生自学，把课堂换给学生》《我不再做班级的大班长》《教师幸福地成长》等专题辅导。东港市级的师德培训、新任教师培训、青年教师培训、骨干教师培训、学科教师教材教法培训等都有名师的身影。名师还结合自身学习与实践"送培到校"做讲座。辛萍先后到东港市长山中心小学等校做培训、姜葵葵先后到新农中心小学等校做培训、丁盛珍先后到东港市前阳中学等校做培训、董声津先后到柳林中学等校做培训等等。

有了名师的引领，通过教师进修学校教研员的组织，东港市形成了教师进修学校、教研联合体、基层学校三级研训网络，把共性问题凝结成课题，在区域内开展研究。教师个人每学期确定一个课题进行深入研究，研后及时整理，力求能够取得研究成果，并能在区域内有应用推广的价值。为推进东港市中小学教师的课题研究活动，充分发挥课题研究在教育教学、教师专业成长以及学校内涵发展中的指导作用，上报备案的小课题小学有983个，初中有652个，评选出优秀课题229个。东港市级立项课题35个，丹东市级立项课题23个，省级课题9个，国家级课题3个，每个名师均有领衔的课题。

有了大众研究的基础，教师进修学校"十二五"为教研员新购买了12万册电子图书，6万元的文本图书，教研员自我充电后，教研员的工作重心侧重"研"到"训"。各学科根据本学科教师课题研究的实际情况，征求名师意见，每学期选择两个共性的课题作为培训课程进行培训，汇总小学9个学科，中学12个学科的培训课程，21个学科每个学科的系列化培训汇成了教师进修学校的校本培训课程，使参训学员更深入理解所研究的课题，达到了解决问题的目的。一个问题一个问题的解决，提升了教师课堂教学的驾驭能力，使东港市教师实施新课程的教育教学能力有了整体提高。通过教研问题化、问题课题化、课题课程化的"三化"研训，激发了教师参与研训的积极性，通过教研员、名师领衔的课程培训，聚合集体智慧，提升了研训工作效率，实现了东港市乡村教师整体的专业化发展。

五、增加领头雁

增加领头雁的数量，最终实现"大雁齐飞"是该实践研究的目标。东港市已经确定了 10 名领头雁，培养了 80 名候选人选，正在用 80 人带领 400 人，最终实现 400 人带领 4000 人，实现每个领头雁带 100 名教师的目标。

"一枝独秀不是春，百花齐放春满园"，领头雁的引领已经培养了更年轻的一代名师。如：王秀华的《教师从爱做起》、于传波的《不抛弃、不放弃每一个学生》、毕慧美的《提高教师专业素养才能提升驾驭课堂能力》等都是在千人以上培训会上做的专题培训，均受到了受训教师的好评。发挥名师的领头雁作用，通过名师示范引领机制，营造学习氛围，推动新生代力量作为领头雁，带动乡村教师迅速成长，成为教育改革、科研创新的促进者和实践者。

实践研究之三：实施精准教研提高区域教学质量实践研究 [①]

东港市是一个以农村为主的县级市，有 112 所小学，其中有 8 所城镇小学，104 所农村小学。农村小学中有 20 所乡（镇）中心小学，84 所村小。从小学整体的发展状况看，存在着城乡教育发展不均衡、乡（镇）内中心小学和村小教育发展不均衡的问题。精准教研是承认差距、找准问题、发现差别，根据薄弱学校和教师的具体问题，有针对性地研究解决问题的实践活动。

一、精准教研目标和意义

通过实施精准教研，促进教师队伍建设增强新活力，促进教师专业发展取得新成果，促进教育教学质量实现新突破，促进学校管理水

---

① 本案例由东港教师进修学校高德山校长提供。

平实现新提升，促进校园文化建设提升新层次，促进学校办学特色形成新品牌。

二、精准教研的基本内容

精准教研的主要内容是指精准确定教学质量优质学校和薄弱学校，精准确定教学质量突出的名师和薄弱的教师，精准确定学校教学质量和教师教学质量薄弱的原因，精准解决学校短板和教师短板的教研策略，精准提高学校教学质量和教师教学质量的应对方法。

精准教研研究重点有两个方面，一是对教师备课、上课、作业设置及批改、辅导、单元质量监测等常规工作进行系统的培训与指导，提高教师业务能力；二是对学生课堂、单元学习情况进行适时监测，了解教学目标达成情况，及时反馈矫正学生学习中出现的问题，提高学生的学业成绩。

三、精准教研的研究思路

精准教研的研究思路是以联片教研和集体备课为纽带，建立完善学校之间、教研组之间或备课组之间合作研讨制度，以解决教学一线问题、提升教师专业水平，多维度促进教师专业成长。充分整合名师资源，通过多种形式，共同开展学术论坛、教学沙龙、教学业务培训和课题研究活动，交流先进教育理念、教学方式和科研方法，提升教师业务能力。学校间要逐步同步教学质量监测、反馈系统和过程管理体系，加强各学科的质量过程管理合作，特别是在教学进度把握、教学过程管理、教学质量检测等方面的合作，定期或不定期地开展教学质量的监测和分析，做到"调研共同进行、问题共同分析、措施共同研讨、质量共同提高"。充分发挥、整合各校资源优势，提高教师课程开发意识和科研能力，培养学生创新精神和实践能力，促进质量提升。

四、1+3 模式的精准教研的整体架构

"1"是薄弱学校,从 28 所小学中精选四所薄弱学校,分别是小甸子中心小学、长安中心小学、新立学校、黑沟学校。以薄弱学校为本,遵循"基于学校的现状、为了学校的发展,在学校中开展研究"的原则,充分挖掘薄弱学校的优质资源,以学校的常规教学为抓手,着力于教师业务能力的整体提升,提高学校的教育教学质量。

"3"是联合三个方面的外援力量。第一方面是教研员实施专业引领,小教部选取三个学科教研员负责四所试点学校三个学科的常规教学诊断、指导、培训、监测、管理。第二方面是名校实施对口援助,薄弱学校派教师到名校影子培训、参与教研活动、共享信息资源。第三方面是名师实施能力提升。三个学科按年级共推荐名师 16 人,名师分学科分年级建立 QQ 群或微信群,指导试点学校各年组教师的备课、上课、作业设置及批改和辅导中的具体问题。

五、"精准教研"实施步骤

(一)第一步,全面摸底,精准选题,确定目标

全面了解学校现状,以问题为导向确定工作目标:一是帮扶补短板,这是"精准教研"的初心;二是打磨出精品,发现典型、打磨精品,做强做优"精准教研"。针对部分学校实际问题精准提出切实可行的实施策略或改进方案,选取部分优质学校挖掘学校特色优势帮助设计特色化建设方案,形成"一校一案""一科一案"。

第一,帮扶补短板。从东港 20 所农村小学中精选四所教学质量综合排名靠后的学校作为试点学校,分别是小甸子中心小学、长安中心小学、新立学校、黑沟学校。以试点学校为本,遵循"基于学校的现状、为了学校的发展,在学校中开展研究"的原则,充分挖掘试点

学校的优质资源，以学校的常规教学为抓手，着力于教师业务能力的整体提升，提高学校的教育教学质量。

第二，统筹规划。学校领导对精准教研给予高度重视，成立了精准教研专项课题组，教师进修学校校长亲自挂帅，指导小教部制定了精准教研实施方案，各学科制定了学科落实精准教研方案的计划，从全市精选了参加精准教研活动的各年级带头名师共16人。四所试点学校领导对这次活动也给予高度重视，迅速成立了以校长为组长，各业务领导为成员的精准教研领导小组，各学科安排专门领导负责。明确责任，保障"精准教研"的各项活动有力开展。在进修学校总体实施方案的指导下研究制定了试点学校的精准教研实施方案，召开了全体教师会议，进行动员部署，要求参与教师认真学习，勇立潮头，争做精准教研先进个人。

第三，精准引领。由于薄弱学校领导思想负担比较重，觉得试点学校就意味着落后。教师思想负担也比较重，认为教研员来的这一周都将处于紧张状态。基于这种现状，教师进修学校决定在每所试点学校召开启动仪式，做好领导、教师的思想动员工作。启动仪式共有六项内容：第一项是解读精准教研实施方案；第二项是解读学科精准教研实施计划；第三项是优质学校推介；第四项是名师代表发言；第五项是试点学校校长表态发言；第六项是总结讲话。启动仪式让试点学校领导教师真正认识了精准教研的实践价值，对实施精准教研的重大意义有了深刻的理解。

第四，全面摸底，定准目标。小教部选取三个学科共五名教研员负责四所试点学校三个学科的常规教学诊断、指导、培训、监测、管理。进修学校高校长对教研员进行了专门的业务培训，要求教研员抱着与基层教师相互学习取长补短的心态扎扎实实搞好调研和指导。教研员深入课堂之中，指导老师的备课，上课等活动，对教师存在的问题做专业性的指导。两个月的时间到校蹲点指导四周，共听课 160 节，上示范课 11 节，专题辅导讲座 20 次，测试学生 841 人。

通过摸底调查，发现的主要问题有：教学目标确定不准；教学重难点不突出，教学内容贪多求全；课堂教学效率低；方法策略选择不当；阅读教学效率不高。阅读教学所花的时间、师生所投入的精力与期望学生具备的语文能力不成正比，费时多而收效甚微。根据问题确定下一步的工作目标有以下三点：规范教学常规有效落实，提高课堂教学效率；开展团队研修行动研究，提高教师教学能力；监测反馈学生学习情况，提高教育教学质量。

（二）第二步，以校本研修为依托，专业引领，沉浸式跟踪指导

首先，课题实验校以校本教研为依托，以常规教学为主要内容，把教学研究成果应用到日常教学工作中，规范教师的日常教学行为，提升教学能力和水平，做到既提高质量，又不过于加重师生课业负担。两年来共开展精准教研大型活动 34 次，参与教师达 993 人次。小教部数学、语文教研员，深入申报精准教研的学校进行常规教学诊断、指导、培训、监测、管理。

其次，实施专业引领。精准教研是承认差距、找准问题，根据薄弱学校和教师的具体问题，有针对性地研究解决问题的实践行动。在语数英三科教研员为期一周的蹲点式精准指导下，各校的校本教研活动也围绕这一主题开展起来。各位班主任及语数英教师均积极参与备课、磨课、同课异构等教研活动，对于教研员培训内容，认真记录，深刻领会，甚至晚上在网上和教研员进行疑难问题的沟通交流，在欣赏了名师的送教课以后，更是积极反思自身问题加以改进，深入实践所学内容，提升自身业务能力。

最后，对薄弱学校采取沉浸式跟踪指导，来保障研修成果的有效落实。精准教研共走了 23 所学校，听课 204 节，其中数学课 92 节，

语文课 112 节，组织开展年组研讨交流活动 100 多次。召开领导座谈会 13 次。每个座谈会上，各学科教研员把听课情况汇总向学校领导汇报交流，尤其是针对课堂教学存在问题提出的改进建议对基层学校有很好的指导作用。课堂教学展示汇报、优质课达标验收、主题研讨等多种形式的研训活动，促进了学校整体教学水平的提升。

从东港教师进修学校的系列乡村教师培训的实践研究案例我们可以看出县级教师进修学校在乡村教师培训中扮演着重要的角色，打造县域教研共同体，基于县域教研共同体开展乡村教师培训是乡村教师专业提升的重要途径。在培训的过程中，东港教师进修学校总结了一些具体乡村教师培训的方法和策略，例如，以"三级研训网络"为平台，基于县级教研共同体，建立新常态的培训模式；充分发挥名师工作室的辐射引领作用；全面调研、精准把脉薄弱学校和教师教学中存在的主要问题，对学校教学质量落后的原因和教师教学质量落后的原因进行分析，根据学校和教师短板，制定提高乡村学校和教师教学质量的精准教研策略。

第二节　县域教研员促进郊区青年英语教师专业发展的实践研究

在县域教研共同体的构成中，一些项目的整体性规划与设计一般来源于教师进修学校的整体安排，但是日常的教师培训与指导来源于学科教研员为中心的教研共同体，它是以教师进修学校为中心的县域教研共同体的重要组成部分，通过学科加以区分和建构，一般由学科教研员负责，各学校的骨干教师以及青年教师构成，主要承担学科内的教师培训以及跟踪指导，以解决学科教师教育教学中遇到的实际问题为主。下面以沈阳市苏家屯区教育研究中心英语教研员李秀荣老师提供的案例加以说明县域教研员促进郊区青年英语教师专业发展的策略和方法 ①。

一、问题提出

苏家屯区地处沈阳市郊区，教师队伍结构不均衡，男女比例失调，队伍老龄化现象严重（40 岁以上的教师占整个教师队伍的 69.3%）；受社会大环境的影响，过去老教师的传帮带作用与形式逐步流于形式；英语教师处于郊区或农村地区，资源有限；教师团队意识较差、研究氛围不浓；74% 的学校地处农村，办学规模小，教师少并呈散兵状态，各自为战，畏难情绪较多，思维懒惰，这些不利于英语学科良好的研修团队的建设；教师寻证意识差，经验教学处于主导地位，评价单一，教师没有真正走进科研当中进行实实在在的摸索与实践，没有在以研促教中尝到甜头；青年教师由于工作经验有限，在有效开展利于教学目标达成的教学活动、科学进行教学设计、面向全体、调动学困生及学习兴趣等方面亟待提高。因此，苏家屯教师进修学校的英语教研员李秀荣为核心的研修小组深入基层乡村学校，指导校本研修活动的开展，提升青年教师的执教能力和专业素养。

二、校本研修的定义与特点

校本研修是以学校为基点，一线教师参与解决学校内部的与教学有关问题的研修活动；是一种"从学校中来，到学校中去"的活动。学校出现的问题是培训的起点，培训的归宿是这些问题的解决。因此校本研修是以解决教学实际问题为核心，以课例作为载体，以行动研究作为主要研究方法，优化教学行为作为归宿的一种研究活动。

作为一名学科教研员，在校本研修中的角色不再是问题解决者，

---

① 该案例由沈阳市苏家屯区教育研究中心初中英语教研员李秀荣提供。

而是问题解决过程中的参与者、合作者、引导者。以学科教研员为核心成立研修小组、建立县域教研共同体，开展校本研修活动，解决学校教育教学的实际问题，促进了乡村教师专业发展。

三、郊区初中英语青年教师执教能力提升路径

（一）深入调研，确立研修目标。

青年教师年轻、有朝气、干劲十足，但是他们的课堂有的华而不实，有的杂乱无章，有的手足无措，研修小组走进校本研修实验点校青年教师的课堂进行实地调研，发现问题主要体现在：教学目标达成有效性差；教学节奏把握不到位；教学环节过渡不自然，各任务间的衔接缺乏有效性；写作教学只布置一个题目让学生去写，不会指导过程性写作；对学生的反馈不能做出及时合理的评价。在课后与他们的交流中，发现他们的困惑主要体现在：如何把教师储备的知识更好地传授给学生，完成教学目标；如何帮助学生深挖文本提取有效信息，促进写作目标的达成；如何做有效的课后反思及如何在与学生进行有效互动中，提高学生的学习兴趣。

研修小组根据深入课堂和交流访谈汇总的结果，确立研修的总目标：基于课例研修解决教学中师生如何融洽交流和教学环节过渡自然、有效，促进教学目标有效达成；以"写作教学"为载体进行课例研究，提升写作教学质量，促进教师成长。

（二）基于课例开展校本研修

1. 学习理论，明确研修内涵。

苏家屯区成为沈阳市四大校本研修基地之一，175中学、69中学、姚千学校被确定为区级示范校。这一举措给了教研员很大的动力，同时也面临着一个巨大的挑战：校本研修之初各校主持人是懵懂的，各校有经验教师是反对的，他们认为校本研修就是一如往常的教研活动，

只是教研活动又换了一个词而已，既是花架子，没有实际作用又浪费时间。青年英语教师面对新兴事物很感兴趣，但是不知道从哪里下手，如何来操作。为此研修成员深入到大连甘井子区、沈阳市市级校本研修示范校进行实地考察，在理论上教研员和各校主持人采取自行先学的办法，然后与研修小组成员交流、切磋。通过后来的实践，全体研修成员一致认为这个过程很关键，虽然花费的时间很多，但是如果没有前期的学习、研讨、论证和确立方向，后期的实践就会走很多弯路。

2. 确立研修主题，开展课堂观察

在这个阶段，研修小组各校根据实际情况，在大主题"提升青年英语教师执教能力探索"下确立研修小主题，如姚千学校"通过动词积累—理清结构—分层写作，提升农村初中学生英语写作能力"；175中学"通过教学环节的自然过渡，提升学生的学习效率"。其中在175中学的校本研修中，由青年教师牛老师代表研修小组执教，以上海教育出版社八年级（上）教材配套练习册 M3U6 Reading C & Writing（P91-92）作为载体，在经过教研员和研修小组成员的几次交流、牛老师代表研修小组做《通过教学环节的自然过渡，提升学生的学习效率》课例展示观察量表初稿如表 7-3 所示。

英语校本研修课堂观察量表（初稿）

研修主题：通过教学环节的自然过渡，提升学生的学习效率　　授课内容：上教牛津英语练习册八上 M3U6 Reading C&Writing（P91-92）

时间：_____　　　　授课教师：_____　　　　观察记录教师：_____

维度	观察点		具体内容	观课记录	评价与建议
核心策略	1.策略设计		教师在教学中运用了哪些过渡方式？		
	2.运用时机		教师在什么时间使用了这些过度方式，时机是否得当？		
	3.操作方式		学生是否为环节过度的参与者？		
课堂实施	1.教师活动		教学过程中是否产生了生成性问题，教师是如何处理的？		
	2.学生活动	师生互动	教师布置任务后，学生的即时反应如何？		
		生生互动	在小组合作探究中，学生之间是怎样明确任务的？参与度如何？		
目标达成	1.教学目标		教师是否通过教学环节的自然过度，提高了学生的学习效率？		
	2.学习效果		学生是否能了解教师的意图，顺利完成教师布置的任务？		
	3.情感目标		环节间的自然过渡是否起到了提高学生学习兴趣和课堂参与度的目的？		
	4.教学创新		本节课中有哪些亮点？		

表 7-3

在牛老师进行第一次试讲之后，研修小组根据课堂观察量表初稿的观察记录进行再次研修发现：观察量表中观察维度太空，太大，观察点的设计不具体，指向性不强，老师们操作起来无抓手，课堂实施环节的具体内容设计似乎适应所有课型的英语课堂，同时在评价环节容易出现一些流于形式的空评，失去研修的意义。于是研修小组又经过自磨、二次试讲、二次研修、三次自磨、三次研修，最终确立了观察量表终稿，如表7-4所示。

英语校本研修课堂观察量表（终稿）

研修主题：通过教学环节的自然过渡，提升学生的学习效率　　　　授课内容：上教版牛津英语八上 Reading for Writing

时间：_____　　　　授课教师：_____　　　　观察记录教师：_____

	表现形式	观察点	观课记录	评价与建议
预设研修策略	1. 设疑法	1. 教师在环节过渡中设置了什么样的问题？ 2. 学生参与度如何？ 3. 教学环节过渡是否自然流畅？		
	2. 归纳法	1. 教师在环节过渡中使用了哪些总结性的话语？ 2. 学生能否即时理解教师的意图？ 3. 学困生如何理解教师的过渡语，进而参与到教学活动中？		
	3. 激励法	1. 教师在环节的过渡中使用了哪些激励性的话语？ 2. 是否提高了学生学习的积极性？具体表现是什么？		
	4. 图片法	1. 哪些环节的过渡是通过老师展示图片实现的？ 2. 图片能否帮助学生更好地理解学习任务？具体表现是什么？		

表 7-4

从观察点设计的具体内容中我们可以看到：老师们在研修中抓住了教学环节如何自然、合理、有效过渡或生成到下一环节教学活动以及为什么要采取这样的过渡方式作为观察点，这些是老教师和新教师们共同智慧的结晶。以课例为载体的课堂观察，解决了青年教师们的一大难题：青年教师在教学中很怕学生不会，过渡语言长而繁，不适合初中学生的认知水平；青年教师在完成教学任务时，不会教学环节过渡，每一个教学环节各自为战，导致一节课呈现出碎片化、割裂式存在。初次小试牛刀的研修过程使整个研修小组觉得比平时的教研活动有实效性，但是每次研修时间耗时太长，成员们从心理上还是有一些畏难情绪。

3. 以写作教学为载体，开展课例研究。

在牛老师代表研修小组进行第一阶段的展示研修之后，老师们发现以读促写，分层写作这种写作教学模式，既可以提高学生分析文本的能力又可以培养学生的框架意识，发挥学生自主学习的主观能动性。根据沈阳市中考命题的趋势，英语学科的终结性评价主要在阅读与写作方面，那么如何做好阅读与写作的过程性评价呢？研修小组又大胆地进行了第二阶段的研修预设：运用反推法，在阅读的基础上让八年级的学生初步了解沈阳市九年级英语书面表达考查的方向，同时研修小组又考虑到八年级学生的认知水平，所以降低难度，在写作策略上对学生加以培养与指导，尝试开展"以'看'促进学生过程性写作教学的能力"，提升青年教师对写作教学的执教能力。

姚千学校的研修团队进行了多次的预设研修后，做了《农村初中生英语写作能力的培养：动词的运用》的课例展示；175中学的研修团队在进行了多次的预设研修后分别进行了《通过丰富的教学策略，促进过程性写作》和《运用读图能力，以图片为依托，构建写作思路》课例展示。175中学的研修团队在进行了四次独立预设研修后，向专家组进行了以写作为主题的《通过丰富的教学策略，促进过程性写作》《运用读图能力，以图片为依托，构建写作思路》《农村初中生英语写作能力的培养：动词的运用》课例展示观察量表，如表7-5，表7-6，以及表7-7所示。

英语校本研修课堂观察量表

研修主题：通过丰富的教学策略，促进过程性写作　　　授课内容：上教版牛津英语八下第六单元 Writing

时间：_____　　　授课教师：_____　　　观察记录教师：_____

	表现形式	观察点	观课记录	评价与建议
预设研修策略	1. 图片法	1. 教师在哪些环节运用了图片？ 2. 图片是否能帮助同学们更好的理解学习任务？具体表现是什么？		
	2. 设疑法	1. 教师在哪些环节中设置了问题？设置的问题是否得当？ 2. 学生的参与度如何？ 3. 问题的设置是否有能效地促进教学？		
	3. 归纳法	1. 教师在哪些环境中引导同学们进行归纳总结？ 2. 学生是否能同时理解教师的意图？ 3. 学生在归纳总结时是否遇到了问题？如果是，教师是如何指导的？		
	4. 合作法	1. 在哪些环节中教师设置了小组合作活动？ 2. 学生们参与度如何？		

表 7-5

英语校本研修课堂观察量表

研修主题：运用读图能力，以图片为依托，构建写作思路　　　授课内容：上教版牛津英语八上第七单元 Writing

时间：_____　　　授课教师：_____　　　观察记录教师：_____

	表现形式	观察点	观课记录	评价与建议
预设研修策略	1. 任务驱动法	1. 教师围绕图片设置了哪些任务？ 2. 这些任务是否有效地推动了课堂教学？		
	2. 设疑法	1. 教师在哪些环节中设置了问题？设置的问题是否得当？ 2. 学生的反馈如何？ 3. 问题的设置是否能有效地促进教学？		
	3. 合作法	1. 在哪些环节中教师设置了小组合作活动？ 2. 学生们参与度如何？		

表 7-6

研修主题：农村初中生英语写作能力的培养：动词的运用

授课内容：M2 U4　Writing: My invention

时间：_____2018 年 11 月 9 日 _____

授课教师：_____刘宇丽 _____

观察记录教师：_____

预设策略	观察点	观课记录	评价与建议
体验参与策略	1.体验参与活动中设计了什么促进学生思维发展的活动形式？ 2.学生参与互动，参与小组学习情况如何？		
品读文本策略	1.文本的使用是否自然？ 2.文本是滞由浅入深，面向全体学生？ 3.是否调动全体学生积极性？		
合作探究策略	1.采用了什么样的合作探究方式？ 2.起到了什么样的作用？		
巧用蛛网图策略	1.教学过程中哪部分设计了蛛网图？ 2.蛛网图的设置是否有利于促进学生的思维？		

表 7-7

　　通过一年的写作教学的研修尝试，研修小组重温了《课程标准》中对写作的要求，进一步认识到了对于中等学生"读、写、看"结合的互相促进，互相依存的重要性。教师们认识到：所谓过程性写作一定要有写作支撑，即写前预设（写作框架的达成、写作中运用的词汇、句型以及写作段落的分配等）是一节写作课成功的关键和灵魂；写作中的分层次写作对于郊区不同层次的学生会学有所得，提升自信，提升英语学习的兴趣；写后批改与指导会使一节成功的写作课更加有韵味，学生们写作会更加有方向性。在这一年的研修中研修小组的骨干教师对青年教师分别进行了"如何达成师生间课上情感交流的快速融合""课上如何关注学困生、面向全体学生""如何撰写教学设计"等方面的专题培训，为青年英语教师的成长注入了加速剂。

（三）在提炼总结中，分享经验

1. 学习借鉴促提升

在研修活动开展的过程中，县域教研共同体提供青年教师外出学习的机会。例如参加全国牛津英语教学交流研讨会，观摩沈阳市市级评优课，观摩区里校本研修市级示范等。这样会促使青年教师分享自己的课例获得他人的点评，观摩他人来反思自己的教育理念和教学行为，感悟和提升自己的教育教学能力。

2. 活动引领促成长

通过开展有针对性的课例研修活动可以促进青年教师快速成长。如在沈北新区进行的"区县际交流，研训一体"的同课异构活动中，由175中学牛老师进行以读促写的课例展示，研修小组从选课、二次备课、三次备课、撰写教学设计到课例展示全程参与，各抒己见，畅所欲言。活动后研修小组立刻进行集体反思。通过教学实例分享，青年教师切身感悟到，师生关系除了传统的"授"—"受"关系，还可以通过教学中的交往、对话、理解，建立一种"我"—"你"互动关系。

3. 在分享中继续反思前行

研修小组在各级各类的培训与课题研究活动中分享研究成果，例如，在参与的课题《促进教研共同体形成的乡村教师培训创新路径研究》开题会上，教研员李秀荣老师做了《首席教师工作室提升郊区青年教师专业素养的实践研究》经验介绍；教研员李秀荣老师在沈阳市四县（区、市）种子教师能力提升培训中做了《搭建郊区青年教师成长的阶梯》的经验分享；175中学、69中学及姚千学校的校本研修团队被评为苏家屯区优秀示范研修团队。

（四）科研立项促提高

持续进行的校本研修的过程实际上就是进行教育科研的过程。校本研修中每一个专题突破的过程，积累起来就是一个科研课题的实验过程。三年来研修小组中青年教师已经意识到实证与经验教学带来的益处，重视小课题的研究，以科研促教研的情形已悄然在 175 中学、69 中学、184 中学、姚千学校及红菱学校整个外语组蔓延开来，青年教师的成长为各校外语组的发展注入了新鲜的动力。

四、实践效果

校本研修是郊区初中英语青年教师成长的加速剂。校本研修三年以来，多位青年在教学上获得优异的成绩，例如，研修团队的青年教师代表辽宁省参加了全国信息技术优质课评比并登上了全国的领奖台；175 中学的牛老师代表苏家屯区参加沈阳市优质课展评活动并喜获一等奖。这些说明青年教师已经由成长期向成熟期过渡，正向市级或区域性的名师或骨干教师努力。通过校本研修，"互利双赢"的新型工作关系已初步形成，开辟了新型的老教师与青年教师之间"互利双赢"的工作关系，即年长的经验丰富的老教师传授给青年教师急需的教学经验，而青年教师通过他们的激情、活力和探索精神推动老教师再成长，以此实现老教师与新教师共同成长。但是尖锐的工学矛盾，本土间的地域差距以及如何依托校本研修一针见血地找准问题的切入口和研制出更加精准的、切实可行的研修策略是研修小组对郊区初中英语青年教师再提升路径所面临的新问题。

第八章　基于名师工作室的乡村教师
专业发展的实践研究

　　基于名师工作室的教师专业发展共同体在促进乡村教师专业化发展的过程中发挥着重要的作用。通过名师引领式、辐射式培养模式，用名师培养优秀骨干教师成为新名师，以新名师带动"教书匠"成名成家，名师工作室为广大乡村教师搭建了更好的引领、示范和辐射平台，推动了乡村教师整体队伍的发展壮大。名师工作室有哪些有效的方式、方法或措施来促进乡村教师专业发展？下面将通过沈阳市初中英语王珏名优教师工作室以及东港市曲永华名师工作室为例具体描述。

第一节　沈阳市初中英语王珏名优教师工作室
乡村教师培训的实践研究 ①

　　沈阳市初中英语王珏名优教师工作室成立于 2015 年 12 月，是在沈阳市教育局领导及沈阳市教育研究院指导下创建的市首批初中英语名优教师工作室之一。

①　该案例由沈阳市初中英语王珏名优教师工作室提供。

一、工作理念

工作室秉承凝聚、提升、示范、辐射，注重厚基础，宽视野，重实践，谋发展，在思辨中求创新的教育理念。工作室实施一系列"室"内成员重团队素养提升，"室"外进行走出去，请进来，进课堂，亲演示，亲指导的研修活动，充分利用线上线下及基地校的各种资源，营造既轻松又严肃的研修氛围，打造和谐的团队，助力区域性初中英语教师的成长与发展。

二、工作目标

（一）总体目标

在三年的时间里，以名优教师工作室为平台，以课堂教学为主线，以课题研究为抓手，开展教育教学研究活动；整合优质资源，扩大受益群体；发挥团队力量，打造教学典型；提升科研品质，推动成果实践；完成引领学科发展，关注教师成长的使命。

（二）重点目标

工作室以"郊区青年骨干教师培养"为重点；以提升郊区青年教师专业素养及执教能力为主线，采取点、面结合，线段式并进模式；与常态教研相结合；组织优质高效研修活动，引领教师专业成长，打造青年教师成长共同体。

三、工作室自然情况

工作室现有核心成员9人，来自沈阳市5区（铁西区、皇姑区、大东区、浑南区以及苏家屯区），学员25人。主持人王珏老师是辽宁省特级教师，核心成员有郊区英语教研员、省级优秀教师、市区名师以及各级骨干教师。聘请曲端（原辽宁省英语教研员）及栾庆（沈阳市英语教研员）为工作室专家顾问。辽宁省实验学校、沈阳市第 127 中学、沈阳市兴东中学以及郊区的沈阳市浑南一中和沈阳市第 184 中学作为工作室工作的基地校。尤其将地处郊区的沈阳市浑南一中和沈阳市第 184 中学作为郊区青年教师培养的基地校。工作室建立微信公众号、青年骨干教师 QQ 群及微信群，形成线上实时动态交流学习及研讨的网络教研有效平台。

四、工作章程

（一）坚持理论联系实际，以行动研究作为工作的主要方法。

（二）主持人及核心成员制定个人成长发展规划和具体的实施计划。

（三）成员每人每学期阅读至少一本理论书籍，做好读书笔记，不定期地进行交流。

（四）定期开展学习、培训、实践、交流等多种形式的活动确保活动具有实效性。

五、工作室培养青年骨干教师的具体措施

（一）聚焦问题，确立主题

1.区域现状调查，确立工作室工作主题

为准确有效地确立工作室工作主题，工作室成员研制问卷并实施前期调查，寻找工作突破口。根据对铁西区、皇姑区、大东区、苏家屯区、浑南区 300 多名一线教师的调查问卷的分析及平时的调研，最终问题聚焦在三个方面：

（1）老教师工作热情低，自我提升意识差，发扬传帮带精神意识淡薄；

（2）郊区、农村学校培训实效低，培训资源不足；

（3）郊区 10 年以下的教师急于提升自我，学习机会少，教学处于茫然状态。

根据问卷调查的结果，最终制定出工作室三年工作及发展规划，即：与常态教研相结合；以系列优质高效研修活动（名师专家讲坛、课例研讨、课题研究等）引领教育教师专业成长；以"青年骨干教师培训"为重点；以提升郊区青年教师专业素养及执教能力为主线，缩小城郊英语教学质量差距。

2. 青年骨干教师培养对象的选拔

确立主题后工作室通过自主申报、学校推荐，并在全市范围内甄选了 35 名教龄为 5 年左右的青年教师作为培养对象，其中郊区青年教师 25 名。

（二）多向结合，合力共进

工作室工作与常态教研相结合，组织"区域联动式"系统培训活动。在铁西区、苏家屯区、浑南区及大东区进行区域间学习交流活动，对五区青年骨干教师进行课堂实践培训、交流等多层次全方位的跟踪培养。这种区域联动组成的教研共同体为青年骨干教师提供了更广阔的成长平台，极大地开阔了其视野、丰富了其教学经历、加快了他们成熟的步伐。

1. 通过专家引领，区域联动，提升郊区青年教师教育理论素养及专业技能

工作室本着"你缺我补"的原则，为青年教师提供菜单式课程培训，对他们进行零距离的线上线下指导。工作室先后邀请了辽宁省、沈阳市英语教研员、英语教育教学专家为青年骨干教师做初中英语命题技术、新形式、新任务、新思考等专题培训；分别开展了"把课堂还给学生""基于课例研究的听评课"等主题研修活动，促使青年骨干教师由聆听或观摩他人反思自己的教育教学理念和行为，到感悟并

提升自己的教育教学能力。

2. 积极探索青年骨干教师课堂教学改革实践创新的新模式，提高青年教师课堂执教能力

课堂是教师工作的主阵地，如何帮助青年骨干教师在顺利渡过职初五年教学生涯的"保命期"之后，进入教学经历中尤为关键的教学"成长期"，为形成自己独特的教学风格进行良好的铺垫与积累是工作室对青年骨干教师培养的着力点，因此工作室决定关注青年骨干教师的教学设计并走进他们的课堂，对他们进行零距离的指导。例如，以提升学生课堂参与度为目标的沈阳市区际间初中英语青年骨干教师教学交流活动、英语教学与信息技术融合教学研讨会、"读写结合促进过程性写作能力的提高"同课异构活动等。

3. 制作青年骨干教师电子研修手册，加快他们成长的步伐

"只研不教"或"只教不研"都会阻碍教师专业素养的提升。在研究中发现教学中的问题，反思总结自己的教学，并结合自己的教学特长形成教师们独特的教学视角，并将这些流程留驻于笔端进行梳理、概括、总结。因此工作室要求青年骨干教师按学期填充电子研修手册内容，并对青年骨干教师参与活动情况、完成作业及综合表现等进行全方位的反馈及评估考核。对其制定的成长规划、教学案例、教学设计、公开课纪实、听课记录、教学论文、读书笔记等进行全方位的考核并给出指导意见，这些活动有效提升了郊区青年骨干教师专业素养及研究能力。

4. 发挥工作室基地校示范引领作用

工作室基地校中有各区域龙头学校，如辽宁省实验学校、兴东中学及沈阳市第 127 中学，三个基地校的教研组长均为工作室的核心成员，这给工作室的各方面工作带来了极大的便利，有了他们的支持与资源补给，基地校成了青年骨干教师成长的最初摇篮。依托基地校开

展了系列青年教师的培训活动，例如，工作室带领青年骨干教师参加辽宁省实验学校的"创生学本·高效课堂"主题研修活动，在沈阳市大东区兴东中学举办的读写教学研讨会，工作室老师在农村教师跟岗研修活动中对农村骨干教师提供了希沃助教电子阅卷系统和"盒子鱼"英语教学软件使用的专题培训，从而帮助他们解决英语教学中批卷和前置作业费时低效的问题，对他们今后的教学工作产生积极影响。

5. 发挥工作室成员引领、辐射作用，实现城郊优质教育资源共享

针对一线教学中存在的"有花无果"的"盲教研""无花有果"的"伪教研"问题，工作室成员立足扎根于基层，走进基地校、薄弱校，深入课堂，亲自示范引领，积极探索"有花有果"的"真教研"形式。

（1）走进薄弱校，更新一线教师的教育理念

为什么一些学校被称为薄弱学校？很大程度上是因为这些学校教师的教育教学理念滞后。身在这些学校的青年英语教师有教学激情，但身边没有可以供他们学习模仿的对象，久而久之他们就被传统的教育理念和教学方法同化了。因此更新薄弱学校教师的观念，形成"新老互促"的工作关系就显得尤为重要。例如，工作室在陈相学校开展了"把课堂还给学生"为主题的英语学科校本研修活动，针对该校实际情况，让老师们更新教育观念，进行课堂改革，把课堂还给学生。在活动中，工作室老师"送课下乡"，到陈相学校上示范课。会后研讨时，工作室成员分析了该校的英语教学现状，针对如何把课堂还给学生提出了一些建设性的意见；工作室对铁西区高明中学和新民屯中学两所农村中学进行定点帮扶，完成了"七个一"的工作任务，即：帮助教师解决一个问题、与教师共同设计一节课、参加一次集体备课活动、参加一次教研活动、组织一次送课下校、组织教师到市（区）听一节课、完成一份深度调研报告。

（2）成员送教下乡，亲自引领辐射

引领辐射是工作室的工作宗旨之一，工作室成员通过系列讲座为青年教师传递一些新的教育理念、教学经验以及进行教学思路点拨，希望通过以点带面的示范和引领，辐射更多区域的英语教学。例如，工作室为铁西区 10 所郊区学校教师做"基于教材的写作教学""怎样上好一堂课""基于合理、有效目标的英语课堂教学"的系列讲座，并对铁西区 10 所郊区学校七、八年级英语教师进行业务培训。通过这些系列讲座，使教师们更加清楚教学目标制定的合理性及有效性，直接影响着教学过程的展开和最终的教学效果；工作室到浑南新区第 63 中学送教，由工作室成员上了一节八年级的阅读课并做经验交流，此次送教活动不仅为 63 中学带来了先进的英语教学理念、教学方法，更搭建了城郊教师沟通交流的平台、促进了城郊英语教育一体化发展；工作室成员到北票市北塔镇初级中学开展义务送教下乡活动，贯彻落实"辽西北研训支持计划"，加大对乡村教育的支持力度，切实提升乡村教师的专业素养、发挥名优教师的示范辐射作用。

6. 开展课例研修促进郊区青年教师专业成长

"课例"是一个课堂教学改进的实例，是对教学改进过程中的问题和教学决定的再现和描述，即是课堂教学背后研究的故事。工作室组织青年骨干教师撰写课例 40 余篇。教师们把课例的背景、设计意图、教学过程和结果等方面以平实的语言加以描绘和反思。工作室成员及学员就课例的观念层面、目标层面、教学过程层面、课程资源层面、教学研究层面进行审议、评价、反思，并且提出改善建议，总结出对提高学科教研水平具有一定指导意义和推广价值的典型经验，形成课例评析作品集。

7. 开展校本研修，打造郊区青年教师研修共同体

开展校本研修是工作室培养青年教师的重要途径之一，工作室设

计并实施了基于问题的"切片式"研修，打造校本研修学习共同体。三年中，工作室与项目校对接，进行深入指导，帮助试点校拓宽研修思路，并提出了更加适合试点校学生的学习方法和策略。通过提炼校本研修科研课题，促进校本研修深化和升级。工作室在沈阳市铁西区、苏家屯区共组织了 20 余场研修活动，形成了词汇理解和运用策略及适合郊区学生英语写作的方法。

表 8-1　两区三年校本研修主题

区域 主题	2016 年	2017 年	2018 年
铁西区	通过图文教学，突破词汇关，提升学生的词汇运用能力	运用猜词法，突破词汇关，提高学生在语句和语篇中的词汇理解能力	依托语篇，突破词汇关，提升学生在语境中理解和运用词汇的能力
苏家屯区	运用读图能力，以图片为依托，构建写作思路	通过丰富的教学策略，促进过程性写作	通过"理清脉络—拓展思维"提升农村初中学生英语写作能力

8. 开展课题研究，促进青年骨干教师成长为实证型教师

引领青年骨干教师重视经验与实证结合的课题研究是加快其成长的一个必要条件。采用"剥洋葱"法，先寻找突破口确立研究课题，层层跟进发现核心问题，再寻找与目标对应的策略，依托校本研修指导、引领青年教师进行课题研究，找出解决问题之策。

（1）开展市级课题《小初英语教学的衔接研究》

工作室搭建研究的平台，集合铁西区、皇姑区、大东区、浑南区、苏家屯区优秀资源，联手研究衔接对策，帮助郊区学校师生小初衔接顺畅过渡，解决郊区一线教师面对不同层次学生的教学难题。无论是在知识、教材处理、还是方法衔接上推出切实可行的方案、缩短衔接适应周期，提升中、后水平学生英语学习的信心和能力，减轻两极分

化。工作室还通过调查问卷，反复研讨、论证、编写出版了《首席题酷——课时分层练》丛书（共6本），它是与教材配套、真正满足郊区一线教师及学生需求的教辅用书，按课标分年段、分难度层次原创编写。

（2）开展省级课题《郊区青年教师培训创新路径研究》

为充分发挥工作室的示范、引领和辐射作用，课题组成员在项目引领下分工合作，在发挥各自优势的前提下，区域联动、研训融合，形成合力，共同推进课题实施，为郊区青年教师专业发展提供支持，提升郊区青年教师的专业素养，缩小城郊英语教学质量差距。

六、工作室取得的成果

几年来的发展，工作室取得了很大的成绩。例如，工作室指导的五区35名青年骨干教师分别荣获了国家、省、市、区各类优秀课奖项；工作室的研究成果发表在国家核心期刊上，工作室成员获得多项省级课题；工作室曾在省、市两级做工作室优秀成果展示并在沈阳教育媒体公众号进行报道等。

第二节　东港市曲永华名师工作室乡村教师培训的实践研究[①]

辽宁丹东东港市曲永华初中英语名师工作室始建于2014年7月，是东港市教育局在初中学段任命的三个工作室之一。

一、工作理念

工作室秉承凝聚、提升、示范、辐射，注重厚基础，宽视野，重实践，谋发展，在思辨中求创新的教育理念，具体来说，以中学英语

---

① 本案例由东港市曲永华名师工作室提供。

教学与研究为内容，重视典型引领，构建学习共同体，积极开展教育教学研究活动，集聚成员集体智慧，促进专业成长，初步实现工作室"畅谈教育理想、倾诉工作苦乐、分享教学经验、反思研究过程、共享学习资源"的美好愿景，营造既轻松又严肃的研修氛围，打造和谐的团队，使工作室成为"思想的集聚地、名师的孵化地"，助力区域性初中英语教师的成长与发展。

二、工作目标

曲永华名师工作室的工作目标之一是把工作室建设成教学研究的平台，即，主持人在自身开展研究的同时，带动工作室成员自觉进行研究，使整个工作室充满着研究的学术氛围；目标之二是把工作室建设成为教师成长的阶梯，即，加大对中青年教师的培养力度，努力促使其向更高层次发展，建立名师与中青年教师合作互动的培养机制，使工作室真正成为青年教师成长的家园。目标之三是把工作室建设成为信息发散的中心，即，不断提升工作室在市、区初中英语教学中的影响力以及对所在学校和周边地区的辐射功能，促进全区英语教学质量的提升。

三、工作室成员构成及职责

工作室由曲永华、徐敏娜、刘晓娜、石晓桃、任丽娜组成。曲永华是主持人，负责工作室的整体规划和相关活动的策划。刘晓娜是读书活动负责人，协助主持人进行工作室管理，主要负责读书学习、名师指导、专题报告开展、活动策划组织及考评等工作。徐敏娜是课题研究负责人，主要负责课题研究、资料整理收集等工作；石晓桃是课堂教学负责人，负责课例研讨展示等活动策划和组织实施等工作。任丽娜是网络资源维护负责人，负责工作室博客的资料上传等工作。

四、促进乡村初中英语教师专业发展的策略与方法

（一）加强学习，丰富理论素养

1.倡导自主学习。工作室倡导将学习作为生活常态，并用这种方式来提升自己的工作质量和生活质量。工作室成员要成为学习方面的先行者，坚持每月认真阅读教育教学专刊，每学期细心研读一本专业书籍，认真做好读书笔记和反思记录。

2.鼓励相互学习。工作室的成员是经过选拔的优秀人才和骨干老师，通过对话、交流，寻求相互学习的关系，毫无保留地提供自己的见解，并谦虚地听取他人的见解，形成紧密的"学习共同体"，共享人力与物质资源，实现"互惠学习"。

3.虚心向专家学习。工作室珍惜每一次与优秀教育专家交流的机会，聆听他们的教育思想和实践经验，分享他们的教育智慧，为自身的专业成长打下比较坚实的理论功底。

（二）课题研究，拓宽辐射平台

研究是名师工作室的要务之一。主持人带头积极申报科研课题，力争主持一个市级以上研究课题，同时带动工作室成员自觉进行研究，使整个工作室始终洋溢着一种研究的学术氛围，督促并鼓励工作室全体成员深入思考，积极撰写教育教学论文。工作室成员参加了"中学英语校本教研"竞赛论文、东港市中学英语"教育教学"评选活动论文、"全国中学学科教研优秀论文"等论文评选活动。

（三）课例研讨，促进专业发展

工作室积极参与课堂教学改革，重视和加强中考试题的分析与研究，提高"中考"复习教学的针对性、有效性，努力做到"精编""精讲""精练""精评"；促进教学资源全体共享、共赢；加强课堂观察研究活动，学会观察、评价、改进课堂教学的技术和策略，有效提高

课堂教学效率，打造优质高效课堂，培养学生的创新能力；带头参加各级各类优质课比赛，提高业务水平；结合市教科室相关教研活动，组织课例研究，为课堂教学改革提供成功典型，发挥工作室的辐射带动作用，促进工作室成员业务素质的快速提升。工作室开设了"教坛新秀研讨课""市骨干教师研讨课""校本课程研讨课""领衔人展示课""工作室学员研讨课""教坛新秀暨培训教师汇报课"等观摩课的展示活动。

（四）建立工作室公众号，实现资源共享

在信息化环境下，"名师工作室"以网络形式传播先进的教育理念和教学方法，真正实现优质教育资源共享，充分发挥名师工作室示范、引导、辐射作用的良好工作方式。因此，工作室建设了公众号，工作室成员上传优秀教案、课件、教学论文、中考必备等英语教学资源，并鼓励每位成员以图片、视频、文字等多种形式记录自己成长的轨迹。

五、工作任务

（一）建立职业成长规划。各成员都要结合自身实际，制定个性化的职业成长规划，以及每学期的切实可行的学习计划和工作计划。

（二）落实"五个一"量化工作目标。工作室成员每个季度要完成一篇心得体会，一篇教学案例和一份教学设计，一份英语试题，一篇教学论文。

（三）建立成员业务档案。要完善工作室成员信息化建设，内容主要包括：示范课、观摩课、专题讲座，指导培养青年教师取得的成绩，教学论文、经验总结、课题研究等。

（四）拓展教研活动方式。工作室组织成员积极参加各级教研活动，积极创造条件邀请学科专家与工作室成员对话，邀请一线教师与工作室成员对话，交流一线教师教学案例和教学经验，每半年举行一次。

（五）抓好工作室规范化管理。工作室实行工作室成员年度考核制，每学年要从思想品德、理论提高、教育教学能力、研究能力等方面考察是否达到培养目标，对表现突出的成员进行奖励，对达不到培养目标的成员督促改进，共同进步。

（六）坚持以教育教学为中心，以生命课堂为主题，每年承担一次市级或以上主题活动，以研讨会、报告会、公开教学、送教下乡等形式充分发挥示范、辐射作用；与市教研室协调，三年里主持一次市级初中英语教学专题研讨会。

（七）工作室积极寻找教学研究基地开展课题研究，结合学员实际情况，曲永华名师工作室确定洋河以西为实验基地展开活动。

（八）关注薄弱学校，展开名师送教支教活动。建立名师工作室成员每人带一名外校新教师活动（在备课，讲课，批改，辅导，考试等方面全面发展）并参加优质课等评选活动。工作室成员利用网络，QQ群接受一线教师的咨询，答疑等，帮助一线教师提高教育教学能力。

六、规范管理，保证顺畅运作

工作室既重视合作，又崇尚自主与创新，即，主持人在自主学习、活动展示、课题研究、论文撰写等方面起到带头作用，以身作则，全体成员群策群力，通力合作，努力完成各项目标任务；同时，在各项研究活动的主题选择、展示形式、信息发布等方面，工作室每一位成员都有充分的话语权、选择权，通过个性化的项目研究，发挥各人专长，重视个人独立的教学思想与教学风格的形成。具体来说，工作室建立了月交流、年度计划、常规管理等规章制度；例如，每月进行一次教研活动，每次明确 1 名主持人，采取讲座、研讨、读书、网上交流等形式展示阶段性培养和发展成果，交流活动有记录，有总结，有反思，形成文字资料归档；工作室每学期召开一次计划会，讨论本学期计划，确定成员阶段工作目标，工作室科研课题及专题讲座内容；工作室成员按时参加工作室的每项活动，不迟到，不早退，不无故缺席，认真履行工作室规定的义务，按时、保质、保量完成工作室的各项任务。

从王珏名师工作室和曲永华名师工作室在乡村教师培训中的经验和做法我们可以看出，名师工作室在搭建乡村教师成长平台，发挥乡村名师典型，带动区域发展方面发挥着重要的作用。名师工作室的构建以及有效运行是名师工作室得以发挥作用的前提和保障，以科研课题研究为引领，以课例研修为手段，发挥名师、基地校的辐射引领作用、立足乡村学校课堂教学、坚持"走出去，请进来"的区域联动方式，带领乡村教师分批次到工作室基地校进行蹲点学习，走进名师课堂进行实践演练，通过同课异构等形式丰富课堂教学模式，激发乡村教师自身成长的内在动力，是提升乡村教师专业素养的重要途径和方法。

第九章　基于校本教研共同体的乡村教师专业发展的实践研究

　　第四章提出的基于 PDSA 改进模型的校本研修模式，可以针对乡村学校校本研修内容碎片化、研修过程形式化、研修水平经验化等问题，设计多个相互关联的研究主题齐头并进，在多个循环中不断地生成和解决问题，使得教师在校本研修中对研修内容的思考更加系统、连贯、对教育教学本质的认识更加全面；通过对于系列主题的连续跟踪研究，教师能够对研修内容的学习更加具有针对性和方向性，与同伴之间的交流更加深入；通过使用课例研究和实验研究等方法，教师能够提升研修问题思考的深度、加强理论的高度。同时，乡村教师的教材分析能力、导学案的设计能力、教育科研能力以及课堂的调控能力也都在校本研修的过程中得到了提升。下面以促进新知生成的数学复习课的课例研究和数学学案导学的行动研究两个实践案例详细介绍。

第一节　基于 PDSA 改进模型的促进新知生成的数学复习课课例研究 [①]

课例是教师课堂教学过程的真实记录，是教师研究课堂、改进教学、促进专业发展的最佳载体。课例研究是指基于日常教学中的问题，在教学过程中持续进行实践改进，直至问题解决的一种研究活动，在改进教学方面具有非常明显的作用。"基于 PDSA 改进模型的促进新知生成的数学复习课课例研究"的活动的主题来自数学教师课堂教学中存在的困惑。

在数学教学中，复习课是一种非常重要的课型。《义务教育数学课程标准（2011 年版）》的总体目标强调："体会数学知识之间，数学与其他学科之间，数学与生活之间的联系，运用数学的思维方式进行思考，增强发现和提出数学问题，分析和解决问题的能力。"复习课的教学在该课程目标的实现中扮演着重要的角色。但是复习课的教学没有一些相关的标准和要求可以遵循，很多教师对复习课的教学存在一些错误的认识：如，教师不知道如何有效地进行数学复习课的教学，很多教师就是单纯的复习旧知，缺少知识与知识之间联系的建立以及数学思想方法的提升。因此，通过课例研究的方式揭示复习课教学中存在的问题，并探索解决这些问题的方法是一条可行之路。具体研究过程如下：

一、计划阶段

（一）梳理复习课存在的问题、确立研修目的

《沈阳师范大学沈北附属学校》数学教研组首先在集体教研中通过汇总教师们复习课教学中的困惑，结合查阅文献，总结出复习课存

---

① 　该课例研修相关成果发表在《中国数学教育》. 2016，（Z3）

在的问题，确立整个研修的目的：有效数学复习课的教学研究。

1. 复习课教学的功能异化问题

在复习课教学设计及实施过程中，有些老师往往把近期考试过关作为教学的唯一目标，这种急功近利的做法导致有些教师片面地将复习课中的解题活动理解为一系列的题型与一套套的方法之间的对应活动。通过典型例题分析某类题的结构特征，讲授这类题的解法，然后给出一些类似的题目让学生模仿。这些教师对例题的搜集、挑选到编排在一定程度上体现了这些教师教学经验的丰富及对考试形式、出题特点等的了解与把握能力。这样的教学在实施过程中往往会浮于表面的模仿与操练，对学生的价值也只限于多做了几道题，学到了这几道题的解题方法，至于方法背后的思维策略、思想方式，对于学生只不过是过眼烟云，题型的稍稍变化就有可能让这些学生不知所措。

2. 复习课教学的教师替代问题

复习课的目的是通过对知识的复习整理使学生对所学知识形成结构化的认知和个性化、创造性的内化，达到对知识的融会贯通。要在复习课教学中达到学生对知识形成结构化的认知和个性化、创造性地内化的目标，就需要让每一个学生亲身经历知识结构化的过程，从而使学生个性化和创造性地内化知识成为可能，但在实际教学过程中却经常出现教师替代现象。具体来说，老师虽深知结构化认知对学生理解、记忆、掌握知识有重要的价值，但在复习时间有限而需要整理的知识庞杂这一矛盾面前，对学生产生了不信任，于是教师亲手在黑板上"帮助"学生勾勾画画中剥夺了学生探索和经历知识结构化整理的过程，进而也剥夺了学生个性化、创造性地内化知识的机会。例如，在复习课教学过程中老师给出知识结构整理框架，由学习较好的学生同老师一起填写，其他同学再"依葫芦画瓢"。

3.复习课教学的效率低下问题

复习课教学的效率低下问题是指教师认识到了复习课教学对学生认知能力、思维品质和学习能力等方面的培养与提升价值，但是面对学生不同的思维路径、不同的整理方式及参差不齐的书写表达能力等，显得束手无策，缺少应对的方法和策略。对这些学生，应作针对性的指导和帮助，但因为课时有限，老师最后只是拿出一些整理的较仔细和全面的学生的表格向大家做了展示，并要求其他同学回去后按照这样的方式做修改或再整理一遍后就匆匆下课。这样的复习课教学，不仅没能有效地指导每一个学生在自己原有的基础上得到提高和发展，还造成了教学的平面化，更是使这些可能促进全体学生发展的宝贵教学资源—学生多样性的表现，变成了复习课教学的"问题存在"。

（二）选定课例主题，拟定研修活动计划

研修目的明确后，数学教研组的教师在查阅了相关的文献之后开展头脑风暴。研修的内容包括数学复习课的内涵、类型与特点、数学复习课教学应该遵循的原则、数学复习课教学设计的过程等内容（详见附录四）；教研组经过商议，选定"以面积限定的特殊点存在问题复习课"为载体进行课例研究。

特殊点的存在问题是近年来中考经常出现的一类典型问题，主要有特殊图形证明问题，周长最值问题，以及面积限定问题等类型，涉及多种数学思想方法的运用，例如，分类，函数，方程，数形结合等，因此，特殊点存在问题对于学生体会数学知识之间的联系，解题策略的形成和数学思想方法的获得起到重要的作用。具体来说，这类面积限定问题是在三角形的两个顶点为定点，且面积不变的前提下，第三个顶点是否满足限定条件（在坐标轴上，在直线上，或者在曲线上）的存在性问题。面积限定问题对于学生体会面积、函数、坐标等知识之间的联系，根据三角形的面积公式求出动点坐标的解题策略以及数形结合，特殊到一般的数学思想方法的形成具有重要的作用。这类问题的解题关键是所求点的坐标的双值性，以及点在不同位置情况下横纵坐标之间的关系。例如：在平面直角坐标系中，点 A 坐标为（－1，0），点 B 坐标（2，0），在 Y 轴上是否存在点 E，使△ABE 的面积为 3。若存在，求出点 E 坐标，若不存在，说明理由。该问题中所求点 E 不仅存在于 Y 轴正半轴，在负半轴上也存在符合要求。

具体课例的题目确定之后，教研组设计了整个研修过程：采用三步两反思的模式，即，授课教师在三个不同的班级试教三次，课题组评价两次，教学效果的提高情况采用前后测试和课堂观察的方法来检测。教研组对研修的周期，参与人员、具体时间地点的安排、研修的形式等做了详细策划，涉及课例授课教师、内容，授课时间的确定，课堂观察的维度，教学效果评价方法的确定等。预期的成果为撰写课例研修报告。

二、试行阶段

在试行阶段，教研组遵循课例研究的步骤开展研修过程，即，选择授课教师和课例研究载体，形成问题解决式的复习课的教学设计和对应的学案（见附录五）。本研究由年级组长徐老师担任授课教师，采用学案导学教学模式授课。主要分成三个步骤，第一步，课前发放学案，自主复习。在课前，通过学案巩固学生对必备知识点的课前练习，以基本题型入手，逐步变式，复杂化，在此基础上，展示综合性较高的数学问题，在解决问题的过程中，学生总结解题的方法和策略；第二步，课上交流合作，拓展提升。在课上，学生展示，教师引导学生根据系列变式问题之间的联系，总结解题方法与策略，发展归纳概括能力；第三步，课后总结反思，完善学案。在课后，学生根据课上师生讨论的结果，在学案中总结解题策略的要点，整理一题多解的不同解题方法，进一步明晰问题解决过程中体现的数学思想。徐老师在班级 A 第一次试教，然后进行教研组评价和教学效果检测，最后根据意见反馈教学调整。第一次试教中，教研组对课堂教学进行录制，进行课堂观察的记录以及前后测试的实施。第一次试教结束后，教研组要对试教的教师进行评价，对课堂观察记录进行整理并对前后测试进行分析，根据数据分析的结果，比较问题解决的结果与预期，对授课教师的复习课的课堂教学、教学设计等提出进一步提高的建议。同时，教研组也需要对前后测试卷和课堂观察的方法的科学性做出评价和完善的建议。具体过程如下：

（一）第一次教学过程描述

首先，教师简要介绍特殊点存在问题在中考中的重要性，接着让学生交流课前学案的完成情况。教师分配每个小组 1 个问题进行组内交流，学生交流了 1—2 分钟就都纷纷涌到自己小组的黑板上，有的画图，有的写解题思路，有的边上看，有的聊天，还有一部分学生在自己座位上做题。大约 12 分钟后，交流板演结束。每个小组派一个代表进行展示。在每个学生展示解题过程的时候，教师提出一些问题，当学生回答不上来，或者答案不是教师想要的答案的时候，教师会代替学生给出答案。所有的小组代表展示完问题 1 和问题 2 的解法之后，教师提问学生，问题 1 和问题 2 的规律是什么。在学生回答的过程中，教师也时常代替学生回答。学生回答完，教师让学生应用问题 1 和问题 2 得出的规律解决问题 4—6。由于前面教学有点耽误了时间，所以问题 6 学生没有解决完，教师就匆忙讲解后下课。

（二）教研组对第一次教学的评价

第一，从教师的表现来看，教师代替学生成为新知生成的主体，例如，教师对于学生给出解题方法之后，追问："这是你的解题方案，这个题你是怎么想的？"，虽然问题设计很好，但是在学生回答问题的时候，教师没有给学生一些思考的时间，而是迫不及待地打断学生的思路，自己来总结解决问题的思路。同时，教师也没有给予学生一定的时间来整理自己的解题结果和解题思路。例如，在学生给出了问题1的解题方法之后，教师强调到："好，这里出现了一个重要思想，采用的是三角形最基本的面积的计算公式：1/2 底乘以什么？"学生齐答："高"，在后面对话中，教师让学生以填空式回答的方式得到自己想要的答案，即，解题的基本思路和方法，而没有给学生独立思考的时间，或者是小组交流。而且，在课后，教师没有要求学生将学案进一步完善，不利于学生新知的巩固。

第二，通过观察学生新知生成中的表现，我们发现学生对点到坐标轴的距离与点的坐标之间的关系认识不清，因此，教研组建议在下次的学案中应该增加一些必备知识点的检测，例如，学生对于坐标系中点的坐标的认识，这样为学生的数形结合思想生成做好准备。同时，从学生小组合作的情况来看，小组讨论没有充分发挥功能，学生没有深入地交流自己课前新知生成过程中遇到的困难，以及解决困难的方法。当教师在引导学生总结解题思路的时候，部分学生是随声附和，说明这部分学生没有深入地思考解题思路。因此，教研组建议在课前学案中，教师应该给学生提供足够的空白处让学生描述他们的解题思路。

第三，从教学内容的设计与衔接来看，教师先让学生交流课前学案的完成情况，在此过程中教师巡视，解答学生提出的问题，在学生展示解决方案的时候教师一直强调问题1、2解题思路的共同规律的总结。因此，教学内容的设计与衔接关注学生根据三角形的面积公式求出动点坐标的一般性解题策略的形成。对于具体的教学内容，教师以 y 轴上的点为导入问题，之后涉及了双曲线上的点，抛物线上的点，x 轴上的点，一次函数部分图象上的点，几个问题解题思路相通，设计逐层深入，环环相扣，有利于学生特殊到一般的数学思想方法的生成。但是，我们发现教师对于本节课的教学目标有些模糊。例如，最初，教师制定的教学目标为"掌握利用三角形解决此类问题的一般方法，以及数形结合思想的提升训练"，但是教研组认为，在探究活动中积累活动经验，挖掘坐标系中隐含信息也是该节课的一个重要的教学目标。

（三）前后测的对比分析

在复习课授课之前和之后分别实施了前后测，前测为"已知 x 轴上一点 A（2，0），一次函数 y = 2x+1 与 x 轴交于点 B，那么在这个一次函数的图象上是否存在一点 P，使得三角形 ABP 的面积为 5？"后测为同类型，难度相同的数学问题"已知 x 轴上一点 A（3，0），一次函数 y = 3x+1 与 x 轴交于点 B，那么在这个一次函数的图象上是否存在一点 P，使得三角形 ABP 的面积为 5？"

从前后测数据对比来看，5% 的学生全部提高，即，在前测中空白或者错误，而在后测中正确地求出了两个点的坐标；34% 的学生部分提高，其中 13% 的学生在前测中空白或者错误，但是在后测中仅仅正确求出一个点的坐标，显然这部分学生没有弄清楚根据高的值得出的纵坐标是两个，21 % 的学生在前测中空白或者错误，在后测中能够求出高的值，或者求出高的值之后，直接认为两个点分别在 y 轴的正半轴和负半轴上；47% 的学生没有任何提高，即前后测中保持一致；14% 的学生下降，其中，11% 的学生在前测中解题思路正确，计算错误，但是在后测中求出高的值之后，直接认为两个点分别在 y 轴的正半轴和负半轴上，很显然这部分学生将学案中特殊点在 y 轴上的解题思路负迁移到了一次函数上，3% 的学生在前测中正确求出两个点，但是在后测中求出高的值之后，也认为两个点分别在 y 轴的正半轴和负半轴上。从前后测的数据对比来看，第一次试教过程中学生新知生成未达到预期目标。

三、研究阶段与实施阶段

因为课例研修的特点是边实践边反思,因此在 PDSA 改进模型的实际运行中,研究阶段和实施阶段是互相融合的。在课例的反复实践中逐步改进中总结、反思所获得的教训和经验,进一步调整问题解决的措施,最终形成解决方案并加以推广实施。此课例研修中,授课教师徐老师根据教研组建议在班级 B 开展第二次试教。从第二次试教开始,课例研究就进入到第二个循环,之后再进入到第三个循环,随着校本研修的螺旋式循环上升,参与教师总结、展示、推广有效数学复习课的教学设计以及研究经验,直到问题的有效解决,循环结束。具体过程如下:

(一)第二次教学过程及课后教研组评价分析

1.第二次教学过程描述

首先,教师简要介绍特殊点的存在问题在中考中的重要性,接着让学生交流课前学案的完成情况。教师分配每个小组 1 个问题进行组内交流,学生交流了 2 分钟左右,每个组的代表到自己小组的黑板上把该题的图画在黑板上,并添加必要的辅助线或者角的名称,为了展示解题思路所用,但没有将具体的解题过程在黑板写出来,剩下学生组内交流。大约 8 分钟左右,交流板演结束。每个小组派一个代表进行展示。在每个小组代表展示完解题过程后,教师简要评价和总结。所有的小组代表展示完问题 1 和问题 2 的解法之后,教师提问学生问题 1 和问题 2 的规律是什么,在学生回答的过程中,教师还是会偶尔代替学生回答。学生回答完,教师让学生应用问题 1 和问题 2 得出的规律解决后面的问题。问题 4 和问题 5 解决完之后,学生在教师的引导下得出问题 6 的解法。

2. 教研组对第二次教学的评价

第一，采纳第一次试教后教研组提出的修改意见，首先，教师在学案中增加了课前必备知识点的相关练习，这样的完善有利于促进学生新知生成的准备，但是，学生课前必备知识的完成情况教师没有进行检查，这样不利于教师根据学生的情况调节教学步骤来促进学生新知识的生成；在教学过程中，每个问题解决后教师都给学生留出 2 分钟左右的时间来整理，这个调整促进了学生对本节课的解题策略进行内化；教师代替学生总结解题思路的现象还部分存在，例如，教师边让学生讲解，边填空式提问，往已知底和面积求高的解题思路上引，由于学生的思维提升跨越过大，一些学生不知教师所云。其次，每个问题解决之后，教师没有给学生留出归纳整理解题思路的时间，甚至整个教学结束后，教师没有对整节课的内容做总结与概括，也没有在黑板上有所体现，这样不利于学生对本节课解题策略的结构化和条理化。

第二，从课堂学生表现来看，板演前的小组讨论比以前充分了，但是学生没有将每个问题的解题过程写在黑板上，而仅仅是将每个问题的图画了出来，展示解题思路，虽然解题思路很重要，但是如果完全忽略解题步骤的话，也不利于学生本节课所学新知的规范性表达。

3. 前后测的对比分析

从前后测数据对比来看，12% 的学生完全提高，26% 的学生部分提高，50% 的学生没有任何提高，12% 的学生下降。从前后测的数据对比来看，第二次试教结束后学生的提高程度比第一次试教大。

（二）第三次教学过程及课后教研组评价分析

1. 第三次教学过程描述

首先，教师简要介绍特殊点的存在问题在中考中的重要性。教师检查学案中必备基础知识的完成情况。接下来，学生交流课前学案的完成情况。教师分配每个小组 1 个问题组内交流，教师巡视，解决疑难，学生交流了 5 分钟左右后，每个小组派 2 个同学到黑板板演，其余同学继续讨论。大约 10 分钟左右，交流板演结束。每个小组派一个代表进行展示。在每个学生展示结束后，教师提出具体的解题思路是什么？解决这些问题的共同点是什么？等问题。必要的时候教师安排学生小组讨论。每个小组展示完，教师给 2 分钟左右的时间让学生在学案上整理解题的过程。所有的小组展示完了，教师让学生总结解题思路，并在黑板上把整节课的基本解决策略通过框图的形式展示在黑板上，并要求学生在课后将课上的解题思路的总结以及同一问题的不同解法在学案中做好记录。

2. 教研组对第三次教学的评价

第一，按照上次教研组提出的修改意见，首先，教师对学生学案中必备知识点的完成情况课前做了检查，这样有利于教师根据学生的情况调节教学步骤来促进学生新知识的生成；在教学过程中，教师的问题都是在学生展示完提出的，这样保持了学生解题思路的完整性。其次，解题规律的总结是在学生充分交流的基础上由学生自己归纳概括出来。最后，整个教学结束后，教师先让学生对所有问题的解题思路进行了归纳，并在黑板上用文字的形式归纳出来。

第二，从课堂学生表现来看，学生的小组合作组织形式更加有效了，负责黑板展示的，小组内讨论的，不会的学生提出自己的疑问，会的学生详细讲解。在规律的总结过程中，几乎所有的学生都能够主动参与到对于解题思路与数学思想方法的总结与概括中来。

3. 后测分析

由于最后一次试教是某研讨会的观摩课，研究者没能找到机会进行前测，所以第三次试教仅进行了后测。从后测的数据，我们得出 69% 的学生能够正确地求出两个点的坐标，7% 的学生能够求出纵坐标的两个值，24%的学生错误或者空白。从学生的后测情况来看，学生基本上掌握了所复习的内容以及面积限定的特殊点存在问题的解题思路。

四、课例研修取得的成果

通过三步两反思的课例研究过程，整个教研组明确了数学复习课教学中存在的问题，并在深入剖析问题的基础上，在三次动态调整中找到问题解决的策略。例如，复习课的教学目标设计应关注知识与知识之间的联系、数学思想方法的提炼、问题解决能力的形成，应在课前学案中增加课前检测并及时批改，应多提供给学生独立思考的时间、小组讨论的机会，应提供学生内化新知的机会。同时，教师对本专题复习内容的把握也逐步深入，越来越明确地意识到三角形面积限定的特殊点存在问题中知识之间的联系、解题策略、数学思想的形成是本节课的"新授内容"，更为可喜的是，教师逐步意识到，学生在这一新知生成过程中的主体地位和作用。

第二节　基于 PDSA 改进模型的数学学案导学
教学模式的行动研究

《义务教育数学课程标准（2011版）》提倡自主学习、探究学习和合作学习的学习方式，关注学习者的主动性和独立性，让学生由"要我学"到"我要学"和"我能学"的转变。在课程改革理念的指导下，各种以学生为主体的教学方式发展起来，例如，先学后教的学案导学教学方式、自主探究教学方式、自学辅导教学法、翻转课堂等。在这些教学改革中，学案导学的教学方式是很多学校提倡的一种方式，学案导学的教学方式是以导学案为主要载体的一种教学方式，这种教学方式对于学生的自主学习能力的培养方面起到重要的作用。

一、数学学案导学教学中存在的问题

国内很多学校开展了学案导学的教学改革，例如，山东杜郎口中学的"三三六"教学模式，山东昌乐二中的"271"高效课堂模式，辽宁省里仁中学的整体教学系统和"124"模式，这些教学模式以导学案为切入点，引导学生的自主学习，取得了一定的成绩。但是，在辽宁省内的大连、沈阳、鞍山、锦州、丹东、铁岭、本溪、抚顺、辽阳等 10 个市 30 多所中学调研的过程中我们发现，学校在数学学科实施学案导学教学的过程中出现了很多问题，例如，一些学校要求教师每节课必须使用导学案，不管这节课的内容对于学生来说是否过于抽象，难度过大；导学案设计过于模式化，没有考虑到课型的不同，知识类型的不同和学生的不同；导学案的编制照搬教案和教材的内容，缺少内容的处理；导学案的设计缺少层次性；导学案检测环节中的习题仅仅关注学生的知识、技能的检测，缺少对学生数学思想方法的检测；导学案的问题设计缺乏探究性，不能引起学生的深度思考，甚至对照课本就能够直接找到答案；部分导学案仅仅要求学生阅读教材的某些部分，之后做一些检测题，而对于如何阅读教材，缺少方法上的指导；导学案加剧了学生的两极分化等等。这些问题主要源于教师缺乏导学案的设计方法，因此，辽宁省铁岭经济开发区九年一贯制学校基于本校的实际情况，学习借鉴了山东杜郎口中学导学案教学改革的经验，有效地开展了基于导学案的数学教学改革，这一行动研究不仅提高了数学教学质量，而且促进了学校整体发展。

二、学校数学导学案教学改革的背景

铁岭经济开发区九年一贯制学校坐落于铁岭经济开发区东，处于城乡接合部地区，生源大多来自周边城镇和农村小学，大部分学生自主学习意识薄弱，缺少科学的学习方法。学校从 2012 年开始以"实施阳光教育，全面提高学生的综合素质"为办学理念，以建设阳光课堂教学为主体，阳光德育和阳光体育为两翼，努力建设综合性的教育体系。学校确定"先学后教、当堂训练"的阳光课堂教学模式，其主要分为六个环节：导课—组内小展示—板演展示—交流讲解—当堂训练—质疑小结。为了保证学生先学，教师就要为学生准备一个导学案，学生按照导学案自学，第二天上课按照导学案教学。学校定期检查导学案，与学生作业同样要求。初中数学导学案教学改革就是在全校阳光教育这个大背景下开展的。

三、基于 PDSA 模型的数学导学案教学改革的实践

（一）PDSA 的第一个循环

1. 计划阶段

在计划准备阶段，校本教研组确定校本研修的目的为在数学教学课堂教学中应用学案导学的教学模式培养学生的自主学习能力。研修的内容有导学案的编制方法，学案导学的教学模式，预期成果的形式，教学效果的评价方式，研修过程中所采用的研究方法和研修的主要形式等。经过和学校领导，外聘教育专家的研讨，参与教师理解导学案的内涵、基本特征，初步确定数学导学案的结构主要包括学习目标的设计，引导性问题，检测题等内容（详见附录六）；数学学案导学教学模式的六个环节：导课—组内小展示—板演展示—交流讲解—当堂训练—质疑小结。预期成果是系列导学案，以及观摩课的教学视频，研讨过程中产生的问题以及解决的方法和策略，研修过程中采用的方法是行动研究，研修的形式主要是自我研修、专家报告、观课评课等。

2. 试行阶段

教师是数学导学案教学改革能否顺利进行的关键，所以通过 2—3 节观摩课之后，校本教研组的全体数学教师共同编写适合学生需要的导学案。在编写的过程中，学校展开了对教师导学案设计与编写的指导，使教师明确了教师数学导学案设计的相关内容，能够分清导学案的类型、导学案的知识使用条件，即判断什么样的知识适合使用导学案。之后，根据学案导学的教学模式进行授课，教研组在市教研员和教学校长的带领下互相听课、评课。

3. 研究阶段

在实施的过程中，这些问题包括：学生课前不知道如何自学，学生展示的效果不理想、学生参与度不够等问题；导学案的设计不科学，例如，导学案中的问题设计仅关注一些知识性的问题，缺少一些关注数学知识的发生发展过程的问题；缺少对于学生的学习方法的指导；如何体现学生的不同层次等问题。

4. 实施阶段

校本教研组对导学案的教学改革进行系统反思，解决所存在的问题。研讨后，教研组确定在下个循环中需要进一步深入研究导学案中学法指导如何设计，如何分层设计，学生如何阅读数学教材，学生课上展示的相关要求等。

（二）PDSA 的第二个循环

1. 计划阶段

在这个阶段，根据第一个循环中提出的问题，校本教研组需要对于如何设计学法指导，预习题的分层完成的要求，数学教材的阅读方法，展示的要求等。学生数学教材阅读的方法涉及如何阅读目录、章前图及章前引言部分，问题情境、知识生成的问题串部分（做一做、想一想、议一议等环节）、加黑或涂色的重要结论部分、例题和练习部分（详见附录七）。教师对不同层次的学生提出不同的教学要求，例如，在完成数学教材的阅读之后，1、2 号同学力争完成全部预习题，3、4 号同学力争完成 4 个以上预习题，5、6 号同学力争完成 2 个以上预习题。对于预习和展示，学生要具体做到以下几个方面：

（1）妥善安排时间预习

在改革开始阶段，学生利用每天下午自习课，预习第二天要讲的课程，教师带领学生预习，教给学生阅读数学教材的方法，当学生基本上能够自主阅读教材之后，学生自习课自主预习。当学生具备了一定的自主学习能力之后，教师可以根据自己班级的情况，安排学生课后在家自主预习。学生根据老师布置内容，一般是在前一天晚上预习第二天要上的新课，这样印象较深。同时，根据新课的难易程度和学生的实际情况，灵活安排预习时间的长短和预习的场所。

（2）明确预习任务

总的预习任务是学生先感知教材，初步处理加工，为新课的顺利进行扫清障碍。具体任务通常有：①巩固复习旧知识，阅读教材学习新知识，查不清、理解不透的新知识记下来；②初步理解新课的这部分基本内容是什么？思路如何？在原有知识结构上向前跨进了多远？③找出书中重点、难点和自己感到费解的地方；④把本课预习题做一做，力争达到要求，不会做可以再预习，也可记下来，等教师授课时注意听讲或提出来。

（3）预习中看、做、思相结合

看，一般是同学把新课通读一遍，然后用笔勾画出书上重要的内容，需要查的就查，需要想的就想，需要记的就记。做，在看的过程中需要动手做的准备工作以及做预习题。思，指看的时候要想，做到低头看书，抬头思考，手在写题，脑在思考。预习以后，还要合上书本，小结一下，从而使自己对新教材的"初步加工"有深刻印象。

（4）展示的要求

小组合作学习中，每个小组同学通过教室内四周墙上的黑板展示小组研讨的结果。展示分为"小展"和"大展"，小展在组内完成，是在小组成员个体预习的基础上，扩大本组已掌握知识的面，形成团队竞争力，并统计不会的问题，作为团队的质疑资源；大展是在组间进行，是在小展结束后全班范围内开展的讨论。展示环节对学生提出了一些要求：第一，展示的内容要全面化。如果黑板的地方够大，尽可能追求展示内容的全面化，让预习生成的所有资源公开，让师生互动的舞台足够大；第二，若黑板地方不够，展示内容必须取舍，那么，展"错"比展"对"重要。教师在分配板书展示任务时一定要根据预习情况，选出典型性错误，作为第一展示资源。第三，展示过程比展结论重要。教师要尽可能压缩课堂板书时间，把时间尽可能多地留给学生，让其充分地辩论、对抗、质疑。

2. 试行阶段

通过系列观摩课展示，校本教研组的全体数学教师按照新的要求编写导学案，对学案导学的教学模式的部分环节进一步精细化，例如，学生预习的指导，展示的要求等。教研组在市教研员和教学校长的带领下互相听课评课，与数学老师一起寻找问题和解决问题。

3. 研究阶段

在实施的过程中，校本教研组发现该教学模式比第一轮 PDSA 循环进一步优化了，但是还存在一些问题，例如，这些问题包括：学案导学教学的有效性不知道如何检测，学习目标如何编写学生能够看懂，检测题如何编写更能够检测出学生是否领悟了预习内容中的思想方法，导学案如何和上课内容有效衔接等问题。为此，大家坐下来对导学案的教学改革进行系统反思，解决所存在的问题。其中，对教师编写的课前预习案中的问题进行讨论，重点关注问题设计是否合理、学生是否能够理解教师设计的问题等内容。研讨后,课题组进一步确定了一些课前预习案设计的细节,例如,问题设计要根据具体学习内容尽可能简单地设计,即用语方面要利于学生理解,知识掌握程度达到了解即可;考虑学生课业种类多,时间有限,整个课前预习案的完成时间要控制在半个小时之内。老师通过此次研讨,使课前预习案的使用更能贴合学生实际。

4. 实施阶段

校本教研组对导学案的教学改革进行系统反思,解决所存在的问题。研讨后,课题组确定在下个循环中需要进一步深入研究导学案中学习目标设计方法,检测题的编制方法以及课前和课上内容的衔接问题。

(三)PDSA 模型的第三个循环

1. 计划阶段

在这个阶段,根据第二个循环中提出的问题,校本教研组对于课前预习案中学习目标编制的方法、检测题设计的方法、导学案教学模式的检测以及导学案和上课内容有效衔接等问题深入研究。导学案中检测题的设计不仅要关注学生的知识、技能的检测,而且要关注学生数学思想方法的检测。对于课前和课上内容的衔接问题,教研组对于学案导学的教学模式进一步精细化和模式化,(1)教师利用大约4—5分钟通过问题情境简单导入新课;(2)学生交流课前预习的结果,并在小组黑板上展示,此过程花费大约5—6分钟;(3)利用大约5—6分钟各小组派代表讲解小组黑板上书写的内容;(4)教师质疑、学生互相提问补充的过程,也是本节课的中心环节,占用15—20分钟;(5)根据新学习的内容以及学生呈现的课堂效果,教师配备相应的拓展习题,利用5—6分钟当堂完成;(6)师生对新课知识进行总结,此过程2—3分钟。

同时，学校针对导学案导学过程的各个细节提出了具体要求，教师和学生明确预习、背板、脱稿、小组合作等重要活动形式。例如，(1) 学生课前按照导学案自己自学；课堂按照导学案小组自学研讨；组长将本节学习内容分解到各组员。(2) 学生背板展示方面，板演尽量体现"背板"，不能抄写；学生全部板演，学生可以边学边板书，板书要完整。(3) 学生脱稿讲解，不确定讲解人员，每个人积极争取，以培养争取讲解机会，讲解要"脱稿"，同学之间互相补充、互相提问，教师也必须"脱稿"且要精讲。(4) 在小组合作中，小组人员不随时变换；个人考核与小组捆绑在一起，每节课有统计，每周有总结，对小组进行量化考核，学校期末对各班优秀小组予以表彰。

这个阶段，由于教师需要编制预习检测题以及开展实验研究检测学案导学教学模式的有效性，因此教师需要通过一些期刊和文献的阅读了解试题编制的方法以及实验研究的相关理论。

2. 试行阶段

校本研修小组的全体数学教师实践课上展示的方法、在导学案中按照新的要求编写学习目标、设计检测题、做好导学案和上课内容有效衔接。校本教研组选择部分教师展示系列观摩课，教研员和教学校长听课评课，提出修改的建议。同时，通过课例研究和实验研究对调整后的模式进行效果检验（详见附录八）。

3. 研究阶段

在该阶段，校本教研组分析试行阶段得到的课例研究和实验得到的相关数据以及试行阶段的一些课堂实录和评课建议，发现该教学模式进一步优化了。但是还存在一些问题，例如，不同课型的导学案是否有差异？不同知识类型的导学案是否有差异？导学案是一个整体，还是分成课前导学案和课上导学案两个分开发放？如何减轻学生自主学习过程中产生的负担过重问题？如何解决学生多讲造成计划内容讲不完的问题?

4. 实施阶段

在该阶段,校本教研组将课上展示的要求、学习目标编制的方法、检测题设计的方法、以及导学案和上课内容有效衔接的方法进一步在课堂教学中固定下来,同时将在下个循环中对于研究阶段提到的导学案的编制问题进一步深入研究。

四、数学导学案教学改革行动研究的成效

(一)学生的变化

1. 导学案教学调动了学生学习的积极性

导学案教学改革的数学课堂上,学生真正成了课堂的主人。学生有了热情和自信,几乎每一个学生都敢站出来发表自己的意见,学生的口头表达能力、思维能力、临场发挥能力明显得到了提升,学生在课堂的表现,俨然是个"小老师"—不仅神态自然,举止大方,而且讲得条理清晰,头头是道。学生点评的内容不仅精彩到位,点评方式也别出新样,除了能给学生及时纠错,还能举一反三举出类似的题目。基于导学案的数学课堂教学改革以来,同学间赞美的掌声,快乐的笑声在课堂时常响起。

2. 导学案教学培养了学生的自学能力

导学案教学模式更好地实现学生从"要我学"为"我要学",从"学会"到"会学"的转变,学生的自学能力得到了充分的发展。同时,充分考虑了不同层次学生的学习需求,教师能够根据学生的实际情况进行有针对性的指导。对于学优生来说,他们除了学习书本上的数学知识,同时也能够自主学习课外拓展性的数学知识。对于学困生,他们学习兴趣不浓,甚至不知道如何进行预习,而导学案提供了预习步骤及预习内容的指导,学困生根据学案的学习指导,逐步掌握预习

的方法，有效地提高了自学能力。

3. 学案导学教学发展了学生合作学习意识

合作学习是学案导学的显著特点之一。导学案强调每道题在经过学生独立读、思、练之后，对共同存在的问题要进行小组讨论或全班讨论，从而培养了学生互相尊重、协作进取的精神，减少学生因成绩差异而引起的过重心理压力，增加了全班学生从不同层面参与学习的机会，尤其使一些学习有困难的学生在合作学习中得到更多的帮助。

（二）促进了教师的专业发展

在导学案教学改革过程中，教师加深了对数学课程和教学的认识和理解，也提高了对数学课堂调控的能力，涌现出一批课改名师。

1. 教师加深了对数学课程与数学教学的认识

在导学案教学改革中，教师需要深入分析教材，剖析数学知识的本质和发生发展过程，编制适合学生课前自学的导学案，精心设计学习目标、引导性问题、数学问题情境和不同层次的检测题等；在导学案编制的过程中，教师不仅深入地理解了教材，掌握了数学教学设计的相关方法，互助研讨的过程中增进了对数学课程的认识，学生数学学习的认识，以及对数学教学的认识。

2. 提高了教师对数学课堂教学的调控能力

基于导学案的教学过程是学生课前根据导学案完成预习的内容，课上按照导学案小组自学研讨，之后学生展示、交流，教师引导、点评。在这样的过程中，随时课堂上都会有生成性资源，例如，一个新的解法，一个质疑或者困惑，这些生成性资源的有效利用都能够提供教师和同学启发和帮助。因此，在整个改革的过程中，对于如何有效利用生成性资源的教学实践一定程度上提高了教师的应变能力和调控能力。当然，有的时候，由于教师对于数学学科知识的理解不到位，并不能十分有效地利用课堂中所有的生成性资源，而是常常忽略这些资源，这也是该项改革需要进一步提高的地方。

3. 教师积累了学案导学的教学经验

数学导学案的教学改革过程也是校本研究的过程，在这个过程中，学校积累了学生使用的数学导学案，教师还编制了指导学生活动的校本教材，具体包括：预习的概念、作用、分类、要求和具体步骤；小组长的选拔方法、基本要求和工作职责等；小组合作展示的类型，步骤，方式和基本要求等。

这一行动研究体现了《基础教育课程改革纲要（试行）》的精神，即"倡导学生主动参与、乐于探究、勤于动手，培养学生搜集和处理信息的能力、获取新知识的能力、分析和解决问题的能力以及交流与合作的能力"，带动了学校其他学科的改革，学校成为示范学校，发挥了课改的引领辐射作用。

第十章　乡村教师自主专业发展的实践研究

第一节　基于教学反思的乡村教师自主专业发展的实践研究
——加权平均数的课例研究

在乡村教师自主专业发展过程中，教师需要对课堂教学中学生出现的一些错误深入反思，结合学生的实际情况对于教材中的内容做出恰当的处理。经常性反思教学实践，有效地将教学理论与教学实践相结合，自觉地把教学反思视为教学工作的重要组成部分，对教师的专业发展有着积极的现实意义。下文呈现了一节辽宁省实验学校卢宗凯老师在乡村学校支教过程中对于加权平均数教学中学生出现的问题开展教学反思，重新进行教学设计并开展教学的案例。该案例的授课者虽然不是乡村教师，但是他根据自己教学反思的结果，调整教学设计的过程和思路呈现给乡村教师，为乡村教师专业发展过程中的教学反思提供一些方法和启示。具体的案例呈现如下：

加权平均数反映了一组数据中各个数据的重要程度对整体集中趋势的影响。加权平均数的大小不仅与一组数据中的每个数据有关还受到数据"权"的大小影响。"权"有两种表现形式，一种是绝对数（频数），一种是相对数（频率）表示。卢老师发现学生在学习加权平均数的时候往往会存在诸多认知困难，例如，在下面的情境中：

一家公司打算招聘一名英文翻译，对甲、乙两名应试者进行了听、说、读、写的英语水平测试，他们的各项成绩（百分制）如下表所示。

应试者	听	说	读	写
甲	85	78	85	73
乙	73	80	82	83

（1）如果公司想招一名综合能力较强的翻译，请计算两名应试者的平均成绩（百分制），从他们的成绩看，应该录取谁？

（2）如果这家公司想招一名笔译能力较强的翻译，听、说、读、写成绩按照 2∶1∶3∶4 的比确定，计算两名应试者的平均成绩（百分制），从他们的成绩看，应该录取谁？

一些学生列出错误的加权平均数的算式。例如：

甲成绩：$(85 \times 2+78 \times 1+85 \times 3+73 \times 4) \div 4$

乙成绩：$(73 \times 2+80 \times 1+82 \times 3+83 \times 4) \div 4$

结合学生的课堂情况，卢老师发现虽然有些学生能够正确列式，计算出加权平均数，也只是生搬硬套公式，对"权"的含义理解不透，不清楚"权"的意义。在和沈阳师范大学的陈丽敏研讨之后得出原因，即，一方面来源于学生受到算数平均数的负面影响，另一方面也来源于该问题情境脱离学生的生活，教师没有深入剖析该问题情境的教学意图，没有引入"权"的必要性和"权"的意义。那么，采用哪种表现形式引入"权"更合适？如何引导学生深入理解"权"的意义？如何能够水到渠成地引入加权平均数的公式？针对上面学生存在的问题，在陈老师的指导下，卢宗凯老师的重新设计并实施了加权平均数的教学。具体过程如下：

一、"权"的引入

教学过程描述：教师展示问题情境1：下面是三名学生的平时、期中、期末三项数学成绩。如果用三项成绩的算术平均数来计算学生学期总评，你认为合理吗？请说说你的想法，不合理的话，请按你的想法计算出每个学生的平均成绩，并排名次。

姓名	平时成绩	期中成绩	期末成绩	学期总评
高飞	96	72	81	
王刚	100	74	78	
刘强	50	91	96	

学生在独立思考的基础上，小组讨论汇报，一致认为三项成绩的算数平均数来计算本学期数学成绩总评不合理，因为三项成绩的重要程度不同。教师顺势提出让学生寻找方法来区分三项成绩的不同重要程度。学生并没有提出用教材中的比例来刻画三项成绩，而是提出用不同的百分数来刻画三项成绩的重要程度，教师采纳了学生的建议，并让学生计算总评成绩。学生计算之后汇报结果，刘强成为小组第一名。这个时候教师通过刘强从最后一名跃升为第一名原因的挖掘，引导学生体会"权"的意义。最后，教师明确，用三个百分数来表示三项成绩的不同重要程度，这三个百分数称为"权"。

反思：对于"权"的两种表现形式——绝对数（频数）和相对数（频率），教师根据学生已有知识和生活经验感受算术平均数的局限性，提出"权"的表现形式，并通过计算结果的变化来体会"权"的意义。可见，这种处理方式符合建构主义理念，教学不再是传递客观而确定的现成知识，要为学生创设理想的学习情境，唤醒学生原有的知识经验，在学生已有的知识经验的基础上开展教学。

二、"权"的形成

教学过程描述：在学生知道百分数可以表示三项成绩不同重要程度之后，教师进一步引导学生思考，三项成绩的不同重要程度的表示除了可以使用百分数，还可以使用哪些数。学生提出了分数，教师让学生简要描述如何计算总评成绩，而没有让学生计算得数，以便节约时间。之后，教师进一步引导学生思考，除了分数和百分数，还有哪种方法能用来表示不同的重要程度。这个时候，学生提出了比例。教师让学生给出具体的比例系数，根据学生给出的比例系数，教师强调比例的三个数字之和不一定必须等于 10，而通常教材设置比例系数之和为 10 是为了计算简单。同时，比例的三个数字之和一般来说大于 3，如果和为 3 的话，三项成绩的重要程度就相同了，也就是算数平均数。之后教师让学生根据三项成绩 1：3：4 计算问题情境 1 中每名学生的学期总评。

学生列式计算：

高飞的学期总评：$96 \times \dfrac{1}{1+3+4} + 72 \times \dfrac{3}{1+3+4} + 81 \times \dfrac{4}{1+3+4} = 79.5$

王刚的学期总评：$100 \times \dfrac{1}{1+3+4} + 74 \times \dfrac{3}{1+3+4} + 78 \times \dfrac{4}{1+3+4} = 80.8$

刘强的学期总评：$50 \times \dfrac{1}{1+3+4} + 91 \times \dfrac{3}{1+3+4} + 96 \times \dfrac{4}{1+3+4} = 88.4$

根据学生列式，教师总结得出 1：3：4 中的 1、3、4 同样表示三项成绩的不同重要程度，也称为"权"，并引导学生归纳出加权平均数的公式，强调百分比和分数形式的"权"之和为 1，探究加权平均数和算数平均数的区别和联系。

反思：由于前面增加了百分数、分数表示"权"的铺垫，因此，学生在比例的这个问题情境中就会比较容易避免上文提到的认知困难，得出正确的计算方法。这里，学生提出的比例 1∶3∶4 的设定并不是常见的比之和为 10，教师借此机会强调比例形式的"权"之和不一定必须为 10。根据"权"的三种不同表现形式，教师引导学生抽象概括"权"的含义，并根据算式归纳出加权平均数的公式。给出加权平均数的公式之后，教师强调了百分比和分数形式的"权"之和为 1。可见，该教学课例在数学教学过程中，激发学生抽象、概括、分析、综合、鉴别、批判等高级思维过程，并在学生进行意义建构的过程中，给他们提供必要的帮助和支持，促使他们更好地建构事物的意义。

三、"权"的深化

教学过程描述：教师展示问题情境 2：学校想了解三年五班学生的期末数学成绩，具体成绩为：95 分 4 人，90 分 6 人，87 分 10 人，85 分 10 人，80 分 5 人，76 分 8 人。求该班学生的平均数学成绩。

教师让学生先计算平均成绩，学生列式如下：

平均成绩：$\dfrac{95\times4+90\times6+87\times10+85\times10+80\times5+76\times8}{4+6+10+10+5+8}=84.8$

教师让学生独立列出上面的算式，然后让学生独立思考，分析这个算式和上面的加权平均数公式的联系。学生发现平均成绩的计算公式和加权平均数的计算公式完全相同。之后，教师引导学生找到公式中数据和频次分别是哪些数，发现频次大的数据对算数平均数的影响大一些，频次小的数据对算数平均数的影响小一些，也就是说，每个数据出现的不同次数表明这个数据对平均数的影响的重要程度不同，和情境 1 中的各种形式的"权"的含义一样。因此，数据 95、90、87、85、80、76 重复出现的次数 4、6、10、10、5、8 也是权。

反思：由于前面问题呈现的百分数、分数以及比例形式的"权"

用来描述不同数据的重要性，比较明显。但是在该情境中的"权"是由数据本身出现的频次多少引入，其表示数据的重要性并不是特别明显，所以这里教师通过讲解揭示频次的权也表示不同数据的重要性，和前面的各种形式的权的含义建立联系，拓展"权"的内涵。

四、"加权平均数"的应用

教学过程描述：在学生初步理解"权"的定义与意义的基础之上，教师展示问题情境3：某公司欲招聘职员一名，对应聘者进行素质测试，按创新设计、工作经验、语言形象给应聘者王丽和张瑛两人打分如下：

姓名	创新设计	工作经验	语言形象
王丽	72	60	90
张瑛	87	78	60

如果两人中只录取1人，请你设计一个录取方案，并按照你的方案说明胜出者适用于什么职位？

教师出示问题情境之后，先让学生独立思考，然后小组交流。学生集思广益，认为首先需要了解公司的招聘人员从事的任务，根据不同的任务，对创新设计、工作经验和语言形象分别赋予不同大小的权，权的表现形式可以多样，之后核算分数。例如，有的学生说如果招聘公关代表，那么工作经验和语言形象赋的权要大些，创新设计的权要小一些，例如，语言形象：工作经验：创新设计的比为5：3：1，用加权平均数比较之后，录取王丽；有的学生说如果招聘一名设计总监，那么创新设计的权要比较大，工作经验其次，语言形象最小，具体的赋值可为创新设计70%，工作经验20%，语言形象为10%，用加权平均数比较之后，录取张瑛。

反思：在学生初步掌握加权平均数的概念和计算公式后，教师在此处设计一道招聘的开放题，给不同类型的数据赋予不同大小和表现形式的权，检验学生对于"权"的内涵理解和加权平均数公式的应用情况。在课堂上，师生互动热烈，学生能够积极地参与到交流分享的活动之中，描述自己的录取方案，阐述自己的理由，教学效果很好。

加权平均数的教学的重构得到如下启示：

第一，统计概念的教学要基于学生已有的知识经验，促进知识经验的"生长"。建构主义教学观强调，教学不是传递客观而确定的现成知识，而是要基于学生已有的知识经验，促进知识经验的"生长"，促进学生的知识建构活动，以促成知识经验的重新组织、转换和改造。因此，统计概念的教学应从学生熟悉的情境出发，基于学生的经验引入，并明确新知识引入的必要性。例如，在加权平均数的教学中，教师从学生熟悉的学期总评成绩计算的情境入手，让学生感受到算数平均数的局限性，通过给不同的数据赋予不同的百分比，在算数平均数的基础上建构了加权平均数。

第二，统计概念的形成要通过丰富实例抽象出概念的本质属性。在统计概念的教学中要呈现给学生丰富的案例以供学生开展抽象概括的数学学习活动，如果实例过少，学生对该概念的感性认识不充分，就难以对这个概念所包含的各种要素进行全面鉴别，对所要学习的概念的经验也难以建立起来，进而影响学生深入地理解概念。在加权平均数概念的教学中，教师通过呈现"权"的不同表现形式，逐步深化学生对于"权"的意义和加权平均数公式的理解，而不是通过一种表现形式就迫不及待地给出加权平均数的公式，这种教学处理符合数学概念教学的基本要求，也有利于学生抽象素养的形成。

第二节　乡村教师职业生涯的叙事研究

乡村教师专业发展现状的调查研究表明乡村教师面临着待遇与环境差，社会地位低，学生基础差，学习动机不强，农村家长配合度低，学校的校本研修形式化，上级教研部门的培训脱离教学实际等问题。同时，调查也表明，大多数乡村教师均具有强烈的发展意愿，表现为开展小课题研究、在实践中提出问题并期待专家对其进行专业上的引领等，由此可见，社会支持与教师自身发展二者结合，才会使乡村教育更上一层楼。因此，探讨乡村教师职业生涯发展的途径以及其对自我职业生涯管理的影响，有利于乡村教师专业发展，也能改善乡村教师自我生涯管理状况，从而改善乡村教师的境况。下面通过三位教师的职业生涯经历来描述乡村教师专业发展过程中的关键特点和规律。[①]

案例一：丁老师的成长故事（55 岁，专家型教师）

一、教师简介

丁老师是一名乡村教师，55 岁的她做了 35 年的初中班主任，如今仍然在做班主任工作。从 1986 年参加工作以来，她一直在乡村中学任教初中数学。她热爱自己的职业，用耐心、信心、爱心陪伴每一位乡村孩子的成长。工作中，她通过多种渠道充分了解每个学生的家庭情况和生长环境，利用双休日及时家访。特别是对贫困家庭、单亲家庭及离异家庭的孩子，丁老师都会格外用心。在疫情期间，她通过视频会议，及时有针对性地对家长、学生进行网上培训，引导家长培养孩子上网课。在教学中，她总是培养学生学会"自主"学习，她的

---

①　该案例由东港市丁盛珍名师工作室提供。

课堂教学总是"以学生为中心"。每个学生都喜欢听她上的每一节课，因为在她的课上，大家感觉自己就是课堂的主人，在做自己的"事"，而不是在老师"一言堂"里接受填鸭式教育。她关注每一个学生的成长，总是尽最大努力不让一个学生掉队，她任教的班级升学率总是遥遥领先。三十多年的乡村从教生涯，她也见证了乡村教育的发展壮大。她有自己一套独特的教学方法，学生都喜欢她的数学课，因为学生在她的课堂上可以有创新、有激情，可以做小老师，可以随时发表自己的见解。在丁老师的培养下，一批讲课小能手像雨后春笋般不断涌现。她认为教育不是传授知识，而是让学生具备随时随地获取知识的能力，每个学生在老师的引导下，逐步掌握学习能力、批判性思考能力、创造能力、合作能力、应变能力，这些是丁老师教学中要达成的目标。在实际工作中，丁老师一直努力让学生全面发展，而不是只看分数，她更多注重学生各项技能的培养。她的毕业生在大学里可以帮老师写讲义、帮助老师上课。有些家庭拮据的学生利用休息日给初、高中孩子辅导功课，他们通过自己的双手赚钱解决学费以减轻父母的负担……这些都和她对学生的影响分不开，多年以后她的学生还是会记得这位循循善诱的丁老师。

在班级管理中，她敢于放权，班级的一切事物都由学生自己管理，她有一套自己独特的管理方法，班级每个学生都是班级的管理者或者监督者，大家共同制定的规矩大家自觉遵守。丁老师的教育教学方式培养了一大批会学习、会生活的，适应时代发展的接班人。丁老师由于育人效果非常突出，她的工作也得到了家长、学生、领导和社会的认可，曾被评为东港市级优秀教师、东港市首届名师、丹东市优秀班主任宣传典型、丹东市模范班主任、辽宁省骨干班主任等。现在她担任东港市初中数学名师工作室主持人、丹东导师团成员，在丹东多地送教下乡和做教师培训工作。她不仅热爱自己的学生，更热爱教师这个职业，她对乡村教师的职业有着自己独特的理解。

二、丁老师的职业发展历程

（一）初为人师，激情四射

19 岁时她成为一名乡村代课教师，就这样走上了教书育人的岗位。她还清楚地记得，当时她从教的学校是一个刚刚成立不久的乡村中学，仅有几间红色的瓦房，几张破旧的办公桌和 30 多个爱岗敬业的老师。因为老师缺得太多，当时中考不考的学科都没有开设。学校里来了新老师，领导和同事们都很高兴，领导对新来的老师非常重视，给了她一张四条腿都有的桌子。邻座的张老师的和孙老师的桌子都是三条腿，为了写教案时桌子能够稳定一些，四张桌子挤在一起，她还清楚记得张老师的桌子还有一个角使用一摞砖头顶的，大家写教案时都不敢多动，否则会被砖头砸到脚。即使这样，大家在一起工作都很开心。她右侧的于老师是教化学的，有一天他说："快中考了，有几个化学实验无论讲几遍，学生们总有疑问。"于是她就对校长提出能不能去教育局申请些化学药品、烧杯、酒精灯、铁架台等，校长非常支持老师的工作，立刻派学校会计葛老师到教育局申领。当时新建的学校确实很多，物资也短缺，会计回来说什么也没要到，人家工作人员还说，"现在根本没有，你们不要觉得盖了几间瓦房就是一个学校了"，葛老师伤心地回来了。在那个年代大家也许真的没有办法。学校里的环境如此艰苦，但是老师们的干劲都是十足的，那个时候没有教师考核，老师都自觉努力。记得她第一次做班主任，班级每年分的煤面一个冬天取暖是不够的，丁老师就和学生一起到校外捡他人丢弃的旧鞋底，到附近的水稻加工厂要水稻壳一起混合取暖。下课铃声一响，她就和同学们一起围在炉子旁取暖，开心地谈论学习，他们之间是师生又是朋友。每年冬天班级都有学生手脚冻坏，她会从家里带来酒和红色辣椒，用火点燃白酒后和学生们一起洗手，这个偏方治疗冻疮非常有效。

艰苦的条件大家一起度过，师生的感情是那样真挚。快过年了，丁老师自己步行去供销社买了一张吃饭的家用桌子，刚刚走出不远，就遇到了她的学生费某某，他坚持要帮老师送桌子，老师再三拒绝都无济于事，还是陪丁老师行走了 30 多分钟，帮助老师把桌子送回家。这件事让丁老师终生难忘，因为她的这个学生是个小儿麻痹症患者，平时行走腿脚不太好使，就是这样的一个孩子，感恩老师平时对他的好，帮老师把桌子送回家后，头也不回地就走了。记得一年秋天，丁老师家的水田地要下化肥，那时她的父母年纪已经很大了，家里家外的农活她都会包下。记得那天下午放学，丁老师就自己用自行车载着 40 多斤化肥行走在崎岖不平的坝埂上，刚刚走进地里，她的学生崔某某的爸爸就接过了下化肥的袋子，帮助丁老师下完化肥。当丁老师向他道谢时，他说这是我对你的报答，孩子没有你的耐心帮助是考不上高中的，我们全家对你感激不尽（他的女儿在丁老师的耐心教育下，大学毕业在上海安家，目前他们全家也随同女儿在上海定居）。这样的事例实在是太多了，在这里就不一一列举了。真挚的师生感情，让她更加努力地用心培养每一个孩子。简陋的教室、50 多人的班级，寒冷的冬季也影响不了温馨教室里奋斗的身影，一年又一年，她的学生很少有辍学的，他们喜欢自己的班级，喜欢大家在一起的其乐融融。一个姓丛的女孩即使家搬去远方，也要寄宿在亲戚家，不愿意离开班级。每一天她都会被她的学生感动着，一个苹果、一块糖、一条手帕、一份自己的心事等，无不让丁老师充满自信、收获满满。学生不会惹她生气，学生与父母之间的矛盾会主动与她诉说，学生和她亦师亦友。艰苦的工作环境并没有磨灭她的工作热情，她热爱每一个学生，她能看到每一个学生的长处，她给每一个学生展示自我的机会，她喜欢和学生一起成长，这就是为什么在偏僻的乡村，她还一直做班主任工作的原因。

（二）一位好校长，就是一所好学校

在丁老师入职初期，她遇到了一位好领导，他是一个人性化、懂教育的好校长。他对老师的管理从不限制条条框框，给每个老师教学上个性发展的机会，给教师良好的发展空间，鼓励老师进修学习。如果老师外出进修学习，旅差费学校都给报销；他鼓励老师提高自身素质，在开展教研活动中从不流于形式，而是实实在在让老师学到真本领。每次搞公开课，要求全校老师都去听，不给老师讲课打分评比，就是让大家相互学习、取长补短，也给胆子小的老师锻炼自己的机会。丁老师在这样的环境中不断成长，她吸取着众家之长，政治老师的幽默有趣，语文老师的言简意赅、生物老师制作的简单教具让学生一目了然等。每次听完课她都会细心揣摩、潜心研究，不断改进自己的教学方法，保留长处，改进不足。有一次她所在的中学参与省级优质课评选活动，因为要刻录光碟，大家都嫌麻烦，不愿意参加，领导让丁老师录课，她怀着胆怯的心情录了一节公开课。没有想到的是，在全省众多老师中她脱颖而出，获得省级优质课一等奖，当时她是全校老师中第一个获得省级优质课的老师。这次获奖给了她极大的鼓励，从此她更加努力研究如何上好每一节课。她不仅研究知识，还研究学法、研究教法、研究不专心听课学生的心理活动，她的班级成绩从此遥遥领先。那年她的宝贝女儿出生了，由于乡村学校缺少老师，她不忍心让她班级的学生无人带班，女儿满月她就上班了，校长给她提供了照顾孩子的时间。她感恩领导的支持，班主任也没有放弃，当时她就在想："有没有一种学生自我管理班级的好方法，可以让自己在教育教学工作中游刃有余呢？"上天总是眷恋真心付出努力的人，就在那时她无意中发现了一个魏书生的教学讲演光盘，她回家反复观看，学以致用，经过改进和创新，她探究出一套学生自我教育、自我管理的好方法，一直沿用至今。

（三）好的教学方法让学生受用一生

美国教育家雷夫说："我不认为所有的学生都会成功，但我认为，我的工作可以给学生一个成功的机会。一个老师的工作是为学生打开一扇门，并且让学生自己走进来。我不会使劲地把学生推进这扇门，走进来必须是学生自己的事情。"在教学中，她总是让自己的学生们变成爱学习的天使。

1. 科学分组，有成效

每当新接一个班级，丁老师会根据学生性格特点和学习情况合理分组，各组就像分班一样 S 型排列，尽量使每组成绩均衡。班级分组原则是 6 人一组。组长和组内二号坐在中间，有利于辅导前后成绩略差的同学，组长就是一号同学。组长、组员都是动态管理，每月都有组内评比，组内成员的编号都有变动，谁综合排名第一，谁就是组长，组员的编号也会发生变化。小组上课发言的加分原则是：抢答正确每人次给小组加 5 分；分号抢答时加分原则是你是几号，回答正确就给你小组加几分，这样做的目的是充分调动组长的积极性和主动性，他会提前带领优等生去教学困生，实现互帮共赢。为了本组同学获得最高分数，他们在课前预习时，会查阅各种相关资料，理解教材精髓，有目的地去听课、研究。每节课都会进行 3 到 6 轮抢答。如果抢答错误，小组就将失去 5 分。一种形式用一段时间后，大家都有疲劳感，我会再换一种方式，比如小组抢答时，我可以让小组间相互出题，每道习题根据学生的实际情况适当降低难度。平时每节课的加分、减分分别由两位同学统计。每天一小计，每周一大计，每月一总结。每周前三名小组作业可以按层次减量，虽然只是几道题的事，但是大家都很在乎。由于采用小组合作学习，她的课堂上到处是欢声笑语，掌声

"一浪高过一浪"。每节课的分数在下课前统计好，每一节课的优胜小组都会获得大家掌声的鼓励，得分最少的小组要为大家唱一首歌。每周统计各组的成绩都写在纸上，贴在学习园地上。在每个月统计后，评出优胜小组和先进小组。第一名小组每一名成员都加 10 分，第二名小组的全体成员每人加 8 分，第三名小组的全体成员每人加 5 分，倒数第一的小组每一名成员将减掉 5 分，倒数第二名的小组成员每人将减去 3 分，其他小组不加也不减。第一名小组组长可以带领全体成员选择自己的座位，想到哪里坐都可以。倒数第一名的组长，她会让第一名小组的组长培训后调换小组，再给一次做组长的机会。每组组长都是组内最优秀的同学，他们肩负着组内同学各科的作业检查、后进生辅导、纪律的督促、小组评分统计、互批互改小考卷等"小事"。每个组长可以根据自己的实际情况在本组内培养两个副组长，数学好的做数学副组长，英语好的做英语副组长等。组员间团结一心，相互帮助共同提高。组长每天要及时检查本组内同学的各科检测试卷，组内同学不懂的习题及时辅导，让那些学困生及时赶上"大部队"。

2. 思想教育要到位

她始终创造性地运用教材。搞好初中数学课堂小组合作学习，教师必须认真备课，不能死搬硬套书中的例题，而是要创造性地运用教材。每个课件开篇她都设计寄语或者是一则简单的小故事，从而激起学生的学习兴趣。她常用的寄语有：团结就是力量、帮助他人就是帮助自己、相信自己一定行、知不足是进步的开始、送人玫瑰、手留余香等。常用的经典小故事是：

有一个人问上帝，他想知道到底天堂和地狱是什么样子，于是上帝就说先带他去看地狱。于是就带他来到一间房间，里面有一个长条形的桌子，桌上摆满了各种很香的食物，桌子上面坐满了人，每个人都面黄肌瘦，非常饥饿，他们每人有一双很长很长的筷子，他们把夹起的菜尽力想喂到自己的嘴里，可是由于筷子太长，没有一个人能把菜喂到嘴里，所以这个房间所有的人都是非常痛苦的样子，看着好吃的菜，却吃不到！于是这个人就给上帝说："太残忍了吧，那带我去天堂看看吧！"上帝说："好啊，其实天堂就在地狱的隔壁！"于是他们来到隔壁的房间，看到的是同样的长条桌子，同样很好吃的菜，同样的每人拿了一双不可能喂到自己嘴里的筷子，不同的是他们都非常的开心！因为他们都把自己夹起的菜喂到了别人的嘴里，所以大家都吃到了美味，而且人与人之间也非常开心！

这个故事告诉学生在小组学习中，帮助别人的同时也帮助了自己！让那些好学生不要自私，帮助小组内学困生的同时也是帮助自己。她的这些举措为提高学生的积极性打下基础，也为学生进行小组合作学习做好铺垫，她的学生都爱上了数学课。每节新课前，丁老师都用心备课，研究新课内容和学生的认知规律，把例题设计得有梯度。首先设计简单习题进行课堂展示，目的是给小组五六号学生一个表现的机会，也是对他们课前预习的一个肯定，激发他们的学习兴趣。其次是中等习题，为班级中等学生提供抢答的机会。再次就是拔高、拓展习题，结合中考要求为尖子生提供机会，给同学之间探讨研究提供机会。

3.达标检测要有实效性

她认为，每一节课的达标检测必须针对本节课的重点知识，要有基础、有提升、有针对性。要让百分之八十的学生可以达到优秀，要让差生有及格的机会。考完以后让组长之间交换批改，小组交换统计平均分（防止作弊）。每个小组组长利用自习课把他所批改的学生的平均成绩写在黑板上，再由数学课代表给小组加分。第一名的小组加6分、第二名的小组加5分、第三名的小组加4分、倒数第一名的小组减去 6 分、倒数第二名的小组减去 5 分、倒数第三名的小组减去 4 分、其他小组不加也不减。哪个小组内有班级倒数两名的同学，组内倒数第一名的同学可以在卷面多加 40 分，倒数第二名的同学可以在卷面中加 30 分，超过 100 就按 100 纳入小组总分评比。这样做的目的是让组内其他同学不排挤差生。平时她会让她的学生积攒每节课的达标测评卷，班级前 20 名，如果积攒 5 个 100 分的数学小考卷，就在学习园地自己照片下粘贴一个小卡片。班级倒数 5 名的同学只要考 60 分以上，就可以当 100 分。其他同学目标检测成绩达到 90 分以上就可以当满分卷计算。这种做法运用了 30 多年，每一届学生都非常喜欢这种评比方法。

经过 30 多年的教学实践和精心研究，小组合作学习的效果非常显著。学生课前预习认真，课堂上抢着帮助老师讲题。学生上课没有死角，课堂上溜号的学生很少，组长耐心帮助组员，组员之间相互团结，共同进步。她任教的班级学生学习数学的兴趣非常浓厚，无论月考、期中考试、期末考试以及中考，学生的成绩都是遥遥领先。每次考试她班的平均成绩高于其他班级 15 到 30 分之多。

（四）教育环境的变迁，为教师的发展开启了绿灯

随着改革开放和经济改革的不断推进，国家越来越重视教育，国家在教育方面投入了大量的资金，电脑、白板、投影仪等现代化教学设备逐渐走进乡村学校的教室。为了适应时代发展，广大乡村教师都在努力学习电脑知识，丁老师和每一位一线教师一样，利用课余时间学习制作课件，学习钉钉、腾讯会议等软件的使用。突如其来的新冠病毒疫情打破了所有人的计划，为了加强疫情防控，国家号召大家少出门，为战胜疫情做贡献。这就意味着教师和学生不能按时开学，一时间全国的大中小学生都开始了网课学习。网课学习期间，丁老师毫无保留地把全部精力投身到网课教学中，在战胜疫情的过程中陪伴学

生健康成长。

1. 她提早学习钉钉和腾讯会议的使用，为自己开展线上教学"充电"

丁老师看新闻感觉今年开学会延迟，需要上网课。于是从大年初六开始，她就自学腾讯会议和钉钉等软件的使用。55 岁的她首先通过百度学习钉钉的使用，自己研究不明白的地方就主动向女儿、学生和同行请教。为了更好地运用软件，她首先和家人先建立一个钉钉群，先尝试和家人怎样沟通，并及时反馈意见，她站在学生的角度感受网课的特点，并且电脑、手机不断变换使用，目的是看哪种方式更适合学生学习。通过一段时间的尝试，她发现钉钉中的视频会议更适合网上学习，因为视频会议在提问学生时，时间上没有延迟，老师可以像在教室中一样与学生互动。这样做不仅能提高学生的学习兴趣，也保证了老师能及时与每个学生交流，同时也避免了个别学生开着钉钉去看其他网页等不良现象。在教学实践中她还发现，钉钉中的视频会议还可以和学生切换分享屏幕，学生可以第一时间把自己做的习题传到共享桌面，与大家共同欣赏，每个学生都能第一时间把做题过程呈现给大家，有问题老师马上就能解决。班里有些学生使用手机出现问题，丁老师就先培训小组长，而后让组长课下及时培训组员，很快大家使用钉钉的能力不断增强。为了研究更好的教学方法，晚上 12 点多她还在研究网上教学。发现合理有效的教学方法，她像个孩子发现了珍宝，开心兴奋！

2. 无私奉献不计得失，关爱学困生不离不弃

关爱每一个同学，让每一个学生都得到不同的发展，是丁老师的教育教学理念。从 2021 年大年初九开始，她每天都坚持通过视频会议免费为学生在线答疑，并给学生讲疫情防控的有关知识和要求。每天早上 6 点半到 8 点，晚上 7 点半到 8 点半，星期天也是如此，她每

天至少抽出 2-3 个小时陪学生预习教材，学习新课。她每次上课中至少要抽考一次，坚持在线通过屏幕分享面批每位同学当堂学习的习题，这样做可以及时发现学生的不足之处，及时纠正。下课前她会通过钉钉中的家校本布置适量的作业，帮助学生设定提交时间，及时批改。对于个别学生出现的问题她会及时通过微信与学生交流，直到完全了解、掌握为止。星期天有时外出，她会及时通知学生把作业交到微信小程序中，她利用坐车外出的时间进行批改。

为了更好地实现教学目标，她有时把一堂课分两次讲，第一次召集班级的全体同学都上课，在作业批改中发现没有听懂的同学，她利用其他时间把这些同学集中一起，再一次降低难度讲解，并且出更基础的试题验收他们的成绩，这样做也是帮助他们树立学习信心，让学困生得到更多的关爱。对于学困生，她坚持做耐心细致的思想工作。班级的宁涛同学，3 岁父母离异，平时爷爷奶奶照顾他，最近几年爷爷脑血栓后遗症很严重，奶奶要照顾爷爷，没有时间去关心他的学习，他也是个不能约束自己的孩子，丁老师经过多次做他的思想工作，才保证大多数学课都能坚持上线。疫情期间学校两次发书都通知不到他的家长，老师只好委托他家附近的家长亲自给他送去。假期中丁老师发现他的成绩很差，有时网上帮他补课还找不到他，只有等到开学，丁老师就利用中午休息时间帮他补课。为了使他不掉队，丁老师从最基础带的"整式乘法"开始补习，现在简单的分解因式他已经基本掌握。班级单亲家庭的孩子有八个，无论哪个有困难，丁老师都能像对待自己的孩子一样耐心辅导。班级的学困生她一个也没有放弃，自习课她会逐个帮助他们补习功课。在疫情的特殊时期，很多家庭的孩子由于父母监管不严，网课学习质量较差，开学了，她总是耐心帮助每一个学困生，并为班级学困生单独开设钉钉群。

3. 在"疫课"中培养网课小能手，培养学生自主合作探究能力丁老师一贯的教育理念是：教会学生学会学习才是成功的老师。她认为，在人生的长河中，要树立终身学习的观念，未来属于有学习能力、会学习的人。知识在不断地更新，已有的知识不能一劳永逸，一个人只有学会学习，才能不会被社会淘汰，她把这一思想观念始终贯穿在她的教育教学中。她在平时的教育教学实践中，她始终坚持让学生参与课堂讲题。网课期间她通过潜心研究，更是培养出一批钉钉讲题小能手。语文主讲人张欣容、数学主讲人由远杰、英语主讲人赵亚娜、物理主讲人王重文、政治主讲林美秀等，她引导这些主讲人自己建立钉钉班级群，利用星期天为学困生们讲解习题或是在线答疑。这些钉钉群他们将一直保留，在以后的学习中继续使用。丁老师也是如此，即使现在开学，星期六的早上 6 点半到 8 点，晚上的 7 点半到 8 点半她继续利用钉钉群帮助学生解答作业中出现的问题。

4. 尊重学生和家长的意见，不断改进教学方法

在上网课期间，丁老师坚持每周开一次家长和学生一起参加的视频会议，这个会议不是批评会，是大家谈感想、谈收获、谈理想、提问题。比如张欣容的爷爷提出上午课太集中，孩子有点累，于是丁老师就把自己的数学课调整到下午自习上，上午上课时间给学生自习。功夫不负有心人，全校开学第二天的考试，她的班级各科成绩都位居同年级前茅，数学平均分高出最低班级 26.57 分，班级间全学科总评成绩高出最低分 48.7 分，"疫课"中她和学生一起成长！

（五）丁老师做班主任的管理秘诀

1. 用爱温暖每一个学生

教育的秘诀是真爱，没有爱便没有教育。班主任必须有大爱、真爱的情怀，否则就做不到有教无类，做不到亦师亦友，做不到吸引那么多的纯真学子并与之同行，与之共鸣，也就做不到建立起一个和谐共荣的班集体。班主任的关心和热爱必须是面向每一个学生的，不管

他是什么个性的学生。关心是爱的信息的传达，是爱的情感的传递，是吹开心灵之门的春风。人总是在关心他人和在被他人关心中感受人生的幸福，班主任对学生的关心和爱是一种博大的爱，是无私和真挚的爱，绝对不能伴有一点儿的阴暗。

　　记得十二年前她教过的那届学生中有一个学生叫邹明。一天中午，邹明回家吃饭，继母将早已准备好的饭菜放到桌子上，继母在喂两个孩子时，邹明自己先吃的饭，刚吃完饭，继母发现邹明把那盘他爱吃的菜全吃了。接着继母就批评他几句："你爸干活还没回来，你就把好菜吃光了"。邹明以为继母要打他，就把继母推倒在地，自己一溜烟地跑到了学校。听他父亲说这样的事情最近已经不是第一次发生了，这段时间孩子可能是叛逆期，以前继母教育他，他从不还口，现在他很反感。他的继母也不容易，每天照顾三个孩子吃穿，家境也不好。听邻居说继母对他挺好的，每年春节自己都不舍得买新衣服，也要给他买新衣服。每天放学他都能吃上热乎的饭菜。他的父亲说最近邹明每天放学都偷偷去网吧玩游戏，父母打过几次都不见悔改。他的父亲告诉丁老师邹明不想读书了。丁老师告诉他的父亲："邹明的思想工作我来做。"回到学校丁老师和他谈了两个多小时，丁老师问他："一个中学生怎样做才算孝敬父母，你帮老师解释一下好吗？"他说："要听父母话，在家帮父母做些家务。"丁老师告诉他："从今天开始自己的衣服自己洗，每天完成作业后多看看弟弟妹妹，继母也不容易，多站在父母的角度考虑问题。如果你对继母有意见时可以主动与继母交流，好吗？"他扑在丁老师的怀里放声大哭，他说他不喜欢继母，她说的话他一点不爱听，所以他不想读书了。以前曾经离家出走一次，是父亲把他找回来。丁老师劝了一个多小时，他渐渐恢复了平静。并且答应丁老师他不再和继母吵架了。"百善孝为先。不需老师多言，你是个懂事的好孩子，老师相信你会理解这其中的道理吧"。丁老师接着说："生活中，与你交流最密切的人就是父母。不要顶撞父母，主动为父母分担家务，当父母劳累时给他们倒一杯水，自觉完成家庭作业，与父母分享学习上的苦与乐，让他们感受到你的成长和快乐。大家相互站在对方的角度考虑问题，家庭和睦才能幸福每一天，对不对啊？"他频频点头。下午放学，丁老师陪着他回家，让他主动向继母道歉，继母气也消了，说自己做得也有些过分。打那以后每天放学丁老师都和他一起走，他们边走边谈心。半年过去了，有一天邹明告诉丁老师说自从那次事件以后，他经常帮继母看孩子，自己的鞋袜自己洗，有时还帮弟弟洗衣服，继母对他越来越好了，继母还在邻居面前夸他呢！渐渐他和继母的关系越来越好，内向的他在众人面前也敢开口说话了，学习成绩由班级的倒数第三名提高了十多名。丁老师在他父母面前多次表扬过他。有时继母忙，他还可以给全家人做晚餐，继母对他也很满意。如今他已经大学毕业结婚生子，每年都和爱人孩子一起去看丁老师。想想如果当初丁老师放弃他，他可能初中都读不完，人生从此改写。

2. 以德为本，用科学有哲理的小故事引导教育学生

爱教育、爱学生，用心去教育学生是每个老师应该具备的素质。在实际工作中，丁老师用科学有哲理的小故事引导教育学生。对于那些不思进取的同学，她会给他们讲"跳蚤实验"。通过这个实验告诉学生，大多数同学智力相差不大，而成绩有差距，主要是由于他们对学习失去信心造成的，于是丁老师能耐心帮助学生树立信心。在班级工作中，如果一个班主任总是用命令的口吻天天发号施令，学生会很厌烦，时间长了就会产生叛逆心理。比如大家都知道抽烟对健康不利，但现在有多少中学生都在偷偷抽烟，丁老师也曾批评教育过，但效果并不好。于是她在网上下载了许多抽烟有害健康的小文章，利用晨会让那些抽烟的孩子亲自朗读，慢慢地有的学生就不再抽烟，她发现效

果很好。

每当接手一个新的班级，丁老师都会教育她的学生要孝敬父母，自己能做的事自己做。丁老师会把生活中优秀的事例读给他们听，要求他们在家自己洗衣服，帮父母做家务，星期一早晨晨会把学生的体会与大家分享。很多家长都打电话告诉丁老师，自从她教他们的孩子以后，孩子自立多了，都知道自己洗袜子了。家长感觉到孩子的进步，每个家长把孩子交给丁老师，他们会十分放心。

3. 以德立人，培养具有管理能力的班干部

班干部是班级建设的核心、班主任的得力助手。激发这部分同学的工作热情，注意培养并发挥其作用，是树立良好班风的关键。因此，班干部必须用对人、用好人，激发引导他们学会管理班级。她的班级干部都是个人出于自愿主动要求协助老师一起管理班级，自己提出申请，并在全体同学面前表态，说明将如何为班级同学服务。班干部采用动态管理，能者上，弱者下，公正公平，这也是她的做人准则，用爱心为同学服务，用真心培养每一名班级干部。得力的班干部小助手使她做起班主任工作游刃有余，其他班主任只喊累，她却做得很轻松。农村学校没有人愿意做班主任，因为学生不好管理，家长素质不高，对孩子管理不到位，学生也不听话，而他的学生每一届都很懂事，家长也很配合，这和她的教育教学方法分不开的。他培养的班级干部，个个精明强干，管理班级有方法。

丁老师的座右铭是：既然选择教师这个职业，就应该对每一个孩子负责，因为孩子是祖国的未来，也是每个家庭的希望，少年强则家兴，少年强则国强！尽心教育、培养好每一个学生，功在当代，利在千秋。有人问她为什么能做这么长时间的班主任工作，她会告诉他们她热爱教育事业，她喜欢她的学生，和他们在一起她会感到快乐，他们的朝气时刻感染着她。她虽然已经年过半百，但是她每天都是快乐

幸福地和孩子们一起成长。34 年的班主任工作，硕果累累，无论班级管理还是教育教学她都业绩丰厚，但是教书育人的脚步没有止境，师德为先，身正为范。在今后的工作中，她将继续努力，捧出一颗红心，把满腔的热情献给学生，献给教育事业！今生为师，她无怨无悔！

案例二：郑老师的成长故事（50 岁，经验型教师）

一、失落与困惑

郑老师 1992 年从丹东师范专科学校美术系毕业，走上了"太阳底下最光辉的岗位"，但她觉得没能成为那个年代人人羡慕的城镇教师，只是成为乡村教师，心里有些落差。当时的她清楚地知道自从进入学校的那一刻起，已经被打上了烙印，乡村教师似乎就是弱势的代名词，乡村教师似乎就是不会教书的象征。

郑老师毕业分配的学校是一个交通还算便利的乡村中学，但条件简陋，现实与理想的强烈落差，让她觉得一下子心情跌到了谷底，瞬间开始怀疑自己成为教师的选择。当时一起分配的还有一个女生，但她就分到了乡镇的中心校，而正规院校毕业的自己却在分校，因为心里不甘加上自己也不想待在农村，也曾努力托关系准备调离。

二、迷茫与和解

郑老师心里虽有千般万般的斗争，但当她走上讲台面对那几十双渴求知识的目光，面对勤劳朴实的家长的殷切希望，她那彷徨、迟疑的念头顿时烟消云散了。冬去春来，花谢花开，流逝了永远难忘的岁月，收获了喜怒哀乐，也品味了其中的酸甜苦辣，她无怨无悔，悲在其中也乐在其中！在经过一段时间的心理斗争后，全身心地投入到工作之中。

刚走上工作岗位时，领导安排她教生物学科，并非自己的本专业。因为没有工作经验，她就虚心向老教师请教；成绩不理想，她就放弃休息时间为学生辅导；凭借自己学生时代扎实的基本功，还帮邻居家的孩子辅导，不求回报不求感谢。在此阶段，她克服讲课的紧张，不断提升自己，终于功夫不负有心人，郑老师用她扎实的学科知识赢得了学生的尊重，得到了邻里的赞美，也就是那半年的经历，让她感受到了教育这"美丽的新世界"。

三、坚定爱与信念

在 1992 年下半年，郑老师调入现在的学校，开始教自己的本专业，她认真执教，真正地感受到了当老师的幸福与艰辛。

在农村有太多的孩子需要老师的爱心浇铸他们脆弱的童年，而这绝非仅靠教师高超的教学能力所能办得到的。在郑老师任教的班级有一个比同龄孩子要小两周岁的女孩，在初二时她妈妈因为一次交通意外智力受损，孩子从此失去了和妈妈正常的沟通，小女孩本来就不愿意说话，至此后更是不再说话，每天都闷闷不乐，也不和同学接触，成绩下滑自然而然。于是，郑老师就故意在上班时和她巧遇，十几次的接触才让女生敞开心扉，说出自己的心里话，在不断开导下才慢慢地又融入大家之中。除了用爱呵护学生的成长，郑老师也注重自己的专业教学。作为非考试学科，她带领学生参加各级各类绘画比赛并取得了好成绩，辅导的学生陆续取得了一些获奖名次。

十多年的工作中，让郑老师经历了太多这样的故事，她相信只有无私地奉献爱，处处播撒爱，学生们才会在爱的激励下不断进取，成长为撑起祖国一片蓝天的栋梁。

四、坚定发展是必经之路

回顾教书初期，自己粉笔字写得极差，感觉自己讲课学生也听得明明白白，可是实际操作却一塌糊涂，画的物体根本看不出是什么，达不到老师的基本素质。正是因为有了之前的失败，才有教学水平的提高，才有后来的成绩。同时，面对时代的变化，只有不断地扩充、更新知识储备才能从容应对复杂的教育教学中的每个环节，对于只有不断学习，才能跟上时代的步伐。工作在农村的教师，学习迫在眉睫，特别是近年网络信息的兴起，农村教师培训的方式也开始多样化，为提高教师的水平多了渠道。郑老师主要采用以下几种方式提升自我：

（一）关注课堂教学

课堂教学是素质教育的主阵地，而课堂教学能力是衡量一个优秀教师的重要指标。为此郑老师开始收集各种资料，调整课程内容，把单纯的素描课是上成了生动有趣的综合科，并在任教仅仅半年之后的公开课教学活动获得了市级优质课，这样的经历成为专业成长的一个重要途径。从认真查找资料备课——精心设计教学内容——积极进行课前准备——认真听取评课意见——积极进行教学反思几个环节一点儿都认真对待，毫不含糊。

在此过程中，郑老师曾为如何更好地展示学生创造成果而伤脑筋；曾为使自己的教学语言能更精练而反复修改……在这一切辛苦之后，也得到了可喜的回报。也是在那一年，身怀六甲的郑老师参加了市里举办的教师优质课评选活动，在活动结束返回的途中乘坐的车子发生交通事故，整个车子翻到路边的深沟中，事后又开始怀疑自己的抉择，但当学生们知道这事之后，纷纷紧张的关心，就觉得看到这些可爱的笑脸，什么付出都值了。

（二）善于总结反思

人的成长必须善于总结经验，一个有经验的教师也必然是一个善于反思的人。教育教学的"反思"，最容易为普通教师所忽视，"反思"可以说是教学理论与实践的最佳结合点，是撬动教师专业成长的支点，也是教师体验教育教学幸福的必经之路，尤其在这种条件简陋和资源严重不足的乡村学校，经验可以让教师少走弯路。反思是最真实的经验，一个教师写一辈子教案不可能成为名师，如果一个教师写三年教学反思就有可能成为名师。其实反思无处不在，可以反思所得，反思遗憾，反思快乐，如果能及时地动笔把我们的反思记录下来，每个人积累的不仅是厚厚几本的文字，而是教师的心理历程，是教师成长的痕迹。

因此，郑老师希望青年老师不仅要善于总结反思，还要善于记录，不说每天一篇，每周一篇或者每月一篇应该不成问题的，不然为学生劳碌一辈子到头来自己什么痕迹都没有是非常可惜的。所以，在平时教学中，郑老师坚持周反思和月反思，遇到困难得到解决之后，记下事情的来龙去脉；在教学实践中，积极撰写教学反思、教学案例、科研论文等，让实践中的"感触"通过文字进一步提升。经常性自觉地进行自我教学反思、教学总结使得进步不少，同时也能让自己清醒地认识到自己的缺点与不足，督促着自己不断前进。或许这样会比较辛苦，但当你回头时，你一定会为自己曾有的坚持和努力而喝彩。

（三）利用网络，紧跟时代

进入互联网世界以后，一个人的学习已经不是单一的方式，而是多元化。作为乡村教师，地域限制已经不能阻挡成功的脚步，只要成功的心还没有僵化，就会有很多的途径追求想要的成长。网络世界带给我们机会，希望我们每一个人能够抓住，实现梦想。成长与否，只有自己能够决定！

郑老师也相信学习是不受年龄限制的，近几年网络兴起，开始在网络上进行再学习，除了课本必要的知识，选择了自己喜欢的油画风景，坚持每天练笔，并把这个内容作为课堂延伸教给学生，刚开始还担心学生能否接受，没想到学生的兴趣比课本知识还浓。在课余生活中时常参与些社会性的公益绘画，用自己的方式给社会贡献微薄的力量。

网络的连接，可以形成一个学习共同体，由一个人到一群人，由一个人的孤独前行，到一群人陪伴同行。一个人能够走快，一群人能够走远。乡村教师这个群体，能够一起聊教育的人很少，一起关注教育的人更少，要让自己找一群志同道合的人，认识很多优秀的同行。很多乡村的老师，有很多的关于教育的见解，却不愿意表达，害怕同事们的讥笑，但在网络上，大家可以抱团行动，让彼此对于教育的看法越来越深刻，让乡村教师越来越成熟，发现自己的潜能，实现多年的夙愿。有了学习共同体，可以随时学习别人的优点，随时从别人身上发现我们的不足；有了学习的共同体，可以相互的鼓励，相互的支持，让乡村教师发出别人意想不到的光芒。

郑老师从 1992 年走进工作岗位已经有 30 年的教龄了，在此期间，从最初的迷茫到坚定教育的信念，再到根据自己的专业特点探求发展的途径，实现了职业生涯的自我发展。郑老师从对学生的爱与责任做起，立足于美术课堂教学，常伴随自我反思，紧跟时代的脚步，从多种渠道展开学习，领悟到教师这一职业的真谛，真正做到了教师的终身学习与职业发展。

案例三：李老师的经验分享（45 岁，经验型教师）

李老师于 1998 年 8 月参加工作，2000 年调入东港市新城中学教学，从教的学校是一所城郊学校，学生来源是当地务农的孩子和一些外来务工的子女，生源不是很好，家长以打工和务农为主，教学工作的开展相对来说比较困难。李老师在本单位一直从事数学教学和班主任工作，自工作以来，一向严格要求自己，吃苦进修，兢兢业业，能真正做到为人师表、教书育人，较好的完成教育教学工作使命，尽到了一个优异教师应有的职责，受到上级、同业和学生的认可和好评。

同时，李老师有着较强的教师自主专业发展意识，在具备自主发展意识的前提下，主动地对自己的教学、科研、情感等方面进行深入了解、研究、探索等实践活动，主要从思想提升、班主任工作和数学教学工作三个方面展开自我分析与发展：

一、思想发展

李老师时刻注意加强自身的政治道德修养，做到带头遵纪守法、自尊、自重、自爱、尊重领导、团结同事、关心爱护学生，把自己所有的爱倾注于所钟爱的教育事业上，倾注于每一个学生身上。并以爱国心，事业心，责任心"三心"为动力，全身心投入教育教学工作，以良好的师德形象，独具特色的教育教学方法，在广大师生中赢得了良好的声誉。在班级管理中能够创设宽容、理解、和谐的班级气氛，尊重学生个性，具有与学生一起共同学习的态度，具有能激发学生创造渴望的教学艺术。

二、班主任工作

（一）心中有爱

在日常教学工作中李老师始终用一颗真诚的心来爱学生，因为她认为学生只要喜欢这个老师，就会接受你说的话，愿意听你讲的课，同时也愿意将自己的心声吐给你听。而要想学生喜欢你，就要让学生感受到你的真诚，你的爱。平时经常有意识的通过表情动作来表达自己对学生的情感，达到与学生心灵交流的目的，比如：赞许地点头，会心的微笑，亲切的抚摸，严肃的手势等等，都可以表达一个班主任对学生的爱心，使学生有一种被重视感和关怀感。

李老师班主任工作做得很细，问题发现的比较早，总能解决在萌芽之中。她认为做到这一点并不难，只要心中有学生，就会注意到他的一言一行，他的细微变化。同时，班主任还要做学生的聆听者，对学生要多理解，多鼓励，少批评。教师要把学生看成是与自己一样的成年人，他们有比较成熟的想法，对学生的教育不是一味的要求这不准做那不准做，而是利用身边的榜样进行大肆地表扬，然后再在此基础上结合学校的要求加以延伸，效果往往很好。

（二）充分利用文体活动

学校的文体活动比较多，尤其是每年一届的运动会和科技艺术节是两项涉及面最大、最锻炼学生的大型活动，同时也是师生感情沟通交流的大好时机，也是一个班级集体风貌的一个展现，因此，作为班主任都很重视这两项活动。在每次的活动之前，李老师总是这样教育学生说："我们都不是体育健儿，也不是舞蹈家歌唱家，学校组织这样的活动，就是为了给同学一个锻炼的机会，一个展示自我的机会，活动中我们重视的是同学们在参与的过程所表现出来的合作、友爱、团结、拼搏的精神，活动体现的是我们班集体的风貌，只有我们全班同学都积极参与才能收获好的效果。"因为有了前期的动员工作，所以在组织活动的过程中就方便很多，比如说有的学生在运动会中自告奋勇报项目，校运动会项目很多，有很多的快乐项目，目的也是为了让学生多参与，因此，大部分学生都有参与的机会，没有项目的学生主动承担起投稿的任务，都想着为班级做贡献呢。每一次的活动李老师都认真对待，抓住一切机会对学生进行教育，同时对学生也起到一个表率的作用：认真对待每一件事情，就一定会有一个好的收获。

（三）抓学风，创氛围

抓好班级的学风，身为班主任，抓好班级的学风是义不容辞的责任。因为良好的学风是可以增强班级的凝聚力和战斗力的，一个班集体是否优秀，最主要看它在学习上的表现。抓学风主要从以下几个方面做工作：

首先是让学生多问，大胆质疑，使学生有一个善思好问的好习惯。学校在每个班级成立之初总让老师送给学生两个字"问""悟"。学生只有在经过思考以后才会发问，问过之后才会领悟，才能更好地理解知识。记得在一次数学课上，讲到数怎么不够用了，一起回忆一下小学学过的数，其中在回答质数与合数时，学生对于 2 是什么数出现分歧，李老师将错就错设计了一个教学案例：她说 2 是合数，于是一部分同学改变主意也认同了老师的说法，但仍然有部分学生不同意老师的说法，但是没有反驳的理由，甚至有的学生说出这样的话："老师都说是合数了，就是合数，老师还能有错。"但其中有位同学站起来说："老师，你错了，2 是质数，原因是 ......"她说出了质数与合数的定义，根据定义判断 2 是质数。班级里一时没了声音，大家都望着老师，出现这样的结果李老师很高兴，首先肯定了这位同学的答案，同时夸张地表扬了她学习知识扎实，敢于据理力争的精神。然后就这件事情教育全班同学从中应该悟出两个道理：其一，判断一件事情要有理有据，要拿出具有说服力的依据，有理不在声高就是这个道理。其二，不要盲目地相信别人，人无完人，老师也有犯错误的时候，在学习的过程中要通过自己勤奋的头脑多想，多问，多悟，才能养成一个好的学习习惯。

其次是向 45 分钟要质量。学生接受知识的关键在课堂，好的学习习惯的养成也要在平时的课堂上不断地锻炼，为了使学生时刻养成好习惯，作为班主任就要时刻关注每一节课，李老师在新学期开始的时候会经常在班级里听课，掌握学生的上课动向，也会在私底下观察学生的课堂表现，更多的时候，会经常与科任教师沟通，询问班级整体状况，征求科任老师的意见，班级管理方面在哪些反面还需要改进完善，对于班级里的个别问题学生，在科任课上都有哪些表现等等，这样可以更全面的来了解学生。科任老师对学生的了解毕竟没有班主任更详细，所以，经常与科任老师谈学生的性格，家庭，让科任老师更全面的了解学生，这样做既有利于科任老师的工作，也有利于加深他们与本班同学的感情交流，这样，学生们才会与所有的科任老师沟通好，才会在各个学科上都丰收，也不会出现个别学科严重偏科的现象。

最后是严把作业关，作业是学生对一天所学知识的复习，也是老师对学生所学知识掌握程度的检验，因此，作业的真实性对老师掌握学生的学习状态尤为重要。为此，李老师也从一些有经验的班主任学习了一些方法：常规的方法是学习委员、科代表协助老师收发作业，当然，这需要学习委员科代表在同学中有一定的威信；有时也会成立帮扶小组，对于班级里的问题同学实行一对一帮扶，专人负责他的作业；有时利用班级的地理优势，在班级门口设立交作业处，学生到校后的第一件事就是交作业，然后才可以进教室；对于个别问题实在严重的学生，有时亲自收作业。总之一个原则，上交的作业必须是真实的，你可以不完成作业，但你不可以抄作业，这样多种形式交替使用，当然还需要思想工作跟得上，班级里抄作业的现象少了很多。

作为班主任，还特别注重与家长沟通。一个好的班主任，一个好的班集体，除了全体教师和同学的努力外，还离不开家长的支持与理解，特别是每接一批新生的第一次家长会都一定会精心准备。这是与家长的第一次正式接触，一定要给家长留下这样的印象：我是值得信任的！孩子托付给这样的老师放心。这一点很重要，唯有家长的信任，他才会告诉孩子听老师的话，平日的工作就更好做一些。对于班级里的问题学生，李老师一般都亲自到家里去看一看，在家里谈学生家长往往比较放松，也比较真实，家长更容易接受，效果更好。

三、数学教学工作

教学工作中，李老师把课前精备、课上精讲、课后精练作为减轻学生负担、提高教学质量的教学三环节。面对有限的课时，努力探索提高教学效率的科学方法，激发学生自觉参与学习的意识，最大限度地提高单位时间里的教学效果。其中，课前精备，是指上课前把功夫下在深入钻研教材，广泛搜集有关资料，精心设计课堂结构及教学方法上，特别是认真研究怎样"用最节省的时间、最简洁的方法让学生掌握最多的知识，并促使学生最快地转化为能力"；课上精讲，是指在课堂教学中，集中时间，集中精力，讲清教材的重点、难点、疑点、能力点、思路和规律，激活课堂气氛，教得生动，学得主动，充分发挥课堂潜在功能；课后精练，是指在课后作业的安排上，本着质量高，数量少，内容精，方法活，形式多样，针对性强的要求，精心设计，合理分配，严格控制作业数量。

李老师在工作中不断钻研科学育人的方法，探索教育规律，以不怕苦累的实际行动感召学生，以朴实端庄的人民教师形象教育学生，做到了为人师表，修德修才，从不放松自己的业务学习。平时积极参加校本培训及上级组织的各种培训，认真阅读各种教育教学刊物，学习教育学、心理学的理论，认真学习新课程标准，领会新的教学理念和学习别人的先进经验，做好笔记，写好心得体会，运用新的教学理念去指导自己的教学工作，改革旧的课堂教学模式。在课堂教学中，运用"自主、合作、探究"的学习方式，充分发挥学生的主体作用，并认真总结教学经验，写好教学后记，通过不断的反思、总结，不断提高自己的教学水平。

在新城中学从教 20 年，是李老师不断学习，不断提高，不断进步的 20 年。在这 20 年间，她用一颗母亲的心热爱着自己的学生，用她的耐心与爱心教育感染着学生和家长，受到当地家长和社会的认可和好评。同时，她也一直在全力提高自身的教育教学水平，对自己所教的班级，能够抓好班风、学风的转变，抓好学生学习习惯的培养，注意做好后进生的转变工作，根据学生的特点，采取各种不同的教育方法，做到因材施教。还加入了一系列的进修培训，能力提高很快，能较好地完成各项工作使命，胜任本职工作。教育是一项长久的事业，李老师一如既往的倾心于所热爱的教育事业，为祖国培育更多更优秀的人才。

从上述教师的职业发展经历来看，乡村教师要走过从迷茫到坚定再到面向未来的心路历程，面对内心状态、外部环境的困惑，学会调整，从中理解到乡村教师的真谛，抓住一切机会寻找自我发展的出路。随着乡村教育的不断发展，要造就一支结构合理、素质优良、富于乡土情怀的农村教师队伍，需要充分调动农村教师的积极主动性，使教师把自我发展与农村教育事业发展紧密结合，以高度的自觉促进自主发展，实现自我。

教师的职业生涯故事往往经历关注生存、关注情境、关注学生这三个阶段，每个阶段都有其自身不同的任务和需要，用爱和信念关注学生，能够意识到每个学生接受学习的能力各有不同，做到因材施教，认识到学生是发展中的人；以教学为主、完成提升、关注情境，进而影响课堂教学行为和教学活动。由于乡村教师的工作内容和环境所限，通过广泛阅读、利用自身资源反思、先进的互联网技术、积极参加校本研修等途径，可以获取最高效的自我发展方式，其中，要充分利用好互联网对教师发展带来的便利，有效解决乡村教师由于区域闭塞而导致发展有限的难题。除此之外，从社会文化层面构建乡村教师专业发展的社会支持体系也会对乡村教师的职业生涯发展起着重要作用，包括专业制度支持、专业价值支持、专业信念支持、专业文化支持等，同时政府、学校、社会团体等支持主体通过经济、制度、文化等手段满足乡村教师的生存和发展需求。

附　录

附录一：乡村教师教学反思调查问卷

尊敬的老师您好：感谢您在繁忙的工作中抽出时间来回答这一份问卷。您现在所看到的这张问卷是关于乡村教师教学反思的调查问卷，该问卷不以记名的方式进行，内容不涉及您的单位和个人隐私，本问卷结果只用于论文的数据统计。请您务必根据自己的真实情况回答相关问题，问题答案无正误之分，请不要有任何顾虑。

一、您的基本信息（请您在相应选项下面画√）

1. 您的性别是：（　　　）

A. 男　　　　B. 女

2. 您的教龄是：（　　　）

A. 1—5 年　B. 6—10 年　C. 11—15 年　D. 16-20 年　E. 21 年及以上

3. 您的最高学历是：（　　　）

A. 大专及以下　B. 本科　C. 研究生

4. 您的职称是：（　　　）

A. 无职称　　B. 三级教师　　C. 二级教师　　D. 一级教师

E. 高级教师及以上

5. 您所在学校的所在地是：（　　　）

A. 村里　B. 乡里

6. 您每周的课时量是：（　　）

A. 8 节课及以下　B. 9—15 节课　C. 16—23 节课　D. 23 节课以上

二、单选题（以下问题，请您根据真实情况作答）

7. 我认为教学反思对于教师自身专业发展有重要作用。（　　）

A. 非常不同意　B. 不同意　C. 不清楚　D. 同意　E. 非常同意

8. 我认为教学反思可以提升自己的教学水平。（　　）

A. 非常不同意　B. 不同意　C. 不清楚　D. 同意　E. 非常同意

9. 我认为教学反思就是对教学行为和教学效果的总结和回顾。
（　　）

A. 非常不同意　B. 不同意　C. 不清楚　D. 同意　E. 非常同意

10. 我认为要将自己教学反思结果再次运用到教学实践中。（　　）

A. 非常不同意　B. 不同意　C. 不清楚　D. 同意　E. 非常同意

11. 在教学后，我不能根据学生的学习情况反思教学目标定位是
否准确。（　　）

A. 非常不同意　B. 不同意　C. 不清楚　D. 同意　E. 非常同意

12. 在教学后，我能够根据学生的学习情况反思教学重难点处理
的是否恰当。（　　）

A. 非常不同意　B. 不同意　C. 不清楚　D. 同意　E. 非常同意

13. 在教学后，我不能根据学生的学习情况反思教学目标定位是
否准确。（　　）

A. 非常不同意　B. 不同意　C. 不清楚　D. 同意　E. 非常同意

14. 在教学后，我能够根据学生的学习情况反思教学重难点处理
是否恰当。（　　）

A. 非常不同意　B. 不同意　C. 不清楚　D. 同意　E. 非常同意

15. 在教学后，我能够根据学生的学习情况反思教学方法是否有
效。（　　）

A. 非常不同意　B. 不同意　C. 不清楚　D. 同意　E. 非常同意

16. 在教学后，我能够根据学生的学习情况反思教学技能（如提问、反馈）是否有效。（　　）

A. 非常不同意　B. 不同意　C. 不清楚　D. 同意　E. 非常同意

17. 在教学后，我能够根据学生的学习情况反思教材（增、删、合、换）处理是否合理。（　　）

A. 非常不同意　B. 不同意　C. 不清楚　D. 同意　E. 非常同意

18. 在教学后，我不能根据学生的学习情况反思各教学环节的时间分配是否合理。（　　）

A. 非常不同意　B. 不同意　C. 不清楚　D. 同意　E. 非常同意

19. 在教学后，我能够根据学生的学习情况反思课堂导入环节情境设计是否合理。（　　）

A. 非常不同意　B. 不同意　C. 不清楚　D. 同意　E. 非常同意

20. 在教学后，我能够根据学生的学习情况反思新知讲授是否清晰。（　　）

A. 非常不同意　B. 不同意　C. 不清楚　D. 同意　E. 非常同意

21. 在教学后，我能够根据学生的学习情况反思课堂练习题设置是否合适。（　　）

A. 非常不同意　B. 不同意　C. 不清楚　D. 同意　E. 非常同意

22. 在教学后，我能够根据学生的学习情况反思课堂小结是否到位。（　　）

A. 非常不同意　B. 不同意　C. 不清楚　D. 同意　E. 非常同意

23. 在教学后，我不能根据学生的活动效果反思学生活动设计是否有效。（　　）

A. 非常不同意　B. 不同意　C. 不清楚　D. 同意　E. 非常同意

24. 在教学后，我能够反思数学思想方法"析出"是否准确。

（ ）

A. 非常不同意　B. 不同意　C. 不清楚　D. 同意　E. 非常同意

25. 在教学后，我能够反思采用的课堂检测方式是否有效。（　）

A. 非常不同意　B. 不同意　C. 不清楚　D. 同意　E. 非常同意

26. 在教学后，我能够反思自己的板书设计是否整洁实用。（　）

A. 非常不同意　B. 不同意　C. 不清楚　D. 同意　E. 非常同意

27. 在教学后，我能够反思自己的教学语言是否准确生动。（　）

A. 非常不同意　B. 不同意　C. 不清楚　D. 同意　E. 非常同意

28. 在教学后，我不能反思自己多媒体等教学资源的运用是否得当。（　）

A. 非常不同意　B. 不同意　C. 不清楚　D. 同意　E. 非常同意

29. 在教学后，我能够反思自己有哪些具有特色的课堂行为（语言、技能、思想）。（　）

A. 非常不同意　B. 不同意　C. 不清楚　D. 同意　E. 非常同意

30. 在教学后，我能够反思师生互动的效果如何。（　）

A. 非常不同意　B. 不同意　C. 不清楚　D. 同意　E. 非常同意

31. 我会和同事交流中反思自己的教学。（　）

A. 非常不同意　B. 不同意　C. 不清楚　D. 同意　E. 非常同意

32. 我会在观摩他人优秀课中反思自己的教学。（　）

A. 非常不同意　B. 不同意　C. 不清楚　D. 同意　E. 非常同意

33. 我会在集体备课中反思自己的教学。（　）

A. 非常不同意　B. 不同意　C. 不清楚　D. 同意　E. 非常同意

34. 我会在批改学生作业时反思自己的教学。（　）

A. 非常不同意　B. 不同意　C. 不清楚　D. 同意　E. 非常同意

35. 我会在阅读文献中反思自己的教学。（　）

A. 非常不同意　B. 不同意　C. 不清楚　D. 同意　E. 非常同意

36.我会使用课堂实录或微格教学来反思自己课堂教学的情况。
(   )

A.非常不同意　B.不同意　C.不清楚　D.同意　E.非常同意

37.我会通过反思日记进行教学反思。(   )

A.非常不同意　B.不同意　C.不清楚　D.同意　E.非常同意

38.我还能通过其他的教学反思途径反思自己的教学，比如：教学博客等。(   )

A.非常不同意　B.不同意　C.不清楚　D.同意　E.非常同意

三、开放题

39.您认为阻碍自己反思的主要原因有哪些，请简要说明？

附录二：幂函数教学设计——希沃白板应用案例 [①]

课题 (教科书 版本、 章节)	幂函数 人教 B 版—必修二 第四章第四节			
授课 时间	2020 年 11 月	课型	新授课	课时	1 课时

教材 分析	幂函数是新人教 B 版高中数学必修二第四章第四节的内容，是高中数学的重要内容之一。一方面，本节课是在学习初中的一次函数、二次函数和高中的指数函数、对数函数等基础上进一步研究幂函数的概念以及它的图象与性质；另一方面，本节课又为研究三角函数等其他函数提供研究函数的一般思路与思想方法，为今后的学习奠定基础。因此，本节课起着承上启下的作用。 　　本节课主要是让学生观察一个关系式（$N = a^b$），将指数函数、对数函数和幂函数紧密联系起来，再让学生观察具体函数（$y = x; y = x^2; y = x^{-1}; y = x^{\frac{1}{2}}$）抽象出幂函数的概念；在经历和体验绘制典型幂函数图象的过程中，理解函数的变化规律和性质，进一步应用数形结合和分类讨论的思想方法，发展抽象概括能力，落实数学抽象、逻辑推理等核心素养。
学情 分析	学生在初中阶段已经学习了函数（一次函数、二次函数、反比例函数），同时在高中阶段学习指数函数、对数函数及其图象与性质，并对研究函数有基本思路和系统的方法和模式，在探究函数的过程中已经初步获得了数形结合和分类讨论的思想方法。 　　本节课的主要目标是通过绘制函数，让学生观察幂函数的图象在指数取值范围内随指数的变化而变化情况。对于学生而言，学生想象函数图象的变化存在一定的困难。教学中教师利用在线画板为学生演示动态的图象变化，让学生观察变化情况、归纳变化规律，进一步让学生深刻理解数形结合和分类讨论的思想方法。

---

① 该案例由沈阳师范大学研究生杨晓林提供。

（续表）

教学目标	(1) 通过观察具体函数的表达式，能够概括出幂函数的概念，发展抽象概括的能力； (2) 通过经历绘制幂函数的图象的过程，观察图象概括出幂函数的性质，体会数形结合和分类讨论的思想方法，发展直观想象素养； (3) 通过主动参与绘制、分析函数图象，发展探索精神，感受图象美感。		
教学难点	幂函数的定义、图像与性质		
教学难点	绘制幂函数图象，归纳幂函数图象随指数的变化规律		
教学方法	采用探究发现式教学法，让学生观察解析式抽象出幂函数的概念，同时通过观察函数图象、概括幂函数的性质，在教师的引导下将学生的结论规范化，在这个过程中突出本节课的教学重点；通过利用几何画板为学生演示动态的图象变化，以便让学生能够直观地观察函数的变化规律，突破本节课的教学难点，也能更好地调动学生的学习兴趣，发展学生的几何直观，提高教学效率。		
教学手段	PPT、几何画板		
教学过程设计			
教学环节	教师活动	学生活动	设计意图
创设情境（3分钟）	【复习回顾】 在多媒体上呈现 $N=a^b$ 【提问】当b为常数时，以a为自变量、N为因变量时能不能构造出函数呢？ （注：教师可以进一步解释：以前是否学过满足条件的函数？）	【观察并回答】观察多媒体上呈现出的关系式，根据老师给出的问题，思考并举出一些函数的例子。	呈现的关系式将指数函数、对数函数和幂函数三个函数联系起来，形成体系，并以一个问题引出本节课的内容，激活学生已有的知识经验。

（续表）

| 探究新知（20分钟） | 【板书】将学生列举的函数例子写在黑板上：
$y=x$、$y=x^2$、$y=x^3$、$y=x^{\frac{1}{2}}$、
$y=x^{-1}$

【提问】
问题：观察这些函数有哪些共同的特点，你能将这些函数的解析式改写成统一的形式吗？
（注：可以提示学生观察自变量与因变量的系数和指数）
【评价】对学生回答正确的部分给予肯定，不标准的地方给予点评。
【揭示定义、板书课题】
将幂函数的定义展示出来，同时强调幂函数的注意事项。

在幂函数的概念讲解结束之后出一道练习促进学生对幂函数概念的理解，使讲练结合。
【出示练习】
幂函数概念辨析

【评价】在学生作答结束后，让学生找出错误的原因，并对作答总结。 | 【回答】
通过观察，自己归纳总结出函数的表达式

【记笔记】
根据教师给出的概念记笔记，并将教师所讲的注意事项进行标记。

【做练习并回答】
辨析并展示答案，并说明理由。 | 通过观察得到幂函数的定义，可以让学生能够更好地发展归纳概括的能力、数学抽象的核心素养。

讲练结合的方式既可以加深学生对概念的记忆和理解，及时检测学生的掌握情况，而且游戏的形式学生也愿意积极参与。 |

【提问，探究性质】 问题：对于函数，通常研究函数哪些性质？ **【追问】** 我们是如何研究函数的性质的？ （注：前一个问题刚刚学过，学生容易回答；后一个问题，教师可以用给学生一个小提示"类比二次函数、指数函数等"。） **【呈现问题答案】** 探究新知 问题2：我们研究函数的性质，通常研究函数哪些性质？又通常如何研究？ 性质：定义域、值域、单调性和奇偶性； 研究方式：观察图象	**【思考并回答】** 高中阶段探究函数的性质有：定义域、值域、单调性、奇偶性、是否过定点。探究性质的方法是观察图像。	通过让学生回忆函数的学习过程，迁移函数学习的一般套路。
【提出探究任务】 探究新知 研究当 $\alpha = -2, -1, -\frac{1}{2}, 0, \frac{1}{2}, 1, 2$ 时 幂函数的图像和性质 **【呈现画图像结果】** 教师挑选几名同学的函数图象，用手机传屏到大屏幕上，让学生观察，并用在线画板将不明确的函数图象进行演示。 **【呈现表格、提问性质】** 探究新知 根据图象填下表	**【学生绘图】**通过列表——描点——连线的方式绘制图像，分析图像总结性质。	通过学生自己动手绘制图象，感受图象的形成过程，进而更好地分析函数所具有的性质，增强学生的动手能力。通过在线画板画函数图象，能够让学生看到更加标准的图象，感受着函数的性质—定义域、值域、奇偶性和单调性。

（续表）

| 【展示图像，提问】
问题：通过刚刚的这些函数图象以及归纳出的性质，思考幂函数 $y = x^{\alpha}$，随着 α 的不同取值，幂函数有哪些性质（共同点有哪些，不同点有哪些）？
【在线画板展示】
展示活动1：将所有函数放在同一个坐标系中，观察图像，引导学生归纳共同点。

展示活动2：用在线画板为学生演示 α 变化的过程，在画板中保留对照函数，观察函数的变化情况。

【评价】
对学生总结的性质情况评价。
【展示性质】
 | 【讨论并回答】
小组讨论得到幂函数性质的共同点——所有幂函数在 $(0, +\infty)$ 都有定义，且图象都过点 $(1,1)$。

【观察画板演示、总结性质】
通过观察图象的动态过程，感受指数不同时的特征，尝试总结性质。

【做练习并回答】 | 通过观察函数图象，对幂函数的性质进行总结，发展学生抽象概括能力、数学结合思想方法，培养学生几何直观的素养。用在线画板为学生呈现函数图象动态的演示过程，以便让学生观察得更加清晰，得出幂函数的性质，发展学生的分类思想。

讲练结合的方式可以加深学生对性质的记忆和理解。 |

	【出示练习】 考查具体幂函数的增减性 课堂练习 练习2. 设幂函数 $y=x^{c^2-6c-8}$ 在 $(0,+\infty)$ 上是增函数，则 c 的取值范围是 $(-\infty,2)\cup(4,+\infty)$ ∵幂函数在 $(0,+\infty)$ 上是增函数 ∴ $c^2-6c-8>0$ ∴ $c<2$ 且 $c>4$	认真分析题意，根据幂函数的性质判断 c 的取值范围。	
能力提升（8分钟）	【出示练习题】 练习1. 考查学生对幂函数概念的认识：由幂函数上的点能求出幂函数的形式，然后再次求值。 能力提升 1. 设幂函数 $y=f(x)$ 的图象经过点 $(9,\frac{1}{3})$，则 $f(25)$ 的值是 $\frac{1}{3}=9^a \Rightarrow a=-\frac{1}{2} \Rightarrow y=x^{-\frac{1}{2}}$ 练习2. 考查幂函数的性质：给出含参数的幂函数和幂函数的性质，求出参数的值。 能力提升 2. 已知幂函数 $y=(m^2-5m+7)x^{m^2-6}$ 在区间 $(0,+\infty)$ 上是增函数，则因数 m 的值是多少？ $\begin{cases} m^2-5m+7=1 \\ m^2-6>0 \end{cases} \longrightarrow m=3$ 练习3. 考查根据幂函数单调性比较大小。 能力提升 3. 比较下列各题中两个值的大小： (1) $2.3^{1.1}$ 和 $2.5^{1.1}$　(2) $(a^2+2)^{-\frac{1}{3}}$ 和 $2^{-\frac{1}{3}}$ 解：(1) 考察幂函数 $y=x^{1.1}$ ∵函数在区间 $[0,+\infty)$ 上是增函数 且 $2.3<2.5$ ∴ $2.3^{1.1}<2.5^{1.1}$ 能力提升 3. 比较下列各题中两个值的大小： (1) $2.3^{1.1}$ 和 $2.5^{1.1}$　(2) $(a^2+2)^{-\frac{1}{3}}$ 和 $2^{-\frac{1}{3}}$ 解：(2) 考察幂函数 $y=x^{-\frac{1}{3}}$ ∵函数在区间 $(0,+\infty)$ 上是减函数 且 $a^2+2\geq 2$ ∴ $(a^2+2)^{-\frac{1}{3}}\leq 2^{-\frac{1}{3}}$　总结：当两个数比较大小时，若指数相同，底数不同，则考虑幂函数（根据单调性） 【总结强调】 根据学生作答情况，对照规范解答对重点、易错点进行强调。	【做练习并回答】 学生仔细审题之后回答问题，按照规范的步骤进行书写、更正错误。	三道简单的例题是为了巩固所学，同时提供规范的做法与步骤，使学生养成良好的解题习惯。

（续表）

课堂检测（5分钟）	【课堂检测】 （注：如果时间不够，教师可以不进行课堂检测） 课堂小测 单选题：若幂函数$f(x)$的图象经过点(3,$f(x)$的单调增区间是（B） 　A.[3,+∞)　B.[0,+∞)　C.(- 填空题：已知幂函数$f(x)=k·x^a$的图象经 $k+a=\dfrac{3}{2}$.	【作答】 学生利用手中的工具做课堂小测，及时查看对错情况和答案解析，也可以看到自己的排名。	及时检测学生的掌握情况。
课堂小结（3分钟）	【呈现问题】 1.本节课你学到了哪些知识？是如何探究的呢？ 2.你还有什么困惑吗？ 【总结强调】 学生回答问题后，教师对其进行总结。 （注：在这一部分，用思维导图的形式引导学生将本节课的内容进行归纳总结） 课堂小结	【思考并回答】 回答问题，将本节课自己学到的知识、思想方法等，还有在本节课学习的过程中存在哪些困惑与问题。	让学生进行自我小结，学会反思。 思维导图的形式为学生呈现出本节课的重点内容，能够让学生的思路更加清晰。
课后作业（1分钟）	【出示作业内容及要求】 课后作业 必做：1.书后习题4.4及练习册习题； 　　　2.讨论幂函数$y=x^{\frac{3}{2}}$的定义域、值域、奇偶性，并作出其图象，再根据图象讨论单调性。 选做：探究$y=x^{\frac{3}{2}}$型函数的性质。	学生将作业记录在自己的作业本中并认真完成。	通过课后作业，让学生巩固本节课学到的知识。

板书设计

§4.4 幂函数

一、定义

形如$y = x^{\alpha}\left(\alpha \in R\right)$的函数叫作

幂函数，其中α是常数。

二、图像

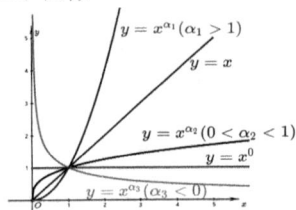

三、性质

所有幂函数在$(0,+\infty)$有定义，且过定点（1,1）.

当$\alpha > 0$时，图象通过点$(0,0)$，并且在区间$[0,+\infty)$上是增函数.

当$\alpha < 0$时，图象在区间$(0,+\infty)$上是减函数，并以x轴正半轴和y轴正半轴为渐近线。

附录三：中点四边形教学设计——GGB 应用案例 ①

《中点四边形》教学设计

一、教材分析

本节内容选自人教版八年级下册第十八章，涉及已学的三角形中位线、平行四边形以及特殊的平行四边形的性质与判定，需要学生以此为基础探究中点四边形的形状。本节课的新知识主要有中点四边形定义以及形状的判定，在探究过程中需要学生体会由特殊到一般的数学思想，以及合作探究的小组学习意识，并掌握用已学知识解决现有数学问题的数学方法。在学习过程中让学生感受数学几何图形的美，在变化的图形里归纳出不变的规律。

二、学情分析

学生在经历了特殊平行四边形的学习后，能够很好地应用平行四边形以及特殊平行四边形的性质和判定，基本掌握了做辅助线、利用几何图形性质判断图形形状的能力。经过以往的学习，学生具备一定的小组合作能力，能够良好分配组内工作，完成探究。他们喜欢思考，喜欢动手操作，有竞争意识。

三、教学目标

知识目标：了解中点四边形的概念，探索中点四边形与原四边形的关系，掌握判断中点四边形形状的证明方法和基本的作辅助线的方法，得到一般性的中点四边形形状的判定方法。

数学思考：参与判断中点四边形形状的解题过程，从特殊四边形中建立模型，并从中归纳出解题的一般思路，发展逻辑推理能力，锻炼学生能够清晰地、有条理地表达自己的想法。

问题解决：经历从不同角度解决问题，总结出解决问题的一般方法，提高对于基础图形、基本性质的实际应用意识，提高实践能力。

① 该案例由天津市第三中学陈欣欣提供。

情感态度：通过参与数学教学活动，对数学知识有求知欲，感受成功的快乐，体验小组合作以及独立解决数学问题的过程，有克服困难的勇气，具备学好数学的信心。

四、教学重点和难点

教学重点：构建三角形中位线的辅助线作法，掌握中点四边形的判定方法。

教学难点：中点四边形形状的判定方法

五、教法

任务驱动法、启发式教学法

六、学法

小组合作探究法

七、教具准备

PAD 纸笔课堂，Geogebra，思维导图，Focusky，畅言智慧课堂，智学网

八、教学过程

（一）激发兴趣，复习已学

教师活动	学生活动	信息技术融合	设计意图
展示巴西国旗图片以及瓷砖图片。发布平行四边形复习的习题，看学生答题情况，错误题目，讲解。	观察作答并提交	PAD 作业发布	快速发放习题，并可直观反馈学生答题情况，有针对性地处理薄弱知识点。

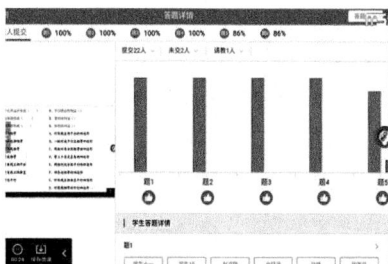

（二）翻转课堂，引入新知

教师活动	学生活动	信息技术融合	设计意图
抛出课前的思考问题，请学生讲解。 介绍中点四边形的概念。	一人在讲台讲解	PAD 画笔 Geogebra	作辅助线 演示几何图形的生成过程，使概念更生动，可当堂变换，加深理解深度。

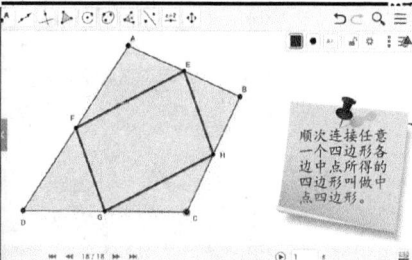

（三）探索性质，概括归纳

教师活动	学生活动	信息技术融合	设计意图
发布小组探究任务，在 PAD 上随时查看书写情况，回看学生书写痕迹，观看学生评论区评价情况	小组讨论，并使用 PAD 纸笔书写。将书写后的内容发送到讨论区，观看其他组书写情况，作出评价点赞	PAD 纸笔 PAD 小组作答 PAD 讨论	纸笔课堂，可查看学生书写情况，可回看书写过程，可更好地掌握学情。 讨论点赞可实现生生互评，提高课堂效率。

为探索一般性，让学生各自改变图形，个人证明结论。发布全班作答，观看学生答题情况，请同学互评，引导学生得到一般性结论。	每个人使用 PAD 在软件上随意拖动形状并证明中点四边形形状。 将书写过程提交，评价其他同学。	Geogebra PAD 全班作答	使用 Geogebra 软件，让学生自己创造图形，增加学习乐趣，并为后续结论的一般性奠定基础，突破难点。 实现生生互评

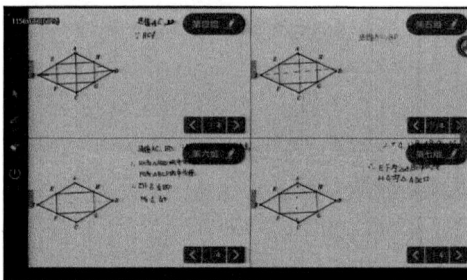

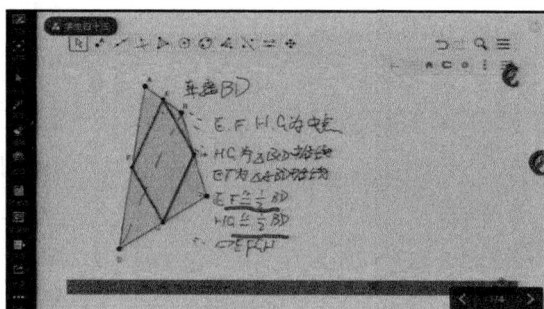

（四）课堂检测，生生问答

教师活动	学生活动	信息技术融合	设计意图
投屏课堂检测习题，学生阅读后，发布抢答。 请一位学生回答上一个问题并为下一位学生提问	用 PAD 抢答 参与答题	PAD 抢答 随机选人	利用抢答的形式，营造积极的学习氛围 用随机的形式更好地抽检学生本节课的学习情况

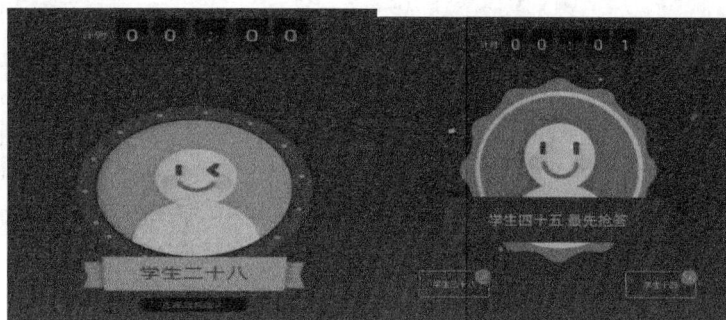

（五）课堂小结，布置作业

教师活动	学生活动	信息技术融合	设计意图
请学生完成思维导图 作业：利用学习的知识，设计几何图案	完善思维导图 上传智学网	思维导图 智学网	帮助学生构建知识框图 互相欣赏图案，提升欣赏美的能力

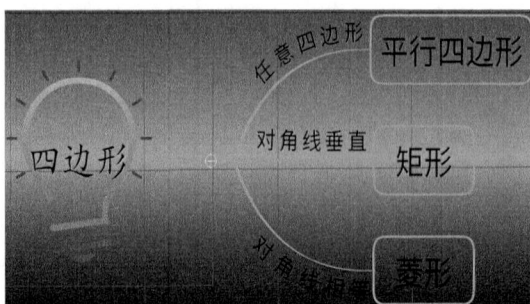

九、板书设计

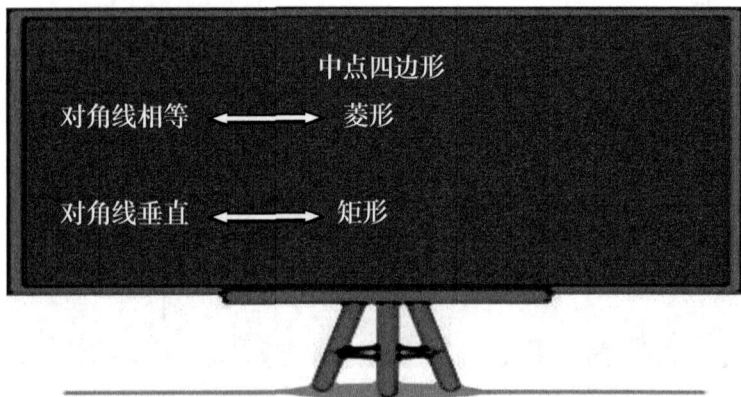

十、设计思路

本节课从巴西国旗等图片入手，能一下子抓住学生的好奇心和注意力，引发学生兴趣，将抽象的几何知识具体化。教学过程中让学生从个别学生讲解、小组合作讨论到自主求证结论，多次经历了求证中点四边形形状的过程，实现了以学生为主体的课堂，并利用 PAD 纸笔作答实时掌握学情，提高了课堂的落实，使用 Geogebra 软件，让学生参与出题、答题，提升学习兴趣的同时，达到了教学目标，突出了重点、突破了难点，达到了预计的教学效果。

附录四：复习课教学设计的理论培训材料

一、复习课的概念

复习课是以回顾和梳理已学过的数学知识、巩固数学技能，提炼数学思想方法为主要任务，以促进学生数学知识系统化，积累基本活动经验，提高问题解决能力为主要目的的一种课型。从数学复习课的概念我们可以看出，数学复习课的一个重要的功能是引导学生梳理已经学习的数学知识，深入理解数学知识与知识之间的联系，促进数学知识的系统化，构建数学知识网络，完善已有的认知结构的过程。数学复习课的另一个重要功能是通过典型例题的训练巩固学生的数学技能，例题的剖析获得数学思想方法，进而提高学生的问题解决能力。

二、数学复习课教学设计遵循的基本原则

为了实现 2011 版数学课程标准的目标，体现数学复习课的内涵，数学复习课教学设计应遵循参与性原则，联系性原则，针对性原则、整体性原则、个性化原则和提升性原则。

（1）参与性原则

学生对知识的结构化认知及个性化、创造性内化的形成本身就预示了复习课教学过程的独特性，这些都不是老师所能直接给予的，它必须通过学生的参与，通过学生个性化、创造性的体验才能完成。其次，这样的参与与体验过程既是学生发现知识与知识之间的联系的过程，也是学生锻炼其发现的眼光，提高其独立学习能力和思维品质的过程。因此这样一个过程必须有学生主动性的参与，这也应该是复习课有效性的重要指标。这样的参与既包括对复习整理框架的拟定过程、对知识的复习整理过程、更要包括对不同复习整理方式和结果的比较和分析及反思重建的过程。

（2）联系性原则

所谓关联性原则是指在做某一单元知识点复习整理时不仅要对这一单元所学内容做关联性整体思考与把握，还要帮助学生从整体结构的视野，主动克服形成的单一、散点或割裂的认识，对一单元知识形成其所属知识模块或整个初中数学知识的整体关联性认识。这样的考虑不仅是教学整体关联性的需要，也是学生学习的整体性与关联性、以及对知识块整体结构与相关方法形成整体感知和有效把握的需要，更是复习课教学对于学生发展价值实现的需要。

（3）针对性原则

针对性原则指教师要根据已有的经验，针对初中学生的特点及可能出现在复习整理过程中的盲点及问题等做针对性的指导与引领。其中包括：对方法结构的针对性指导与引领，对初中阶段的数学知识中较复杂、在实际问题解决中经常用到的知识点做针对性的指导，学生知识联系的过程中容易出现的错误做强调。

（4）整体性原则

整体性原则是指教师在复习某个知识模块的时候，需要把该内容涉及的相关内容的分类，涉及的知识点进行整理，制定好该内容模块需要的具体课时，顺序的安排等。

（5）个性化原则

在复习课教学过程中学生根据本人特点拟定适合自己的复习整理框架，并选择适合自己的知识内容表现的形式，这是学生个性化、创造性地内化知识的表现。教师此时的任务就是提供给学生相互交流互动的平台及从宏观上把脉，把握住复习课教学结构性和整体性原则，而不是追求每一位学生在框架结构及表现形式等方面的完全统一。同时，学生也要根据自己的需要和现状做针对性的个性化梳理，根据自己在学习过程中经常遇到困难的知识内容等要做针对性地强调说明或做特殊复习整理等。

（6）提升性原则

一方面，复习课的教学不仅仅是已学知识的罗列，习题的操练，在复习课的教学中，一定要有新知识的产生。在新知识生成的过程体现了提升性原则，可能体现在知识框架结构的关联性上，也可能体现在知识块内部内容的拓展上，也有可能体现在方法结构的延伸上。另一方面，教师在面对学生展示的个性化知识网络图，解题方法策略的时候，一定要及时抓住这些教学生成，及时有效地提升，以促进学生深入理解知识与知识之间的联系，提炼数学思想和方法。

三、复习课教学设计的基本结构

复习课的教学设计遵循数学教学设计的一些基本原则。复习课的教学设计由一些基本的要素构成，即，复习课的内容解析，复习课的学情解析，复习课的教学目标解析，教学支持条件分析，教学过程设计，以及目标检测。

（1）内容与内容解析

复习课的内容解析是回答复习什么，复习的内容之间什么逻辑联系，什么层次关系等问题。即，该专题包含哪些内容？这些内容之间的联系是怎样的？涉及哪些思想方法？一共需要多少课时？复习的顺序是怎样的？等问题。例如，三角形复习专题的设计中，教师对三角形的整个内容体系要有一个充分地认识，三角形内容的展开可以从三角形的基本要素入手，即，三角形的边和角，从边来认识，具体涉及三角形的三边关系，根据边对三角形的分类。从角来认识，具体涉及三角形的内角和，根据角对三角形的分类。对于直角三角形来说，涉及勾股定理，三角函数等内容。认识完了三角形的基本要素，之后认识三角形的内部的三条重要线段，即，中线，角平分线和高线。前面的内容都是对于单个三角形的认识，学习了轴对称，全等和相似之后，对于三角形的认识提升到对于三角形与三角形的关系角度来认识三角形了。

（2）目标与目标解析

目标与目标解析是复习课设计的一个重要环节。教师必须清楚地认识到该部分知识复习的一个整体的目标，并且对于每一节课的具体目标是什么。教学目标必须清楚地陈述需要达到的学习结果，这样才能设计合适的教学策略去达成这些目标。数学复习课的教学目标同新授课一样要以不同水平的认知行为术语加以描述，例如，了解，理解，掌握，运用，经历，体验，探索等。

（3）学情解析

学情解析是教师对学生该部分知识掌握情况，容易出现的问题等的了解。主要涉及的内容包括教师要了解学生新知学习的逻辑起点和现实起点，逻辑起点是学生在复习课的教学之前应该掌握哪些数学知识，现实起点是学生究竟掌握了哪些知识，以及学生学习规律的认识。

（4）教学支持条件解析

教学支持条件解析是教师深入分析课程标准的相关要求以及本地区的考试说明，梳理出相关的复习点。同时深钻教材，尽可能地挖掘教材的潜在价值，深入探索课本中的例题和习题的变式和引申，涉及知识点的多少，把握教材对于某些知识点的相关要求，切记不能盲目拓展范围与提高难度。

（5）教学过程设计

既然复习课是对已经学过的数学知识的回顾和梳理，因此，复习课教学过程的设计提倡采用学案导学的教学模式，这样能够促进学生参与到复习课的教学中来。同时，如果能够有效利用学生的课下时间，教师也能集中精力在课上来处理疑难问题，提炼数学思想方法。学案导学教学模式主要分成三个环节，课前发放学案、自主复习；第二步：课上交流合作、拓展提升；第三步：课后总结反思、完善学案。

根据复习内容的展开形式的不同，学案导学的教学模式应用的时候有所差别。复习内容的展开形式有知识回顾式和问题解决式，知识回顾式展开形式一般适用于数学知识的回顾，主要的特征是按照知识的发展顺序或者内在的逻辑逐次展开，以便详细回忆知识的特征和发展过程，内容系统，深入，信息量大。问题解决式展开形式以问题解决为中心，围绕问题解决，通过变式训练，层层深入，有利于培养学生的问题解决能力。从两种数学知识复习的展开形式的内涵，我们可以看出知识回顾式应用于基础知识的回顾与梳理，以便形成知识网络，深入理解知识与知识之间的联系。而问题解决式应用于专题复习，便于学生形成解题思路，获得思想方法，积累活动经验，促进问题解决能力的提高。

对于知识回顾式的内容展开形式，学案导学的教学模式可以在课前学案借助小题夯实基础知识点，即，针对主要知识点，提出一组学生能理解的、指向明确的、简洁的问题让学生解决，并要求学生结合每个问题提炼知识点，建构知识框架。在课上，学生展示，相互交流，教师指导学生进行知识梳理，引导学生了解所学的内容之间的联系，促进其知识的系统化，并发展其归纳能力。并通过例题教学提升解题的相关方法和策略。在课后，学生根据课上的师生讨论的结果，进一步深化知识网络图的认识，以及问题解决的方法和策略。对于问题解决式的内容展开形式，学案导学的教学模式可以在课前学案中开展学生必备知识点的课前练习，以基本题型入手，逐步变式，复杂化，进而展示综合性较高的数学问题。在学生解决问题的过程中，要求学生总结解题的方法和策略。在课上，学生展示，教师引导学生总结系列变式的解题方法与策略。在课后，学生在学案中总结解题策略的要点，或者整理一题多解的不同解题方法。

（6）目标检测

目标检测是复习课的教学目标是否达成的一个重要的衡量指标，一般的处理方法通常是教师在复习课快要结束的时候，教师通过1—2道综合性比较强的数学问题看看学生是否会做，来检验学生是否达标了，但是这仅仅能够了解学生复习结束后的基本情况，而不能知道学生的提高情况。复习课与新授课最大的不同之处在于复习课教学之前学生就已经对该部分知识有了一定的认识，即便这些知识也许是零散的，知识与知识之间的联系也许比较模糊。因此，复习课的目标检测需要通过复习课前后学生的提高程度来进行目标检测。例如，初三专题复习中的关于面积限定的特殊点存在问题，教师通过坐标轴，正比例函数，反比例函数，二次函数上的任一点与坐标轴上的两个定点构成的三角形的面积一定问题来求该点是否存在，在这些问题的探究过程中，引导学生掌握利用三角形面积解决此类问题的一般方法，领悟挖掘坐标系中隐含信息的方法，进一步体会数学结合的思想方法。教师可以让学生课前和课后分别完成一道难易程度相当的一次函数上任一点与坐标轴上的两个定点构成的三角形的面积一定问题求该点是否存在来检测学生的提高程度。

四、不同类型复习课的教学设计

根据数学知识内容的多少和综合程度的高低，复习课可以分为单元复习课、学期复习课和毕业复习课。单元复习课是学生学习了一个单元之后进行的复习，单元复习课通常涉及的是某一个内容领域的一个知识块，可以帮助对知识块的整体结构性形成初步感知。学期复习课是一个学段结束后进行的复习，学期复习课通常要进行不同内容领域的复习，例如，数与代数，图形与几何，统计与概率。学期复习课，通常也是在同一个内容领域进行。毕业复习课是指在小升初，中考或者高考之前的复习，通常复习分为三轮，基础知识复习，专题复习和综合模拟复习。单元复习课的时数较短，一般为1—2课时。单元复习课是学期复习课的基础。学期复习课的教学时数一般较长一些。毕业复习课的时间是最长的，大约要3个月左右的时间，通常分为三轮复习。

1. 单元复习课的教学设计

首先，单元复习课可以帮助学生通过对这一部分知识的复习整理，对知识块的整体结构性形成初步感知或者对已有相关知识获得结构性认知。单元复习课教学一般进行知识的迁移实践，从而巩固对这一知识块整体结构性的理解。其次，由于单元复习课教学所涉及内容的容量相对较少，使其更容易帮助学生通过对这一部分知识点进行复习整理，学会如何对知识内容进行整体结构性思考和结构性表达，进而形成整体结构性认知。因此，可以说单元复习课教学在学生数学整体结构认知能力的培养上起着更为基础性的作用。最后，单元复习课在复习课中属于频率最多的一类复习课，它总是夹杂在不同阶段的期末复习课中间，单元复习课的这一特点，使得单元复习课教学在学生的自主学习能力的培养与提升中拥有着独特的价值。

单元复习课的教学内容主要涉及该单元的基本概念、定理、公式的梳理和系统化。如果该单元的知识是基础性知识，对后面的知识具有铺垫作用，那么，该单元复习课的教学应关注该单元的知识网络图的构建、重点知识点的复习以及各知识点之间的区别和联系。如果该单元的知识是前面知识的延伸和拓展，那么该单元复习的时候要特别注意该单元的内容和前面的知识的联系，注重不同单元内容在方法上的共性。

在单元复习课的教学中，一般通过概念图的教学方法，概念图是一种将数学概念、定义、定理和思想方法用相互关联的方式绘制的一张图，用直观的方式将数学关系用图解的形式表现出来，以利于学习者掌握单元整体。在单元复习课整体结构框架的拟定过程中，教师要注意有效指导学生参与，帮助学生获得框架建构的一些基本方法。在具体知识内容整理的过程中，要尊重学生个性化地展示自己的整理结果，同时也要注重师生，生生之间的交流。

2. 学期复习课的教学设计

首先，通过学期复习课的教学，学生对单元复习整理结果的进行横向沟通，从更加宏观的视角对本学期所学知识进行整合，将其融会贯通。其次，学生通过纵向的沟通，尝试将本学期已有复习整理结果纳入已有数学知识体系的结构性认知中，不仅对原有数学知识体系的结构性认知进行适当的调整、补充与完善，也能使学生初步感知本学期所学知识内容在整个初中阶段数学知识体系中的地位及作用。因此，学期复习课既是单元复习课教学结果的一次整合重构与提升，同时也为毕业复习课教学做了方法和素材方面的准备与铺垫。

学期复习课的教学时数相对于单元复习课要长一些，内容也更加繁杂，因此，掌握良好的学期复习课的教学设计对于教师的有效复习是很重要的。学期复习课首先可以考虑从不同的知识内容领域来复习，每个内容领域的复习是以单元复习为基础的。如果单元复习关注的是该单元的不同知识点之间联系的话，那么学期复习课要考虑的是该内容领域内不同单元内容之间的联系，共同的思想方法等。具体的复习步骤可先让学生把单元复习整理的结果拿出来先自己复习，可做必要的补充和完善，这个部分可在课下完成。在单元复习回顾的基础上，让学生将相同内容领域的不同单元放在一起整体上思考这些单元内容之间的联系和共通的思想方法。同时，在学期复习课的教学中，教师也要把整个学期学习的内容纳入已经学习的知识内容体系中。

3.毕业复习课的教学设计

毕业复习课教学阶段，学生手中已经收集了大量的单元复习和学期复习的复习整理结果，那么在毕业复习课阶段教师首先以教材中的顺序展开整个复习过程，引导学生对已学习的基础知识做一次系统的回顾与温习，引导学生获得知识之间的联系和不同知识板块研究方法之间的共性。同时，在这个阶段要注意学生对知识的查缺补漏，即，学生通过第一轮的毕业复习要确保每个知识点都清楚，不同知识块之间的联系也掌握了。在第一轮毕业复习的基础上，教师可以开展第二轮毕业复习。在该轮复习中，教师可以打破原有的教材的结构体系，以专题的形式进行复习课的教学，每一个专题课涉及一种数学思想方法，具体的复习可采用典型例题的讲解，不同形式的变式训练，思想方法的总结提升等形式。在第二轮复习课教学的后期，可打破思想方法之间的界限，出现一些综合性比较强的问题，在该数学问题的解决的过程中可涉及2—3种数学思想方法。在第三轮毕业复习中，教师也可以采用专题的教学形式，但这次的针对性要比较强，出现的是学生容易出现错误的，考试容易出现的一些典型的题型和思想方法。第三轮复习课的后期，可做一些模拟的数学试卷，来提高学生的临场应试能力。

附录五：复习课教学设计的案例

案例一：问题解决式数学复习课教学设计

——特殊点存在问题复习课教学设计：面积限定（1）

（一）内容与内容解析

特殊点的存在问题是近年来中考容易出现的一类问题，该部分的内容是平面直角坐标系、函数等相关知识综合应用的题型。它的解决过程过程中涉及多种思想方法的运用，例如，分类，变与不变，方程，数形结合等思想。特殊点的存在问题主要有面积限定问题、特殊图形证明问题、以及周长或面积的最值问题。该专题复习计划用 7 个课时，第一课时是面积限定问题 2 课时，特殊图形证明问题 2 课时，周长与面积的最值问题 2 课时，综合应用 1 课时。

（二）目标与目标解析

1. 掌握利用三角形面积解决此类问题的一般方法

2. 在问题解决活动中积累活动经验

3. 在问题解决的过程中，领悟挖掘坐标系中隐含信息的重要性

4. 在问题解决的过程中，体会数形结合思想。

（三）学情解析

学生在该节课前已经学习了平面直角坐标系中点的坐标与点到坐标轴距离之间的关系，坐标轴上点的坐标的特点，三角形的面积公式，一次函数，反比例函数，以及二次函数的解析式的求法。学生解决面积限定的特殊点存在问题的时候容易忽略直角坐标中的隐含的条件，同时在解题方法和策略归纳的存在一定的困难。

（四）教学支持条件解析

特殊点存在问题的相关教学参考书，课程标准对这部分知识的相关要求，中考试题，以及教师编制的学案。

（五）教学过程设计

教学过程			
教学环节	教师活动	学生活动	设计意图
学案交流与展示	首先，教师简要介绍特殊点的存在问题在中考中的重要性。接下来，教师要求学生交流课前学案问题1，2的解题思路。教师巡视，解决疑难。	学生交流板演结束后，每个小组展示问题1，问题2的解题思路。	以两个比较简单的问题为切入点，引导学生体会数形结合的思想，感悟坐标系中隐含条件的获得方法和策略。
新知探究	教师引导学生得出问题1，问题2的解题方法和策略。	学生独立思考后，小组合作交流。	归纳共性的解题方法和策略，生成新知。
新知应用	教师要求学生应用问题1—2的方法来解决问题3—5。	小组代表展示问题3—5的答案。	应用1-2题的解题方法和策略，解决同类问题，进一步体会该解题方法和策略应用的条件和注意事项。
总结提升	教师让学生先总结解题思路，并在黑板上把整节课的基本解决策略通过框图的形式展示在黑板上。	学生总结解题的方法和策略	进一步抽象和概括面积限定的特殊点存在问题的解题方法和策略，促进学生对该策略的深入理解。
布置作业	教师要求学生把该节课学习的内容，获得的数学思想等在学案上整理出来。		通过学生的课后反思与总结，促进该策略的内化。

（六）特殊点存在问题——面积限定（1）的学案

1.本节目标：

掌握利用三角形面积解决此类问题的一般方法

在探究活动中积累活动经验

领悟坐标系中隐含信息的重要性

数形结合思想的提升训练

2. 课前准备：

在平面直角坐标系中：

题1、点 A（－3，4）到 X 轴的距离为 ＿＿＿＿＿；到 Y 轴的距离为 ＿＿＿＿＿。

题2、点 B 在 Y 轴上且到原点的距离为2，则点 B 的坐标为：＿＿＿＿＿。

题3、点 M（2，0）点 N 在 X 轴上且使 MN＝3，则点 N 的坐标为：＿＿＿＿＿。

题4、点 P 在直线 y＝5 上，则点 P 到 X 轴的距离为：＿＿＿＿＿。

问题1：在平面直角坐标系中，点 A 坐标为（－1，0），点 B 坐标（2，0），在 Y 轴上是否存在点 E，使△ABE 的面积为3，若存在求出点 E 坐标，若不存在说明理由。

问题2：在平面直角坐标系中，点 A 坐标为（－1，0），点 B 坐标（2，0），在双曲线图象上是否存在点 E，使△ABE 的面积为3，若存在求出点 E 坐标，若不存在说明理由。

问题3：由题目1和题目2的解答你发现了什么？

发现的规律是：＿＿＿＿＿＿＿＿＿＿＿＿＿＿＿＿＿

＿＿＿＿＿

利用你发现的规律解决下面的问题：

把问题 1 中条件"在 Y 轴上"改为"在抛物线 $y = -x^2 + 1$ 的图象上"，满足条件的点 E 有几个？你是怎样想的？

问题 4：在平面直角坐标系中，点 A 坐标为（－1，0），点 B 坐标（2，3），在 X 轴上是否存在点 F，使△ABF 的面积为 3，若存在求出点 F 坐标，若不存在说明理由。

问题 5：在平面直角坐标系中，点 A 坐标为（－1，0），点 B 坐标为（2，3），点 F 在射线 AB 上，过点 F 作 FG⊥X 轴于点 G，是否存在点 F，使△AFG 的面积为 2，若存在求出点 F 坐标，若不存在说明理由。

案例二：知识回顾式数学复习课教学设计

——三角形复习课：三角形的性质、分类、有关简单计算、证明

（一）内容与内容解析

三角形的有关知识是"图形与几何"中最为核心、最为重要的内容。三角形不仅是最基本的平面图形，而且是研究几乎所有其他图形的工具和基础。所有其他图形有关的计算问题、推理论证问题，大多要转化为三角形的问题来解决。同时，三角形也常常与四边形、圆等知识组成综合性题目进行考查，而三角形的运动变换（旋转、折叠）形成新数学问题也是中考热点问题。因此，对本单元的复习要加强落实，为几何的后续复习打好基础，确保单元复习的延续性和完整性。三角形的有关知识，可以分为三个方面：1.同一个三角形中各个元素之间的关系，即，边之间的关系、角之间的关系、边与角之间的关系，以及有关的重要线段，即，高线、中线、角平分线、中位线；

2. 两个三角形之间的关系，即，全等、相似；3. 三角形的图形变化，即，平移、旋转、轴对称。该专题复习计划用 5 个课时完成：第 1 课时《三角形的性质、分类、有关简单计算、证明》——包括内角和（外角）、三边关系、主要线段（三心）、中位线。第 2、3 课时《全等三角形》——灵活运用全等三角形的判定和性质。第 4 课时《相似三角形》——灵活运用相似三角形的判定和性质。第 5 课时《三角形的图形变换》——平移、旋转、轴对称。

（二）目标与目标解析

1. 通过回顾和梳理同一个三角形中各个元素之间的关系，以及有关的重要线段，使所学知识条理化，明晰同一个三角形不同知识点之间的联系。

2. 经历运用三角形的知识解决问题的数学活动，进一步培养和发展学生的逻辑思维能力和推理论证能力。

3. 通过回顾知识以及运用知识解决问题，形成解题策略，养成独立思考、合作交流的习惯、发展应用意识，获得分类，特殊到一般的数学思想方法。

（三）学情解析

学生对这部分知识点基本掌握，但是对这部分知识点之间的联系，及其综合化应用还存在一定的困难。

（四）教学支持条件解析

三角形复习的相关教学参考书，课程标准对这部分知识的相关要求，中考试题，以及教师编制的学案。

（五）教学过程设计

教学过程			
教学环节	教师活动	学生活动	设计意图
学案交流与展示	首先，教师简要介绍三角形在中考中的重要性，以及三角形专题包含的具体内容。接下来，教师要求各组代表展示学案上的习题答案，并同时说出该问题涉及了哪些知识点。对于相关的知识点，教师要引导全班同学来回忆和复述。	代表展示学案上的习题答案，并同时说出该问题涉及了哪些知识点。	通过课前小问题的交流展示，复习相关知识点。
新知探究	教师要求2-3组学生代表展示三角形部分的知识网络图。教师要求学生根据讨论结果完善知识网络图，但是不要求整齐划一。	小组代表展示知识网络图，师生互评。	利用学生独立构建的知识结构图，构建整章的知识体系，通过学生的理解概括，明晰各图形之间的内在联系，体会分类的思想，进行达成目标1。
新知应用	教师引导学生解决典型例题，总结解题思路。	学生展示，总结解题思路。	通过典型例题的剖析，促进学生深入理解三角形个部分知识点之间的联系，并在解决问题的过程中获得分类，特殊到一般的数学思想方法。
总结提升	教师引导学生总结该节课知识、技能、数学思想方面的收获。	学生总结。	课堂小结既包括这节课复习的内容，明晰各图形之间的内在联系，还包括学习经验，解题策略以及这节课蕴含的数学思想方法，引导学生学会总结，学会归纳，进而提升学生的能力。

（续表）

布置作业	教师要求学生把该节课收获在学案上整理出来。		通过学生的课后反思与总结，促进学生深入理解知识与知识之间的联系，解题策略的内化。同时，学生整理学案的过程也体现了个性化的原则。

（六）三角形复习课的学案

1. 课前检测：

（1）三角形性质

题 1.（2009 年济宁市）如图，△ABC 中，∠A = 70°，∠B = 60°，点 D 在 BC 的延长线上，则∠ACD 等于

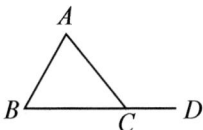

A. 100°　　　B. 120°　　　C. 130°　　　D. 150°

题 2.（2009 年义乌）如图，在 $\triangle ABC$ 中，$\angle C = 90°$，EF//AB，$\angle 1 = 50°$，则$\angle B$的度数为（　　　）

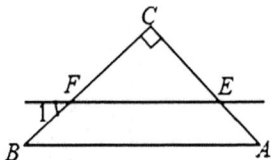

A. 50°　　　B. 60°　　　C. 30°　　　D. 40°

（2）三角形三边关系

题1.（2009 黑龙江大兴安岭）如图，为估计池塘岸边 *A*、*B* 两点的距离，小方在池塘的一侧选取一点 *O*，测得 OA=15 米，OB=10 米，*A*、*B* 间的距离不可能是（　　）

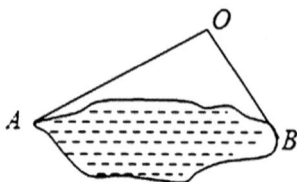

A. 5 米　　　　B. 10 米　　　　C. 15 米　　　　D.20 米

题2.（2009 年温州）下列长度的三条线段能组成三角形的是（　　）

A.1cm，2cm，3.5cm　　　　　　B.4cm，5cm，9cm

C.5cm，8cm，15cm　　　　　　D.6cm，8cm，9cm

（3）等腰三角形

题1.（2009 武汉）如图，已知 O 是四边形 ABCD 内一点，OA = OB = OC，∠ABC = ∠ADC = 70°，则∠DAO+∠DCO 的大小是（　　）

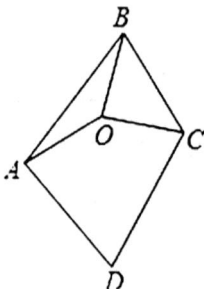

A. 70°　　　　B. 110°　　　　C. 140°　　　　D.150°

题2.（2009 年云南省）如图，等腰△ABC 的周长为21，底边

BC = 5，AB 的垂直平分线 DE 交 AB 于点 D，交 AC 于点 E，则 △BEC 的周长为（   ）

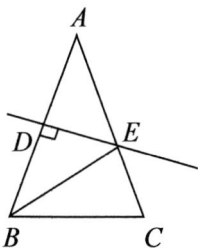

A. 13   B. 14

C. 15   D. 16

2. 典型例题

（1）有一个角为 50° 的等腰三角形，两底角平分线交于一点，求两底角平分线构成的角的度数。

（2）已知：如图，等边 △ABC 的高为 5，DE ⊥ AB，DF ⊥ AC，垂足分别为 E、F。求：DE+DF 的值。

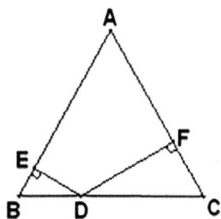

（3）已 知：等 腰 △ABC，AB=AC，DE ⊥ AB，DF ⊥ AC，

CG ⊥ AB，垂足分别为 E、F、G。求证：DE+DF=CG。

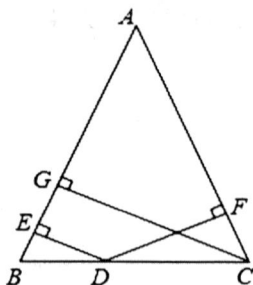

（4）若 D 在底边 BC 的延长线上，问题（3）中的结论是否还成立？若不成立，又存在怎样的关系？并加以证明。

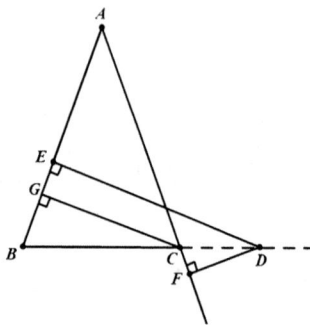

（5）P 是边长为 a 的等边△ABC 内的一点，由 P 向三边引 BC、AC、AB 的垂线段 PD、PE、PF。求证：PD+PE+PF 为定值。

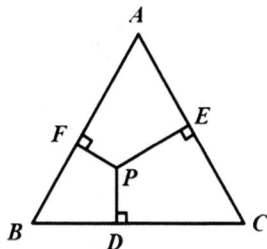

（6）P 是边长为 a 的等边△ABC 外的一点，点 P 落在∠ABC 的内部，由点 P 分别向 BC、AC、AB 引垂线段 PD、PE、PF，则 PD、PE、PF 之间还存在与（5）相同的结论吗？如果不是，它们之间又存在什么样的关系，写出它们之间的关系，并加以证明。

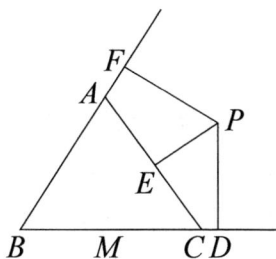

附录六：数学导学案的设计方法

一、导学案的内涵和分类

导学案指教师依据学生的认知水平，知识经验，为指导学生进行自主的知识建构而编制的学习方案。根据学生在使用导学案的过程中是否需要阅读教材，导学案分成两类，第一类导学案是学生脱离教材条件下完成的导学案，即，不阅读教材的条件下，学生通过回答问题发现新知识的导学案；第二类导学案是学生阅读教材条件下完成的导学案，即，教师在导学案中指导学生阅读教材中的内容，之后解决导学案的问题，因此，学生需要边阅读教材，边完成导学案。导学案通常由课前预习案和课上学习案构成，课前预习案包括学习目标、学习准备、问题情境、自主探究、自学检测、疑问汇总六个环节；课上学习案包括合作交流、例题精讲、检测提升、归纳反思四个环节。在具体的教学实践中，由于导学案的设计存在一些问题，其功能没能充分发挥出来。

二、导学案使用的知识条件

判断什么样的知识适合使用导学案是学案导学教学的前提，否则就会出现导学案的滥用。由于第一类导学案不需要学生阅读教材，因此，第一类导学案的使用首先要考虑这部分知识的难度是否适合学生自主探究，如果学习内容的难度过大，则不适合在课前发放导学案。例如，北京师范大学出版社出版的《义务教育教科书·数学（八年级下）》一元一次不等式与一次函数这节课中学生对于一元一次方程、一元一次不等式与一次函数之间联系的发现存在一定的难度，即，通过一次函数与坐标轴的交点确定一个变量值的时候，可以用一元一次方程确定另一变量的值，通过一次函数的图像与坐标轴的位置关系确定一个变量的取值范围时，可以用一元一次不等式确定另一变量的取值范围。因此，该节内容不适合学生利用课前预习案自学。即便是同样的知识，不同教材内容的呈现方式也具有不同的难度。例如，在七年级初，大部分学生并没有真正达到将意义相反的量统一并选择正确的数学运算来解决问题的认知水平，在学生自主建构有理数加法法则的第一阶段，北京师范大学出版社出版的《义务教育教科书·数学（七年级上）》的有理数的加法一节中，在正负圆圈的导入情境之后直接给出有理数加法的算式，仅仅要求学生根据情境得出算式的得数，并根据有理数加法的等式抽象概括出有理数加法法则的教学处理适合学生的认知水平，因此可以采用学案导学的方式来教学。但是人民教育出版社出版的《义务教育教科书·数学（七年级上）》的有理数的加法一节中要求学生根据数轴的情境先列出加法算式，之后归纳法则的做法难度比较大，就不适合采用学案导学的方式。因此，第一类导学案比较适合学生自学难度不大，不涉及精深的、过于抽象的概念和原理等内容。而第二类导学案需要学生阅读教材，学生就知道了探究的结果，学生会失去独立探究的机会，因此，第二类导学案的知识使用条件是非探究发现式的数学知识。相比第一类导学案而言，第二类导学案对知识难度的限制并不是很严格，例如，北京师范大学出版社出版的《义务教育教科书·数学（八年级上）》勾股定理一节中，学生熟知一般三角形的三边关系是一次的关系，在此基础上学生独立发现直角三角形的三边关系是二次是很有难度，然而，教学实践表明，学生一边阅读教材，一边借助导学案基本能够理解探究的内容。

三、导学案的设计

（一）导学案的学习目标设计

学案导学教学中，很多教师直接将教案的内容搬到导学案中，导致了导学案导学功能的弱化。因此，明确导学案和教案的区别和联系是很必要的。对于导学案和教案之间的区别和联系，大部分老师仅仅知道教案和导学案之间比较明显的区别和联系，例如，教案有设计意图，导学案没有，教案没有自学检测，而课前预习案有自学检测等，但是很多老师不清楚导学案的学习目标和教案的教学目标之间的区别。在这里我们进一步明确，二者的表述方式不同，"教学目标"制定时使用教学专业词语，只要教师或者同行能看懂就行了。例如，了解、理解、掌握、应用等目标动词是经常出现在教案的教学目标中；"学习目标"是给不同层次的学生呈现的，操作性要强，语言必须具体明了、通俗易懂，例如，能、说出、记住、知道、认识等目标动词是经常出现在导学案的学习目标中。可见，"学习目标"不同于传统教案上的"教学目标"，学习目标是学生学习的方向，它的制定应以有利于学生能够明确该节课的学习目标为基本准则，并且可以分解为课前预习案中的预习目标和课上学习案中的学习目标。例如，三角形内角和定理的证明中，教案中的教学目标是证明三角形内角和定理，掌握它的两个推论，并运用这些定理解决简单的问题；经历探索与证明的过程，进一步发展推理能力；在一题多解、一题多变中，积累解决几何问题的经验，提升解决问题的能力。在学生的课前预习案中，参照教学目标，预习目标制定为"能反思折纸或者拼接得出三角形内角和方法的不足；能用一种证明方法证明三角形内角和定理。"在课上学习案中，学习目标描述为"能证明三角形内角和定理，并尝试用多种方法证明内角和定理；能利用三角形内角和定理解决简单问题。"

（二）导学案的检测题设计

如果教学目标中存在思想方法维度的目标，那么导学案中检测题的设计不仅要关注学生的知识、技能的检测，也要关注学生数学思想方法的检测。知识技能的检测可以直接用书中的练习题就可以，对于数学思想方法的检测，教师有时需要自己编制习题。例如，三角形内角和定理的课前预习案的自学检测题设计时，教师可以让学生完成教材中的问题，例如：

1. 根据下列条件，求∠A、∠B和∠C的度数。

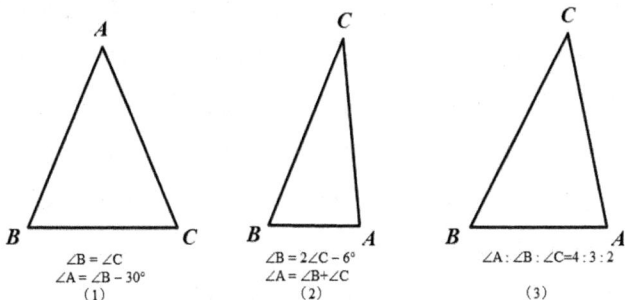

$\angle B = \angle C$
$\angle A = \angle B - 30°$
(1)

$\angle B = 2\angle C - 6°$
$\angle A = \angle B + \angle C$
(2)

$\angle A : \angle B : \angle C = 4 : 3 : 2$
(3)

之后，在课上学习案的检测提升环节中，教师可以让学生探索两条不平行的直线被第三条直线所截，两个同位角∠1和∠2的大小关系。如下图所示：

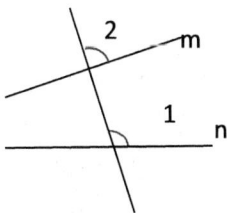

这道习题可以检验学生是否掌握了三角形内角和定理的证明思路，即，通过做平行线将角转移，进而化归到平角是180°或者同旁内角互补的已知结论。

（三）导学案的引导问题设计

导学案中的问题是学生自学的指示灯，指引着学生进行有效的学习，通过问题将整个导学案的学习内容联系起来。引导问题的设计要关注学生学习该知识的心理过程。学生学习数学概念的一般方式是观察丰富的例子，抽象概括本质属性，得出数学概念并符号化。例如，乘方教学的时候，教师会展示给学生很多个相同因数相乘的式子，形如，$2×2×2×2×2×2×2$ 或 $(-3) × (-3) × (-3) × (-3)$，这个时候教师可以提出这样的问题：这些式子有什么共同的特点？你能将这些式子用一个简单的代数式表达出来吗？进而引导学生抽象概括出这些数学表达式的共同特点为 n 个相同因数 a 的积的运算，发明一个新的代数式 a^n 来表示这些式子，并提出代数式中的字母有什么限制吗？等问题。学生学习数学公式、定理的时候通常是通过动手操作、计算、类比等数学活动猜想出该公式或者定理，之后进行证明，最后应用该公式或者定理解决问题。因此，数学公式、定理的教学中，问题的设计要更多地关注公式、定理产生的背景，它们的条件和结论、推导过程，以及公式、定理的应用范围。如三角形内角和定理的教学中，教师在课前预习案中可以提出如下问题：

● 说明三角形三个内角和为 180° 这个结论正确，你能想到哪些方法？

● 你的方法精确吗？请描述理由。

● 你能不能用推理的方法证明三角形内角和定理？

在课上学习案中，教师可以提出如下问题：

● 三角形内角和定理是什么？它的条件和结论分别是什么？

● 三角形内角和定理有哪些推导的方法？

● 三角形内角和定理推导的总体思路是什么？

（四）导学案的学法指导设计

学法指导是导学案的一个重要特征，也是其导学功能的一个重要指标。从这个意义上说，导学案其实是学生自学的一个脚手架。由于很多学生不会阅读数学教材，因此，导学案中的学法指导首先要关注学生数学教材阅读策略的指导，即，在阅读教材的时候，对于一些概念和法则的关键词需要重点强调，并且在不同的知识学习过程中，学生应该学会自己提出问题引导思考。对于数学概念材料的阅读，学生可以自己提出下面的一些问题，例如，该数学概念引入的意义是什么？数学概念的内涵和外延是什么？数学概念和前面学习过的概念有什么区别和联系？这个概念和前面学习过的概念是否能够形成一个概念系统？

其次，导学案中的学法指导可以是解题思路的总结归纳指导，即教师在学案中对本节课中例题，习题中涉及的相同的解题思路适时引导学生进行归纳和总结，以便学生进一步明确，例如，三角形的内角和定理这节课上学习案中对于各种证明方法的归纳与总结可以提出问题"三角形内角和定理推导的总体思路是什么？"进行学法指导。

再次，学法指导也可以对学生的合作学习进行指导，例如，三角形内角和定理证明一节中，在课上学习案中可以提供如下合作学习指导：

1. 组间研讨：小组内，在组长的带领下，互相讲解自己的证明方法，要求组内学生至少学会一种不同于自己的证明方法。

2. 组间展示：每组派出代表在黑板上讲解你组的一种方法，要求声音洪亮，大方得体，尽力使全班学生能够听懂，其他组同学补充。

请同学们尽量收集多种证明方法，挑选一种与自己的课前预习不同的方法，用最简洁的几何语言写出这个文字命题的证明过程。期待你完美的书写！要求写出每一步的证明依据。

求证：三角形的内角和等于180°

已知：

求证：

证明：

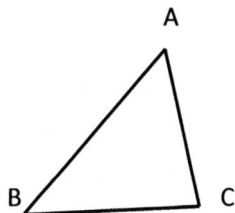

　　最后，学法指导在课前预习案的自学检测中也经常发挥作用，即，学生完成自学检测后，可以到课前预习案的背面寻找答案以及教师的引导语，这些引导语引导学生重新阅读书中的某些内容，以便增进理解；另外，课上学习案中的课外资源链接中教师可以用指导语的方式给学生提供一些和本节课的内容相关的阅读材料的检索网址，让学有余力的学生拓展学习的空间。导学案并不会一直伴随学生的学习，随着学生的自主学习能力的逐步增强，导学案的功能也逐步弱化，例如，学法指导适当减少，引导性问题逐步减少等。当学生基本掌握了自主学习方法之后，教师不再提供导学案，最后达到学生自主学习的目标。

　　（五）导学案的分层设计

　　调研中，一些教师反映，导学案的使用加剧了学生的两极分化。解决这个问题的一种有效方法是导学案中进行分层设计。对于学困生，结合导学案，教师可以在课前通过 QQ 群等平台发给学生一个微视频来帮助差生的学习，例如，在三角形内角和定理一节中，教师可以录制一个如何利用教材进行三角形内角和定理学习过程的一个微视频来帮助学困学生课前学习。对于学优生的培养，教师可以在课上学习案中的检测提升环节增加难度较大的 1—2 道选做题关注数学思想方法的检测。例如，三角形内角和定理学完之后，检测提升环节中我们可以设计一道四边形内角和证明的问题：

　　请你添加适当的辅助线，应用三角形内角和定理的证明思路证明这四个内角的和是 360°。

　　当然，分层的设计是在学生都能认真完成课前预习案的前提下才能从一定程度上解决两极分化问题，同时还需要教师通过严格的监督来保障学生能够课前完成课前预习案。

附录七：数学教材阅读方法 [①]

学生在阅读数学教材时会面对大量的文字、图形和符号，他们往往不清楚教材各部分所要传递的知识信息，遗漏一些知识或是对知识把握不到位。因此，探索简单、可操作性强的方法帮助学生阅读数学教材很必要。教材的内容按知识呈现方式分类，各类具有不同的作用，与之对应不同的阅读方法，因此可以将这些分类的内容按照教材体例结构为主线进行整合，也就是说阅读教材的方法可立足于教材的知识呈现方式和教材体例结构。教材知识的呈现方式，即数学知识以何种形式呈现，可分为文本、插图，有时还会伴有一些旁白；教材的体例结构，即教材的总体结构和编写体例。按照教材中阅读的内容可以整理为六部分：在正文开始之前主要有目录、章前图和章前引言、章节名称，正文部分主要包括问题情境、问题串（做一做、想一想、议一议等环节）、加黑或涂色的重要结论、例题和练习，在每章内容结束时有复习和回顾的部分。

一、知识的呈现方式及其分类

数学教材包含大量丰富的学习素材，与学生熟悉的现实生活密切相关，体现着数学的现实意义，教材中引用了许多现实图片和数据辅助数学知识的学习，同时还配有一定量的卡通漫画增强数学学习的趣味性。按照教材正文中知识呈现的形式可分为文本和插图，除正文以外，旁白也是一类重要形式的知识。本研究对这三种知识呈现形式进一步分类，并分析其特点和作用，进一步按数学教材体例结构为主线进行整合，设计阅读方法。

（一）文本及其分类

文本是由语言文字组成，是由书写固定下来的话语，是阅读对象

---

① 这部分内容由辽宁省实验学校赤山校区刘靓提供。

的主要组成部分。由于数学语言的特殊性，数学教材中的文本可以分为文字形式文本和符号形式文本。从内容上来看，可分为与数学本质无关的说明性文本、引起数学思考的问题引导性文本以及反映数学本质的描述或推演文本。

1. 与数学本质无关的说明性文本

与数学本质无关的说明性文本，多为创设问题情境需要而出现在教材中的。该类型的文本不体现数学的特殊性，通常为日常所用的语言，较为容易理解。这一类文本在数学教材中通常起到描述说明、前后过渡连接的作用，因此，在阅读时只要粗略阅读理解其所要表达的意思即可。如图1所示，为与数学本质无关的说明性文本。

13.1.1 轴对称

对称现象无处不在，从自然景观到艺术作品，从建筑物到交通标志，甚至日常生活用品中，人们都可以找到对称的例子（图 13.1-1）。

图 1 与数学本质无关的说明性文本

2. 引起数学思考的问题引导性文本

这一类文本构成教材中数学知识生成的问题串，有时单个问题出现，有时成组出现，问题中可能会有一些数学符号的语言，该类文本具有极强的数学思想性，因此，在阅读时应仔细对问题进行思考，将问题与前后文进行联系，若出现一组问题，更要注意问题间的联系。如图2所示，为引起数学思考的问题引导性文本。

议一议

（1）满足关系式 $y=-3x$ 的 x，y 所对应的点 (x,y) 都在正比例函数 $y=-3x$ 的图象上吗？

（2）正比例函数 $y=-3x$ 的图象上的点 (x,y) 都满足关系式 $y=-3x$ 吗？

（3）正比例函数 $y=kx$ 的图象有何特点？你是怎样理解的？

图 2 引起数学思考的问题引导性文本

3. 反映数学本质的描述性文本

这一类文本充分体现数学语言的简洁性和概括性，往往涉及很多数学专有的概念和符号，其语句中逻辑性十分严密，因此在阅读时要字句分析，首先应明确句子中的数学概念和符号所表示的含义，然后再明确其前后句、上下文的逻辑关系。反映数学本质的描述文本，多为教材中的概念、定理和一些重要的数学结论，如下图 3 所示。

在正比例函数 $y=kx$ 中，
当 $k>0$ 时，y 的值随着 x 值的增大而增大；
当 $k<0$ 时，y 的值随着 x 值的增大而减小。

图 3　反映数学本质的描述性文本

4. 反映数学本质的推演性文本

这一类文本中通常有很多数学符号语言，上下文之间具有很强的逻辑性，在阅读这一类文本时讲求顺序性，注重前后的联系，另外还要注意将数学符号语言与图形语言相结合。反映数学本质的推演文本，多为教材中例题的解题过程，如下图 4 所示。

例1 如图 1-24，在 $\triangle ABC$ 中，$\angle BAC = 60°$，点 D 在 BC 上，$AD = 10$，$DE \perp AB$，$DF \perp AC$，垂足分别为 E，F，且 $DE = DF$，求 DE 的长.

解： $\because$ $DE \perp AB$，$DF \perp AC$，垂足分别为 E，F，且 $DE = DF$，

$\therefore$ AD 平分 $\angle BAC$（在一个角的内部，到角的两边距离相等的点在这个角的平分线上）.

又 $\because$ $\angle BAC = 60°$，

$\therefore$ $\angle BAD = 30°$.

在 $Rt\triangle ADE$ 中，$\angle AED = 90°$，$AD = 10$，

$\therefore$ $DE = \dfrac{1}{2} AD = \dfrac{1}{2} \times 10 = 5$（在直角三角形中，如果一个锐角等于 $30°$，那么它所对的直角边等于斜边的一半）.

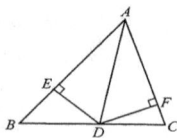

图 1-24

图 4 反映数学本质的推演文本

（二）插图及其分类

插图可以增强学生学习的趣味性，同时插图具有很强的直观性，图文的结合可以使学生更好地理解知识。从插图的内容角度进行分类，可分为数学类插图，具体包括数据表格、几何图形、函数图象、数学示意图等；装饰类插图，包括生活实物图、卡通漫画图、栏目图等。

1. 数学类插图

这一类插图多出现在知识生成过程、例题习题中，通常与文字内容紧密相关，直观的表示出数据或者几何信息，将抽象的数学知识形象化。该种类型的插图体现数学语言的特殊性，反映数学问题本质，在解决数学问题时，要充分发挥数学类插图的重要辅助作用，通过理解数学类插图，能够培养学生读图能力。因此，在阅读数学类插图时，不能割裂地读图，要将文字语言和插图结合起来，尤其要提取文字语言中的数学本质，并在插图中的体会其数学本质。如图 5 函数图象为数学类插图。

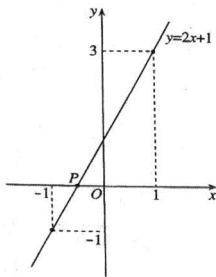

思考 [1]

　　下面 3 个方程有什么共同点和不同点？你能从函数的角度对解这 3 个方程进行解释吗？

　　(1) $2x+1=3$；　　　(2) $2x+1=0$；　　　(3) $2x+1=-1$.

　　可以看出，这 3 个方程的等号左边都是 $2x+1$，等号右边分别是 3，0，-1。从函数的角度看，解这 3 个方程相当于在一次函数 $y=2x+1$ 的函数值分别为 3，0，-1 时，求自变量 x 的值。或者说，在直线 $y=2x+1$ 上取纵坐标分别为 3，0，-1 的点，看它们的横坐标分别为多少（图 19.2-6）。

　　因为任何一个以 x 为未知数的一元一次方程都可以变形为 $ax+b=0$（$a\neq0$）的形式，所以解一元一次方程相当于在某个一次函数 $y=ax+b$ 的函数值为 0 时，求自变量 x 的值。[2]

图 19.2-6

图 5　函数图象插图

2. 装饰类插图

生活实物图不一定与数学知识本质直接相关，多为创设问题情境需要，为数学知识的顺利生成准备条件，体现数学与实际生活紧密的联系，该类插图有助于增强学生学习的趣味性。如图 6 为生活实物图，反映的是现实生活中真实的事物。

图 6　生活实物图

3. 卡通漫画图

卡通漫画图以卡通漫画的形式表现生活中的场景或者数学史相关内容，通常与数学知识本身无关，起到装饰和增强趣味性的作用。另外还有一些卡通人物以对话框的形式呈现知识生成过程，其中文字部分与数学紧密相连，而卡通人物图案起到装饰和增强趣味性的作用。如图 7 为卡通漫画图。

7.1.1 有序数对

我们都有去影剧院看电影的经历. 你一定知道，影剧院对观众席的所有座位都按"几排几号"编号，以便确定每一个座位在影剧院中的位置. 这样，观众就能根据入场券上的"排数"和"号数"准确地"对号入座".

这种办法在日常生活中是常用的. 比如，当发现一本书上某页有一处印刷错误时，你可以怎样告诉其他同学这一处的位置呢？又如，假设根据教室平面图（图 7.1-1）写出如下通知，你知道哪些同学参加讨论吗？

图 7 卡通漫画图

4. 栏目图

如图 8、图 9、图 10 都为栏目图，出现在教材中各栏目名称中，区分教材中各栏目，仅起到装饰的作用。

图 8　　　　　图 9　　　　　图 10

（三）旁白及其分类

在阅读教材的过程中，旁白对知识的学习有着解释补充的作用，在内容结构上能够承上启下和画龙点睛，在思想方法上具有提示作用。

按照教材内容的需要，旁白可能在教材任意环节以小便签或者会话气泡的形式出现，可按照旁白的作用分为解释补充、启发提示、总结回顾三种类型。

1.解释补充型旁白

解释补充型旁白通常是对文中的数学专有名词进行解释，或者进一步补充相关知识。如图 11，以便签的形式对正文内容进行补充说明不等式的解集不包含该点的表示方法，起到了解释补充的作用。

可以发现，当 $x>75$ 时，不等式 $\frac{2}{3}x>50$ 总成立；而当 $x<75$ 或 $x=75$ 时，不等式 $\frac{2}{3}x>50$ 不成立. 这就是说，任何一个大于 75 的数都是不等式 $\frac{2}{3}x>50$ 的解，这样的解有无数个；任何一个小于或等于 75 的数都不是不等式 $\frac{2}{3}x>50$ 的解. 因此，$x>75$ 表示了能使不等式 $\frac{2}{3}x>50$ 成立的 x 的取值范围，它可以在数轴上表示（图 9.1-1）.

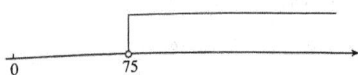

图 9.1-1

在表示 75 的点上画空心圆圈，表示不包含这一点.

图 11　解释补充型旁白

2.启发提示型旁白

在阅读数学材料时候，学生思考数学问题生成新知识的关键是从数学思想方法的角度思考数学问题，启发提示型旁白提供思考问题的方法，或者对学生提取已有的知识经验提供了有效的切入点，在阅读教材尤其是问题思考时应注意到旁白的重要提示作用。如图 12，利用会话气泡对问题解决的方法进行提示，学生要想通过顺利完成三道题目的计算生成新知识，旁白中提示的类比方法为学生思考问题提供方法上的指向。

计算下列各题，并说说你的理由.
(1) $x^5y \div x^2$；
(2) $8m^2n^2 \div 2m^2n$；
(3) $a^4b^2c \div 3a^2b$.

可以用类似于分数约分的方法来计算.

议一议

如何进行单项式除以单项式的运算？

图 12　启发提示型旁白

3. 总结回顾型旁白

　　学生在思考问题的时候可能会出现一些非本质性的答案，要想顺利生成新的数学知识必须要把握问题的数学本质，因此总结回顾型旁白对数学问题起到画龙点睛的作用。如图 13，利用旁白对例题的操作步骤进行归纳和总结，学生在思考问题时可能更关注于例题操作的具体细节，如何通过这一系列过程画出函数图象，通过旁白对例题进行总结，使学生从关注解决问题上升到方法提炼。

例1 画出正比例函数 $y = 2x$ 的图象.
解： 列表：

x	…	-2	-1	0	1	2	…
y	…	-4	-2	0	2	4	…

描点：以表中各组对应值作为点的坐标，在直角坐标系内描出相应的点.
连线：把这些点依次连接起来，得到 $y = 2x$ 的图象（图 4-4），它是一条直线.

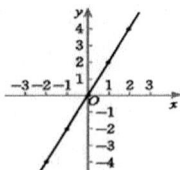

画函数图象的一般步骤：列表、描点、连线.

图 4-4

图 13　总结回顾型旁白

　　根据教材中各环节内容的特点和需要，通常采用三种呈现方式中的一种或几种，因此，在阅读过程中根据以上知识呈现形式的特点结合教材不同环节的内容特点，采取不同的阅读方法。

二、教材体例结构中各部分内容的阅读方法

　　从教材结构顺序来看，根据教材的体例结构可以分为正文开始之前的目录、章前图及章前引言部分，正文按照环节来分，主要包括问题情境部分、知识生成的问题串部分（做一做、想一想、议一议等环节）、加黑或涂色的重要结论部分、例题和练习部分，在每章内容结束时有复习和回顾的部分。

　　（一）目录与章节名称、章前图与章前引言部分的阅读

　　1. 目录和章节名称的阅读

　　一般来说，教材的目录和章节名称不仅能够帮助学生明确学习内容，还有助于学生理解整本教材的知识编排顺序和每一章的知识框架结构。在新知识学习之前，有必要阅读目录和章节名称，初步理清知识结构，从宏观上和整体上把握教材内容的重点，但实际阅读教材的过程中仍有很多学生对阅读教材存在误区，认为阅读应该从正文开始，忽略这部分内容。完成对目录和章节名称阅读后，部分理解概括能力强、原有认知结构清晰的学生能够初步对新知识结构进行构建，其余学生则需要引导性思考以及后续深入的学习才能完成对知识的构建。

　　（1）阅读建议

　　基于目录与章节名称的两个作用，明确学习内容和构建知识结构，在阅读思考时应围绕这两个方面。从以上分析中，可以看出对目录与章节名称的阅读要达到的目标是从整体上初步把握知识结构和重点，因此，采用的阅读方式为整体把握粗读概览，读到一些不理解的名词术语可不用深究暂时放下，只需大体理清知识结构即可，为后续深入

学习进行铺垫。在内容理解上应着重思考本章主要内容是什么，分为几节，顺序如何，各节之间有什么关系。

根据以上阅读建议，将该部分阅读方法整理为如下表（表1）：

表1 目录与章节名称的阅读方法

阅读内容	阅读方法	操作步骤及阅读思考
目录与章节名称	粗读浏览	1. 本章内容一共分为几节？ 2. 本章内容的先后顺序如何？ 3. 各节之间有什么关系？

（2）案例分析

第五章 二元一次方程组

图14 二元一次方程组目录

以图14的目录片段为例，阅读该目录时应首先明确本章学习的主要对象为二元一次方程组，通过阅读每一章节的标题，可以看出学习的主要内容有：二元一次方程组的概念、解法、应用、以及二元一次方程组与一次函数的关系。目录阅读之后在心里形成关于本章知识的大致结构如下：

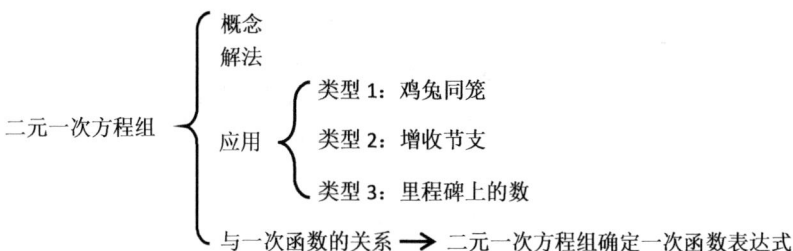

二元一次方程组
- 概念
- 解法
- 应用
  - 类型 1：鸡兔同笼
  - 类型 2：增收节支
  - 类型 3：里程碑上的数
- 与一次函数的关系 → 二元一次方程组确定一次函数表达式

2. 章前图与章前引言的阅读

章前图与章前引言，作为一章的起始部分，选取一些有代表性的内容，贴近学生生活，激发学生的学习兴趣，点明本章学习的目标，使学生从整体上初步感知本章知识内容及其在生活中的应用。章前部分在学习中起到先行组织者的作用，从学生原有的知识基础出发，言简意赅地展示本章知识要点和思想方法，使学生对所学习的新内容产生基础性和概貌性的认识，明确学习的方向。

（1）阅读建议

在阅读章前部分时注意体会新知识学习的方向，明确学习目标，因此可采用粗读浏览式的阅读方式。章前引言通常采用与数学本质无关的说明性文本，素材富有趣味性，与学生实际生活联系紧密，此外，章前引言中有时会提出一些问题，这些问题仅仅对本章学习内容起到抛砖引玉的作用，不需要详尽回答。章前图多为生活实物图和卡通漫画图，只为创设情境需要，不反映数学本质。读这一类不反应数学本质的文本和插图时仅需要体会其中所要传达的大意即可。

根据以上阅读建议，将该部分阅读方法整理为如下表（表2）：

表 2　章前图与章前引言的阅读方法

阅读内容	阅读方法	操作步骤及阅读思考
章前图与章前引言	粗读浏览	1. 本章学习的主要内容有哪些？ 2. 本章学习的目标是什么？

（2）案例分析

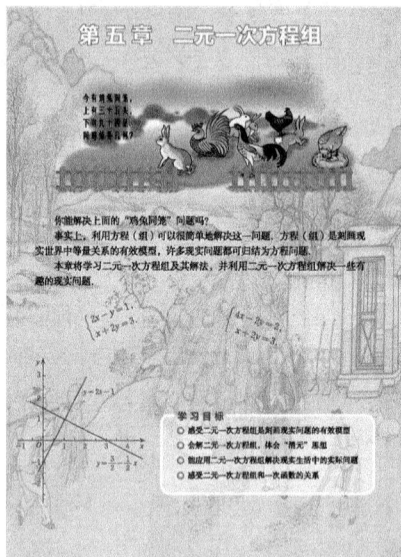

图 15　二元一次方程组章前图

以图 15 的章前图为例，采用《孙子算经》中的鸡兔同笼问题体现本章所要学习的核心内容，体现数学文化历史和趣味性，同时配有鸡和兔子的卡通漫画图反应数学问题的情境。文字部分陈述了一道数学问题，接下来的引言中提出问题"你能解决上面的鸡兔同笼问题吗？"并不是让学生真正去解决这个问题，而是抛砖引玉地向学生展示本章主要学习的方程模型思想，设置问题和悬念引起学生的学习兴趣，因此在读这一部分文字时仅需结合插图内容感受文字所表达具体内容的特点。在章前引言下面，北师大版教材给出了本章学习的主要目标，同时配有函数图象和方程组的图，这些图也不需要去揣摩其中数学本质，初步感知其中学习的内容和方向即可。在此章前图中所有文字和插图恰好以点带面的体现本章的四个学习目标，因此，在阅读完章前图应能够明确和感受本章学习的目标：感受现实问题中的二元一次方程组、利用消元法解方程组、应用二元一次方程组、感受二元一次方程组与一次函数的关系。

（二）问题情境的阅读

教材中每一节内容的开始都以实际生活或者学生熟悉的知识为背景创设了问题情境，因此，问题情境的作用主要是引入新知和建立新旧知识之间的联系。从内容形式上来看，教材中问题情境主要分为两类，一类利用实际生活中的相关素材引出本节课的学习内容，同时激起学生学习兴趣；另一类以学生已有的知识为基础进一步深入研究，使学生能够建立其新旧知识的联系，有利于形成知识体系。

1.生活实际类问题情境的阅读

这一类问题情境最大特点就是与实际生活密切相关，趣味性比较强，能够提高学生的学习兴趣产生探索新知识的欲望。该类问题情境需要学生从实际问题中提取数学信息，所以说问题情境是学生思维具体性与数学知识抽象性之间的重要桥梁。生活实际类问题情境中配有的插图，通常以实物情境图、漫画卡通图为主，主要作用是配合具体情境而反映生活。

（1）阅读建议

阅读时要注意用数学的角度理解情境，从生活化的情境中提取数学信息，与自己已有的知识经验相联系，与本节课主题相联系。有时问题情境中设置一些提示引导的问题，通过回答这些问题可以从感性直观的思考进入理性的数学思维，因此，该部分采取的阅读方式应该为细读理解回答提问，理解文字叙述，认真回答教材中设置的问题，联系生活经验用数学角度进行思考。

根据以上阅读建议，将该部分阅读方法整理为如下表：

表 3　生活实际类问题情境的阅读方法

阅读内容	阅读方法	操作步骤及阅读思考
生活实际类问题情境	细读理解回答提问	1. 问题情境反映出哪些生活情境和经验？ 2. 如何从数学的角度思考问题情境反映出的问题？

（2）案例分析

图 16　探索直线平行的条件的问题情境

如图 16 为北师大版七年级下册第二章第二节《探索直线平行条件》中的问题情境，根据北师大版教材编写特点，该部分学习内容属于实验几何阶段，并非严格的证明几何阶段，仅需学生通过直观的操作、观察、归纳等方法获得结论。教材选取生活中装修工人钉木条的实例，配有卡通图来反映现实生活中的情境，在阅读这部分内容需要仔细阅读文字，结合生活经验，依次回答其中问题。联系生活实际可以很容易回答出木条 a 也与墙壁边缘垂直，即 $90°$ 角时两木条平行，教材进而又提出了木条 *b* 不与墙壁边缘垂直的情况，此时学生的生活经验不能解决这一问题了，想要继续深入分析，就需要学生从具体实际中的两根木条抽象出两条直线，将本节课问题情境中的木条平行问题转化为利用第三条直线截两木条所在直线所得角的关系探索直线平行问题，进而与本节课主题"探索直线平行的条件"相吻合，引出本节课学习的知识，这也体现出本节课所学关于直线平行的知识来源于实际生活，能够解决生活中问题。

2. 新旧知识联系类问题情境的阅读

这一类问题情境并非来自实际生活，而是学生熟悉的数学问题，通过进一步深入的提问引出学习的主题。该类问题情境从学生已有的知识经验出发，加强新旧知识之间的联系，能够使学生更好地形成知识体系。

（1）阅读建议

阅读该类问题情境时需要注意其中有哪些已经学过的知识，怎样运用这些已经学过的知识去解决问题，在解决问题中又生成了哪些新知识，要注意它们之间的联系。这一部分相应的插图，通常以反映数学本质的数学图为主，因此需要仔细分析其中数学本质。根据以上阅读建议，将该部分阅读方法整理为如下表（表4）：

表4　新旧知识联系类问题情境的阅读方法

阅读内容	阅读方法	操作步骤及阅读思考
新旧知识联系类问题情境	细读理解回答提问	1. 问题情境中有哪些已经学过的知识？ 2. 如何利用已有知识获得新知识？

(2) 案例分析

② 求解二元一次方程组

老牛和小马到底各驮了几个包裹呢？这就需要解方程组

$$\begin{cases} x-y=2, & ① \\ x+1=2(y-1). & ② \end{cases}$$

一元一次方程我会解！二元一次方程组……

由①，得 $y=x-2$. ③

由于方程组中相同的字母代表同一对象，所以方程②中的 y 也等于 $x-2$，可以用 $x-2$ 代替方程②中的 y. 这样有

$$x+1=2(x-2-1). \quad ④$$

解所得的一元一次方程④，得 $x=7$.

再把 $x=7$ 代入③，得 $y=5$.

啊哈，二元化为一元了！

这样，我们得到二元一次方程组 $\begin{cases} x-y=2, \\ x+1=2(y-1) \end{cases}$ 的解 $\begin{cases} x=7, \\ y=5. \end{cases}$ 因此，老牛驮了 7 个包裹，小马驮了 5 个包裹.

把求出的未知数的值代入原方程组，可以知道你求得的解对不对.

例1 解方程组：

$$\begin{cases} 3x+2y=14, & ① \\ x=y+3. & ② \end{cases}$$

解：将②代入①，得 $3(y+3)+2y=14$，

$$3y+9+2y=14,$$

$$5y=5,$$

$$y=1.$$

将 $y=1$ 代入②，得 $x=4$.

经检验，$x=4$，$y=1$ 适合原方程组.

检验可以口算或在草稿纸上演算，以后可以不必写出.

图 17　求解二元一次方程组的问题情境

如图 17 为新旧知识联系类问题情境，在本节的问题情境中继续利用第一节中的老牛和小马驼包裹的素材，在会列二元一次方程组的基础上进一步研究如何解方程组，使学生循序渐进的学习。第一个旁白为启发提示型旁白，对学生解决问题的思路具有提示作用，启发学生想办法将未知的解二元一次方程组问题转化成已知的解一元一次方

程问题。接下来涉及学生已有知识等式的变形、代入等，第二个旁白的数学意义不是很大，仅仅提示学生已将问题转化为熟悉的一元一次方程，最后一个旁白又提出了检验方程的方法。这一问题情境就是引导学生利用已有的等式和代数式相关知识探索出新的知识。

（三）问题串的阅读

教材中设置不同的环节（如想一想、做一做、议一议），在每一环节中设置有层次的问题，通过问题的逐层深入，引导学生体会结论生成的思考过程，渗透相关数学思想。问题串使学生从根本上了解知识的来龙去脉，体现探究式学习的理念，突出学生的主体地位，是新知识生成的关键之处。通常每个环节中一组问题串是按照知识生成的逻辑顺序进行排列，学生在依次回答问题的过程也是学会数学思考的过程，在这些环节中配有一些反映数学本质的插图来辅助知识的学习，这些数学类的插图将知识更形象直观地呈现出来。

1. 阅读建议

问题串阅读的重点不在于"读"，而在于"思"，"读"是"思"的前提，因此该部分阅读方式应为精读思考。首先要通过阅读题目找到问题的关键点，明确题目问的是什么才能有的放矢地进行思考；其次，一组问题串具有一定的逻辑顺序，要注意甄别前后问题的联系，阅读问题串要按照教材顺序依次进行，切不可一目十行跳跃阅读；最后，正确回答完一组问题串会顺理成章的生成新知识，这个时候要从整体的角度回顾一组问题串回答的过程，也就是重新整理新知识生成的过程，同时检查之前的回答是否存在不恰当之处。在这一环节中的插图通常是数学类插图，因此，要注意将文字语言和图形符号语言相互转化，使文字与图形相互配合反映数学问题的本质。根据以上阅读建议，将该部分阅读方法整理为如下表（表5）：

表5 问题串的阅读方法

阅读内容	阅读方法	操作步骤及阅读思考
问题串（想一想、议一议、做一做）	精读思考	1. 找出问题的关键，如有数学图形或表格，结合图进行回答 2. 按顺序回答问题，找出前后问题的联系 3. 依次回答完各个问题，再回过头思考回答过的每个问题是否恰当，并对该环节一系列问题进行整体性的总结

2. 案例分析

（1）方程 $x+y=5$ 的解有多少个？写出其中的几个．

（2）在直角坐标系内分别描出以这些解为坐标的点，它们在一次函数 $y=5-x$ 的图象上吗？

（3）在一次函数 $y=5-x$ 的图象上任取一点，它的坐标适合方程 $x+y=5$ 吗？

（4）以方程 $x+y=5$ 的解为坐标的所有点组成的图象与一次函数 $y=5-x$ 的图象相同吗？

图18 问题串

如图18为二元一次方程与一次函数相关的一系列的问题串，在阅读时要找出问题的关键，依次仔细阅读并回答问题，问题（1）需要列举出给定一元二次方程的几组解。问题（2）的表述是一个较长的句子，首先要明确前半句的关键要在平面直角坐标系内描点，描什么样的点呢？就是建立在问题（1）的基础上，以方程解为坐标的点，后半句关键是给定一次函数的图象，这一问题就可以理解为方程解组成的点是否在函数图象上。同样，问题（3）的关键为图象上的点是否满足方程，由此可以看出问题（2）与问题（3）是互为正反的两个方向。问题（4）可以理解为方程解描点组成的图象与函数图象的关系，正是前三个问题的整合。由此可以根据这四个问题得到二元一次方程与一次函数的对应关系。

（四）加黑、涂色的重要结论、概念、法则的阅读

一般的，在问题串结束后，教材中用较正规的数学语言和符号将重要的结论、概念、法则、定理等内容表述出来，通常将文字涂色和字体加黑以突出重点。有时会在一些具体实例后给出数学概念，同时也用醒目的黑色字体表示。这些内容是经历问题串所引导的思考过程而得到的高度概括性的结论，或是抽象而严谨的概念定义，往往含有很多抽象的数学名词，前后逻辑性非常强，句子中会添加很多限制词以求表达得更精确，这样一来，这些重要的结论和定义非常精炼，但结构较为复杂，所以对于这部分内容应采取字斟句酌反复推敲的阅读方式。本研究按照知识分类及其学习的心理过程特点，将这部分内容分为两类：数学概念的阅读、定理和重要结论的阅读。

1. 数学概念的阅读

数学概念是对现实对象的数量关系和空间形式的一种反映，最大的特点就是高度的抽象，为了使学生更好地理解抽象的数学概念，教材往往会选取大量典型的实例，或者从学生已有的认知结构出发。

（1）阅读建议

对于数学概念的阅读，首先，要充分观察教材中所给出的实例，分析比较其中的相同点和不同点；其次，从所有例子中找出共性，总结出概念的本质属性；然后，阅读教材中对概念准确的数学语言表述，画出其中的关键词，再举出一些正例或者反例；最后，合上书本用自己的语言将概念叙述出来，用符号或者几何语言将概念表示出来。根据以上阅读建议，将该部分阅读方法整理为如下表（表6）：

表 6　概念的阅读方法

阅读内容	阅读方法	操作步骤及阅读思考
概念	字斟句酌 反复推敲	1. 教材给出的例子有哪些相同点、不同点？ 2. 例子的共性是什么？概念中关键词有哪些，请画出来，再举出一些正例和反例。 3. 复述概念，用符号表示出来。

（2）案例分析

💡 **想一想**

上面两个问题中，我们分别得到方程 $x - y = 2$，$x + 1 = 2(y - 1)$ 和 $x + y = 8$，$5x + 3y = 34$. 这些方程各含有几个未知数？含未知数的项的次数是多少？

含有两个未知数，并且所含未知数的项的次数都是 1 的方程叫做**二元一次方程**（linear equation with two unknowns）.

图 19　二元一次方程的概念

如图 19 为二元一次方程的概念，在阅读时注意观察教材中所给出的四个具体方程实例，通过问题的提示思考它们的共性：两个未知数，未知数项为一次。它们的不同之处为未知数项系数和常数项不同。因此，二元一次方程概念的关键词为两个未知数、未知数项次数为一，可以用字母表示出二元一次方程一般形式为：$ax + by + c = 0$（a，b 为不为零常数，c 为常数），根据这种形式还可以再举出几个例子。

2. 定理和重要结论的阅读

数学定理、法则和一些重要的结论都是以数学概念为基础，通过严密的逻辑形成的体系，它体现数学的抽象性和严谨性。

（1）阅读建议

对于一些结论和定理的阅读，首先，联系教材问题串的回答过程，明确该结论是如何得到的；然后，要准确找出句子表述中抽象的数学词语，明确它所指代的具体内容，然后确定句子的主要结构，再把相关的限制条件添加进来。其次，要对前后句子的关系进行分析，明确条件是什么，结论是什么。最后，将整个结论用自己的语言进行描述，另外，有些结论还会用字母或者符号表示，要结合文字表述记忆并体会其数学本质。根据以上阅读建议，将该部分阅读方法整理为如下表（表7）：

表7 结论、定理的阅读方法

阅读内容	阅读方法	操作步骤及阅读思考
结论、定理	字斟句酌 反复推敲	1. 这个结论是怎么得到的？ 2. 句子表述中有哪些数学名词，分别指代什么？画出其中关键的字词。 3. 条件是什么？结论是什么？ 4. 复述结论定理，用符号表示出来。

（2）案例分析

做一做

用两个含30°角的全等的三角尺，你能拼成一个怎样的三角形？能拼出一个等边三角形吗？由此你能发现什么结论？说说你的理由.

定理 在直角三角形中，如果一个锐角等于30°，那么它所对的直角边等于斜边的一半.

图20 定理

如图20的定理，首先应明确定理是如何得到的，结合教材前一部分相关内容回顾定理推出过程，可以看作以较长直角边为轴作直角三角形的对称，进而得到整体为等边三角形，由此得到该定理；接下来找出定理中的关键词有：直角三角形、30°锐角、30°锐角所对直角边、斜边一半；然后分析定理的条件为有一个角为30°的直角三角形，结论为30°所对较短的直角边在数量上等于斜边长度的一半；最后将定理用自己的语言叙述出来，并且用几何语言表示出来，如图21所示，$\angle C=90°$，$\angle A=30°$，$CB=\frac{1}{2}AB$。

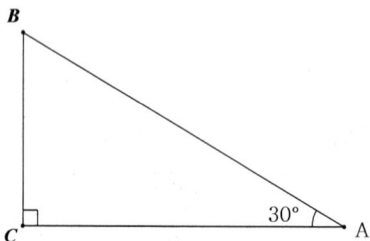

B

C 30° A

图 21

（五）例题与练习的阅读

1. 例题的阅读

例题是数学知识与应用之间的桥梁，通过选取典型、有代表性的内容对新知识进行巩固，示范新知识应用的过程和解题的步骤，同时也促进了学生思考探究和解决问题能力的发展。对于例题，应采取先做再读的阅读方式，不能仅限于"读"，更要注重"思"和"写"，学生阅读例题时不能过于依赖教材，应该有独立思考分析的过程，所以在读例题的解析过程之前应该先尝试独立思考问题，并写下步骤，然后再与教材例题的解题步骤进行对比鉴别，纠正自己错误，规范解题步骤。

一般来说，例题的思考过程符合波利亚解题的四个步骤，即，弄清问题、拟定计划、实行计划、回顾。但例题与解决一般问题不同的是它的针对性更强，教材中的例题的设置是专门针对本节课所学的数学知识，因此，在解题过程中拟定计划就有了明确的方向性，而回顾的过程不但要回顾自己的解题思路，更要体会理解教材例题给出的解题方法思路和解题格式，将自己所想与教材进行对比，反思差异和不足，尤其要注重解题步骤的规范。

（1）阅读建议

首先，弄清问题时，要明确例题中已知是什么？所求的问题是什么？如果是几何相关问题，要把已知和所求表示在图上；其次，拟定计划时要回想本节学习的新知识，结合例题的已知和所求尝试应用新知识解决问题；然后实施计划，在练习本上写出解题步骤和过程；最后，回顾自己的解题思路，阅读教材例题的解题步骤，对比和规范自己的解题步骤，纠正错误改正不足。根据以上阅读建议，将该部分阅读方法整理为如下表（表8）：

表 8 　例题的阅读方法

阅读内容	阅读方法	操作步骤及阅读思考
例题	先做再读	1. 例题中已知是什么？所求的问题是什么？如果是几何相关问题，把已知和所求表示在图上。 2. 回想本节内容得到的结论，结合例题的已知和所求尝试应用结论解决问题。 3. 在练习本上写出解题的步骤和过程。 4. 阅读教材例题的解题步骤，对比和规范自己的解题步骤，纠正错误找出不足。

（2）案例分析

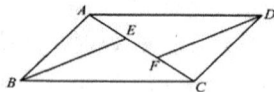

> **例1** 已知：如图 6-3，在 $\square ABCD$ 中，E、F 是对角线 AC 上的两点，并
> 且 $AE = CF$.
> 求证：$BE = DF$.
> 证明：∵ 四边形 $ABCD$ 是平行四边形，
> ∴ $AB = CD$（平行四边形的对边相等），
> $AB \parallel CD$（平行四边形的定义）.
> ∴ $\angle BAE = \angle DCF$.
> 又∵ $AE = CF$,
> ∴ $\triangle ABE \cong \triangle CDF$.
> ∴ $BE = DF$.
>
> 图 6-3

图 22 例题

如图 22 为平行线性质定理后的一道例题，阅读这一例题，第
一步确定已知条件有：$\square ABCD$、对角线 AC、$AE=CF$，所求问题为
$BE=DF$，同时在图中用恰当的符号表示已知条件；第二步，回想本节
课学的新知识：平行四边形性质，即平行四边形对边相等对角相等，
所求问题为两条没有公共端点的线段等，因此可以考虑利用全等三角
形对应边相等；第三步，已知条件的一组对边相等，利用平行四边形
定义的对边平行得到内错角相等，结合本节课新知识——平行四边形对
边相等，则利用边角边得到两个三角形全等，因而证明结论，再将这
一过程用符号语言在练习本中写出来；第四步，从整体上回顾本题的
解题思路，利用三角形全等证明线段相等，同时再阅读教材例题的解
题步骤，与练习本中的书写过程进行对比，改正错误找出不足。

2. 习题的阅读

每一节教学内容后都配有一定量的习题，每一章后安排有复习题，
这些练习题设置具有一定的代表性，及时地对新知识进行巩固和加深
理解。对于习题应采用读写结合的阅读方式，通常习题的设置层次性
非常明显，总是由易到难，由夯实基础到拓展能力，因此，学生在做
练习题时就要按照教材编排顺序循序渐进。除此之外，例题与练习一

定要落实到笔和纸上，规范解题步骤，培养良好的解题习惯，形成严谨的数学思维模式。根据以上阅读建议，将该部分阅读方法整理为如下表（表9）：

表9　习题的阅读方法

阅读内容	阅读方法	操作步骤及阅读思考
习题	读写结合	1. 参照例题示范，在练习本书写解题过程。 2. 按顺序循序渐进完成练习题目。

（六）整体回顾

教材中习题部分结束标志着一节新知识的结束，但阅读过程却没有结束，还需要回顾和整理。整体回顾可以从宏观上把握知识的重难点，将一节课所学的知识上升到全面的、系统的本质性认识，这一过程恰好与阅读目录章节名称相辅相成。回顾的过程就是将新知识深刻的理解与阅读正文前初步建立起的认知结构相结合，对最初建立的新知识认知结构进行修正和完善。

（1）阅读建议

回顾整理时，应注意浏览教材，梳理知识点，区别重点难点，采用浏览思考的阅读方式。每课时结束时需要从整体上把握本节学习的知识点，理清知识间的联系，更要思考新知识和旧知之间的联系，逐步完善知识结构。通常在一章结束时，教材设置回顾与思考环节，以问题的形式帮助学生梳理一章的知识。此时应该通过翻阅目录和浏览教材从整体上把握整章的内容，加强每课时知识之间的联系，可以借助一些图表辅助整理知识脉络，将整章知识融会贯通。根据以上阅读建议，将该部分阅读方法整理为如下表（表10）：

表 10 整体回顾的阅读方法

阅读内容	阅读方法	操作步骤及阅读思考
每节整体回顾	浏览思考	1. 本节学习了哪些知识？ 2. 知识间有哪些联系？ 3. 新知识和以前的哪些知识有什么联系？
章末回顾与思考	跳读浏览整体把握	1. 用合适的方式呈现本章知识结构（如：思维导图、关系图等）。

（2）案例分析

北师大版八年级上册第四章第三节《一次函数的图象》，阅读第一课时之后，进行回顾总结，首先要从整体上梳理本节课的知识点，此时可以快速翻阅教材，明确本节课学习的主要内容有：画函数图象的一般步骤，正比例函数图象特点，图象变化趋势。然后根据目录进一步完善知识结构，从整章的范围内考虑本节课与其他知识的联系，本节课为正比例函数相关知识，本节内容的下一课时即为一次函数图象相关知识，由特殊到一般的顺序进行学习。

回顾与思考

1. 你能举出现实生活中有关一次函数的几个例子吗？

2. 举例说明一次函数的几种表示方式。你能通过它的一种表示方式获得其他表示方式吗？

3. 正比例函数 $y = kx$ 的图象、一次函数 $y = kx + b$ 的图象有什么特征？两者之间有什么联系？

4. k 和 b 对一次函数的图象有什么影响？你能根据图象设法确定 k 和 b 吗？

5. 一元一次方程与一次函数有什么联系？举例说明。

6. 你能应用一次函数解决哪些问题？举例说明。

7. 本章是第一次系统地研究一个具体的函数，梳理本章内容，用适当的方式呈现全章知识结构，并与同伴进行交流，这可有助于后续有关函数的学习。

图 23 北师大版八年级上册第四章回顾与思考

如图 23，为北师大版八年级上册第四章结束时的回顾与思考，教材给出一些提示性问题回顾总结本章内容，可以看出问题的顺序是按照教材章节顺序提出的，同时也反映出一次函数知识体系的联系。此时，可翻阅目录和教材整章内容，回答这些问题，并用图表整理本章知识结构。

附录八：基于导学案的数学教学实验研究 [①]

一、研究目的

本研究开展了基于导学案的数学教学的实验研究，通过前后测成绩的对比分析以及学生自学能力测试两个方面，得出基于导学案的预习对数学成绩的影响及对自学能力培养的实验效果。

二、样本

本次实验在辽宁省铁岭市某校进行，实验学校位于城市郊区、城乡接合部地区，学校的生源大多来自周边城镇，有一部分从周边农村小学升学而来，父母多是务工、务农人员，欠缺科学严谨的家庭教育，学生自主学习意识薄弱，在家期间学习环境复杂，从而校内指导对学生养成良好的学习习惯至关重要。本次参加研究的学生均为七年级的学生，研究开始时间在他们开学1个月后，所以他们对于学习方法、学习习惯、阅读教材等词汇已经比较熟悉了，能够理解其含义，并且大部分学生已经形成了自己的一套学习方法。

实验研究选择了刚刚进入初中阶段的七年级五个班，共230名学生为实验对象，每个班由一名数学老师担任实验教师。参与实验的七年级学生经历了前两个月的学习，已经学习了一些新的概念、公式以及定理等，例如有理数的概念、有理数加法法则等，对概念、定理、公式等已经有了接触，初步认识了数形结合思想、分类思想等数学思想。所以，在此知识基础以及经验基础之上，学生能够理解导学提纲中提到的问题和涉及的思想。

---

① 这部分内容由天津市第三中学陈欣欣提供。

三、实验设计

（一）实验工具

此次实验研究借助导学案对学生的预习指导，在实验开始前使用前测试卷，学生前测试卷成绩作为实验前期数据，实验结束后使用后测试卷，成绩作为学生后期成绩，并在实验期后采用年级测试的方式，对学生自学能力进行检测。

（二）实验假设

基于导学案的预习能够提高学生的数学成绩并提升其自主学习能力。

四、实验实施过程

（一）实验环境

实验研究的时间为 2017 年 10 月 9 日—2018 年 1 月 11 日，一共70 节数学课。实验教师利用自习课时间将导学案发给学生，监督学生独立完成，第二天课上教师创设问题情境，简要导入新课，学生小组交流预习内容，各小组在黑板展示，老师再针对学生暴露出来的问题重点讲解，最后拓展提升练习和小结，从而形成了基于导学提纲的预习指导模式。

导学案中问题的编制一方面根据学生学习该知识点的心理过程，例如，概念形成教学中，在大量例子呈现之后，我们通常需要提出一个问题："通过观察，你发现有哪些共同的特征？"；另一方面根据学生学习该知识点的整体学习过程设计，例如，平行四边形的学习可以类比三角形的学习过程，因此，通常我们会提出类似于这样的问题："类比三角形的学习思路和研究内容，你能得出平行四边形的学习思路和需要的研究内容吗？"。

教师根据知识的不同类型通过导学案的问题设计引导学生阅读教材开展自主学习；同时，在具体使用导学案的过程中，教师也会引导学生如何使用具体的方法来阅读教材，例如在关键词处画重点符号，根据特殊词汇找该知识点学习使用的方法等。

（二）实验教师的培训

为保证实验的顺利进行，笔者与指导教师、沈阳市苏家屯区数学教研员以及优秀教师两次去铁岭进行研讨，在实验中及时发现问题、修改方案，并对一线教师编写的导学提纲进行修改。

第一次研讨内容主要针对教师编写的导学案中问题设计进行讨论，重点关注问题设计是否合理、学生是否能够理解问题等内容。本次研讨最终确定了导学案设计的一些细节，例如，问题设计要根据具体学习内容尽可能简单地设计，即用语方面要利于学生理解，知识掌握程度达到了解即可；考虑学生课业种类多，时间有限，问题数量的设计也需要注意，整个导学案的完成时间要控制在半个小时之内。通过此次教研，使导学案的使用更能贴合学生实际，也让实验更加完整顺利。

第二次研讨时，实验教师首先进行了观摩课展示，省教研员、其他区的教研员、一线教师以及本校教学校长听了实验课，针对其出现的问题进行了讨论，例如课上需不需要引入？预习提纲的交流需要多长时间？拓展性练习难度多大等问题。实验教师们经过商讨，为了不让课前预习成为一种摆设，导学提纲可以先收上来，教师针对学生完成情况，及时讲解课上的侧重点、拓展练习难度。预习与课上学习的衔接是极其重要的，那么老师课上教学的模式就需要做出调整，经过探讨产生了更为适合的与导学提纲配套的课上教学模式，具体内容为：首先教师利用 1—2 分钟通过问题情境简单导入新课；学生接下来交流课前预习的结果，并在小组黑板上展示，此过程花费 5—6 分钟；

再利用5—6分钟各小组再派代表讲解小组黑板上书写的内容；再接着就是教师质疑、学生互相提问补充的过程，也是本节课的中心环节，占用20分钟左右；根据新学习的内容以及学生呈现的课堂效果，教师配备相应的拓展习题，利用5—6分钟当堂完成；最后，师生对新课知识进行总结，此过程1—2分钟。

（三）实验效果的检测

本次实验研究采用单组前后测实验设计，通过前测、后测成绩来检测导学提纲对数学成绩方面的实验效果。

前测试卷总分100分，答题时间90分钟，包括选择题、填空题、计算题、解答题、应用题，主要考察范围是北师大版七年级上册第一章至第五章内容，即有理数运算、整式运算、基本图形和一元一次方程。通过对学生成绩分析，此试卷难度为0.35。后测试卷总分100分，答题时间90分钟，包括选择题、填空题、计算题、解答题、应用题，主要考察范围是北师大版七年级上册第一章至第六章内容，即有理数运算、整式运算、基本图形、一元一次方程和数据统计等内容。通过对学生成绩分析，此试卷难度为0.4。

为了检测学生对于预习方法的掌握情况，该校还举办了先学环节（预习）笔试，全体七年级学生参加，测试以小卷纸的形式进行，内容为学生没有学过的数学新知识。先给学生需要学习的内容，学生边学边完成导学案的问题，满分为20分，测试时间是20分钟。试卷内容考察了概念以及性质定理的学习，例如：什么是全等图形？什么是全等三角形？并进一步对概念进行拓展、对定理深入理解，设有问题如："全等三角形具有哪些性质？全等五边形的概念是什么？"

五、实验结果分析

实验结束后，研究者将五个实验班的月考成绩进行统计分析，通过前测成绩以及期末成绩对比发现，学生在使用导学案前后的成绩均值中前测为 59，后测为 65。前后的测试成绩之间的相关系数为 0.921，相伴概率 P = 0.00 < 0.05，因此可以得出使用导学提纲前后的测试成绩之间存在显著的线性关系的结论。配对样本的双边 T 检验结果为 t（180）= -7.277，P = 0.00 因此，我们得出使用导学案前后学生的数学成绩有显著性差异的结论。同时，通过基于导学案的学习，学生对于基础知识以及概念均能了解并初步理解，由此可见学生自主预习能力获得了发展。

后　记

全书由沈阳师范大学教师教育学院陈丽敏、王瑾博士策划，并由其负责总体框架的设计和整体内容的主笔。陈丽敏编写第二章、第四章、第五章、第六章、第九章；王瑾编写第一章、第三章、第七章、第八章。在书稿编写的过程中得到了很多一线老师和研究生的帮助，在实践篇中，东港教师进修学校的高德山校长提供了东港教师进修学校乡村教师培训的经验和做法，沈阳市苏家屯区教育研究中心的英语教研员李秀荣提供了学科教研员青年教师培训的经验和做法，沈阳市初中英语王珏名优教师工作室主持人王珏、东港市曲永华名师工作室主持人曲永华提供了名师工作室在乡村教师培训中的具体做法，东港市丁盛珍名师工作室提供教师职业生涯案例，沈阳市苏家屯区城郊九年制一贯制学校的常斯韦收集与整理本书的资料和文献，沈阳师范大学的研究生杨晓林和何立岩提供了第十章中乡村教师信息技术能力提升培训材料的总结，辽宁省实验学校赤山校区刘靓提供了数学教材阅读方法的材料，沈阳市大青实验学校的张帆提供了教师教学反思能力调查的材料，天津市第三中学的陈欣欣提供了中点四边形教学设计和基于导学案的数学教学实验研究的总结材料，大连市甘井子区锦华小学任芯慧负责本书的文档整理与校对工作，对于上述各位老师和研究生的帮助，表示衷心的感谢。